中等职业教育课程改革"十四五"规划教材

国际贸易业务流程

主编○童莉莉

图书在版编目(CIP)数据

国际贸易业务流程 / 童莉莉主编. —上海：立信会计出版社，2022.8
ISBN 978-7-5429-7092-3

Ⅰ.①国… Ⅱ.①童… Ⅲ.①国际贸易—贸易实务 Ⅳ.①F740.4

中国版本图书馆 CIP 数据核字(2022)第 139900 号

策划编辑　　王斯龙
责任编辑　　王斯龙

国际贸易业务流程
GUOJI MAOYI YEWU LIUCHENG

出版发行	立信会计出版社
地　　址	上海市中山西路 2230 号　　邮政编码　200235
电　　话	(021)64411389　　传　　真　(021)64411325
网　　址	www.lixinaph.com　　电子邮箱　lixinaph2019@126.com
网上书店	http://lixin.jd.com　　http://lxkjcbs.tmall.com
经　　销	各地新华书店
印　　刷	浙江临安曙光印务有限公司
开　　本	787 毫米×1092 毫米　　1/16
印　　张	18.75
字　　数	422 千字
版　　次	2022 年 8 月第 1 版
印　　次	2022 年 8 月第 1 次
印　　数	1—2 100
书　　号	ISBN 978-7-5429-7092-3/F
定　　价	49.00 元

如有印订差错，请与本社联系调换

前　　言

"国际贸易业务流程"是中等职业学校商贸类国际商务、国际物流、商务英语等专业的核心课程。教材是实施专业培养和教学目标的载体，上海商业会计学校根据中等职业学校商务专业教学标准的要求，结合目前国际贸易业务新的态势和实际操作要求，组织编写了《国际贸易业务流程》，在教材的结构和内容中进行了探索，具体如下。

本教材在结构方面：一是根据国际贸易的流向，将内容分为出口贸易业务与进口贸易业务两个部分；二是根据学生的认知特点和教师的教学目标，在每一个项目都设置了学习目标、学习情境、学习指南、实例操作、体验活动及团队活动评价表；三是突出"理实一体化"的教学模式，通过边讲、边议、边做的形式将理论知识与实践进行有机结合。

本教材在内容方面，以就业为导向、以进出口商品贸易工作过程为主线、以职业岗位能力为核心、以职业素质为基点，系统地介绍了贸易合同签订前的准备、贸易合同主要条款与拟定、贸易合同的签订与履行三个模块。其中，贸易合同签订前的准备包括获取从事国际贸易业务资质、开展进出口商品交易磋商；贸易合同主要条款与拟定包括拟定品质、数量和包装条款，拟定价格和支付方式条款，拟定货物运输和运输货物保险条款，拟定检验、不可抗力和仲裁条款；贸易合同的签订与履行包括签订出口贸易合同与信用证审核、出口贸易合同履行、出口贸易结汇与退税、订立进口贸易合同与开立信用证。同时根据国家最新相关的规定，本教材整合了报关报检业务的内容，调整了出口收汇核销的环节，增加了线上市场调研等内容，使得课程内容更贴近外贸企业的工作内容。

本教材结构新颖、突出实务、实例齐全、方法具体、强调技能，注重教学内容与我国国际贸易业务员考证内容的结合，具有较强的实用性，可作为中等职业学校有关专业"国际贸易业务流程"或"国际贸易实务"课程的教材。

本教材由童莉莉担任主编，具体的编写分工如下：童莉莉负责项目一、项目二、项目三，侯丹负责项目四、项目五、项目六，徐文彦负责项目七、项目八，丁瑜负责项目九、项目十。

在编写《国际贸易业务流程》教材的过程中，教材编写组得到了上海商业会计学校校长的支持与关心，也得到了专业部主任的直接指导，在此表示衷心的感谢。同时也要感谢上海在野岛进出口有限公司王善祥总经理、上海外国语大学贤达经济人文学院童宏祥教授给予的指导。

若您在使用过程中发现错误、纰漏，恳请读者不吝赐教，我们的联系方式为：672652023@qq.com。

编　者

2022 年 7 月

目　录

模块一　贸易合同签订前的准备

项目一　获取从事国际贸易业务资质 ·· 003
　　任务一　了解国际贸易业务基本概况 ··· 003
　　任务二　具备从事国际贸易业务资质 ··· 010
　　综合能力训练 ··· 028

项目二　开展进出口商品交易磋商 ·· 032
　　任务一　发布出口商品信息 ·· 032
　　任务二　开展进出口商品交易磋商 ··· 040
　　任务三　了解国际贸易合同的形式与结构 ·· 047
　　综合能力训练 ··· 052

模块二　贸易合同主要条款与拟定

项目三　拟定品质、数量和包装条款 ··· 057
　　任务一　拟定商品品质条款 ·· 057
　　任务二　拟定商品数量条款 ·· 062
　　任务三　拟定商品包装条款 ·· 067
　　综合能力训练 ··· 073

项目四　拟定价格和支付方式条款 ·· 076
　　任务一　拟定商品价格条款 ·· 076
　　任务二　拟定商品支付条款 ·· 086
　　综合能力训练 ··· 100

项目五　拟定货物运输和运输货物保险条款 ·· 105
　　任务一　拟定国际货物运输条款 ·· 105

任务二　拟定国际运输货物保险条款 ··· 111
　　综合能力训练 ··· 119

项目六　拟定检验、不可抗力和仲裁条款 ··· 123
　　任务一　拟定商品检验检疫条款 ··· 123
　　任务二　拟定不可抗力条款 ··· 129
　　任务三　拟定争议与仲裁条款 ·· 135
　　综合能力训练 ··· 142

模块三　贸易合同的签订与履行

项目七　签订出口贸易合同与信用证审核 ··· 147
　　任务一　签订出口贸易合同 ··· 147
　　任务二　审核信用证 ·· 155
　　综合能力训练 ··· 163

项目八　出口贸易合同履行 ·· 165
　　任务一　办理出口货物托运手续 ··· 165
　　任务二　申办出口货物原产地证明书 ··· 181
　　任务三　办理出口货物运输保险 ··· 193
　　任务四　办理一般贸易货物出口报关报检 ·· 200
　　综合能力训练 ··· 223

项目九　出口贸易结汇与退税 ··· 227
　　任务一　办理信用证支付方式下出口结汇 ·· 227
　　任务二　办理出口货物退税 ··· 237
　　综合能力训练 ··· 252

项目十　订立进口贸易合同与开立信用证 ··· 255
　　任务一　订立进口贸易合同 ··· 255
　　任务二　开立信用证 ·· 264
　　任务三　办理一般货物进口通关手续 ··· 274
　　综合能力训练 ··· 289

模块 一
贸易合同签订前的准备

项目一　获取从事国际贸易业务资质

学习目标

- 了解国际贸易的含义及分类
- 熟悉国际贸易业务的基本流程及主要特征
- 明确国际贸易业务资质的类型及主要作用
- 掌握申请国际贸易业务资质的程序与基本内容
- 具备申请国际贸易业务资质的基本能力

学习情境

国际贸易是我国对外经济领域的重要组成部分,从事国际贸易业务的企业称为进出口企业。根据《中华人民共和国民法典》(以下简称《民法典》)《中华人民共和国市场主体登记管理条例》《对外贸易经营者备案登记办法》《关于企业报关报检资质合并有关事项的公告》等法律法规的规定,我国进出口企业必须获得"五证合一"营业执照,办理对外贸易经营者备案、海关进出口货物收发货人备案、报关人员备案、原产地证书申领企业备案等手续,方能从事国际贸易业务。

项目一围绕国际贸易的含义、分类、进出口业务基本流程、国际贸易业务特征和申请国际贸易业务资质基本程序等方面进行介绍,并以实例予以展示。

任务一　了解国际贸易业务基本概况

学习指南

一、国际贸易的含义及分类

1. 国际贸易的含义

国际贸易(international trade)是指世界各个国家或地区之间商品、技术和服务的商业交换活动。如果从本国的视角出发,国际贸易又可称为对外贸易(简称外贸)或海外贸易。如果基于流向的角度,国际贸易还可称为进出口贸易。

2. 国际贸易的分类

1)按贸易流向可划分为进口贸易与出口贸易

进口贸易(import trade)是指从其他国家或地区引进商品、技术和服务到本国市场的商务活动。也就是说,在国际贸易中买方所从事的交易就是进口贸易。

出口贸易(export trade)是指将本国的商品、技术和服务输出到其他国家或地区的商务活动。换言之,在国际贸易中卖方所从事的交易就是出口贸易。

2)按贸易形态可划分为有形贸易与无形贸易

有形贸易(visible trade)是指交易有实物形态的商品的国际贸易,如销售服装、化妆品、家具等。

无形贸易(invisible trade)是指交易不具备实物形态的技术和服务的国际贸易,如专利转让等。

3)按交易模式可划分为直接贸易与间接贸易

直接贸易(direct trade)是指在国际贸易中的买卖双方就商品、技术和服务交易直接达成合同,并按其履行的一种交易模式。

间接贸易(indirect trade)是指国际贸易中的商品、技术和服务通过第三国达成的一种交易模式,其又被称为转口贸易。

二、外贸企业的含义及类型

1. 外贸企业的含义

外贸企业是指获得"五证合一"营业执照,办理了对外贸易经营者备案登记、海关进出口收发货人备案登记、原产地证书申领企业备案登记,在规定的经营范围内从事进出口贸易的独立法人。

2. 外贸企业的类型

根据《中华人民共和国公司法》和《中华人民共和国市场主体登记管理条例》的有关规定,外贸企业的设立应依法办理公司登记,确定外贸企业的类型。外贸企业根据公司的性质和规模可划分为国际贸易股份有限公司、进出口贸易股份有限公司、对外贸易股份有限公司、国际贸易有限公司、外贸有限公司、国际贸易控股集团。

三、贸易业务的流程

1. 出口贸易业务的基本流程

1)建立贸易业务关系

出口商通过线上、线下各种渠道发布信息,寻找全球客户,主动与进口商建立业务关系。

2)开展出口贸易磋商

进出口双方就出口商品、技术、服务,对其品质、数量、包装、价格、装运、支付、保险等主要交易条件进行磋商,通常需经过询盘、发盘、还盘和接受四个环节。本书主要介绍商品贸易业务流程。

3) 签订出口贸易合同

无论是以口头还是以书面形式进行磋商,当进出口双方就交易条件达成一致意见后,还需签订通常由出口商拟定的书面出口贸易合同书或销售确认书,进出口双方签章并各持一份,作为履行出口贸易合同的依据。

4) 履行出口贸易合同

履行出口贸易合同有七个基本环节:①备货环节,是指根据出口贸易合同的相关规定落实出口货源,签订加工或购货合同,对货物进行跟单,控制生产进度与品质,并按合同要求进行包装及刷唛;②出口货物托运环节,通常是指由出口商委托国际货运代理公司办理出口货物运输手续,并将出口货物运送到港口或机场等指定地点;③原产地证书申请环节,是指根据出口贸易合同的要求申请签发原产地证书;④货运保险环节,通常是指由出口商或委托国际货运代理公司办理出口货物运输保险手续,支付保险费;⑤出境货物报关报检环节,是指按我国有关法律法规和出口贸易合同的要求,由出口商或委托国际货运代理公司办理出境货物报关报检手续,经现场查验合格后放行装运,获取运输单据,并向进口商发出装运通知;⑥交单结汇环节,是指出口商按照出口贸易合同和信用证的要求向指定银行交单结汇,获取货款;⑦退税环节,是指出口商按照我国相关法律法规的规定办理出口退税手续。

2. 进口贸易业务基本流程

1) 建立贸易业务关系

进口商通过市场调查、参加交易会、网上浏览欲采购的商品,主动与出口商建立业务关系。

2) 开展进口贸易磋商

进口商就采购商品的主要交易条件与出口商进行磋商,一般要经过询盘、发盘、还盘和接受四个环节。

3) 签订进口贸易合同

当进口商与出口商达成交易条件后,需签订由进口商拟定的购货合同书或购货确认书,进出口双方签章并各持一份,作为履行进口贸易合同的依据。

4) 履行进口贸易合同

履行进口贸易合同有五个基本环节:①支付或开立信用证环节,是指进口商根据进口贸易合同的要求支付货款或开立信用证;②进口货物托运环节,是指按照进口贸易合同的要求,既可由进口商或国际货运代理公司办理进口货物托运手续,也可由出口商指定国际货运代理公司代办进口货物托运手续;③进口货运保险环节,通常是指由进口商或委托国际货运代理公司办理进口货物运输保险手续,支付保险费;④入境货物报关报检环节,是指按我国有关法律法规和进口贸易合同的要求,由进口商或委托国际货运代理公司办理入境货物报关报检手续,经海关放行后,方可提货;⑤付汇环节,根据进口贸易合同或信用证的要求结汇。

四、国际贸易业务的特征

国际贸易是各国或地区在国际分工基础上形成的相互依赖关系,是由各国或地区对外贸易的总和构成的。国际贸易业务是在不同国家或地区间进行的,与国内贸易业务相比具有明显的特征。其主要表现在以下四个方面。

1. 受各国政治的影响

国际贸易会受国际局势变化、不同国家或地区的政治、双边关系等条件的影响。各国势必都会采取保护本国根本利益的措施,这直接影响着进出口贸易的发展。例如,美国以信息安全为由,禁止使用华为、中兴或其他多家中国通信公司的零部件,这在一定程度上影响了两国在通信领域里的国际贸易的发展。

2. 受各国贸易政策的制约

受全球经济一体化进程和不同国家或地区的经济等条件的影响,竞争博弈日趋激烈,各国都会采取保护本国经济利益的贸易保护政策,这在一定程度上影响着国际贸易的发展。截至 2020 年,中国已连续 25 年成为全球遭遇反倾销调查最多的国家,连续 14 年成为全球遭遇反补贴调查最多的国家,严重阻碍了我国对外经济贸易的发展。

3. 受各国社会习俗的影响

国际贸易要面对不同国家或地区的传统文化、生活习俗、消费习惯等方面的差异,所涉及的问题远比国内贸易复杂得多,如果认知不清,必然会影响对外贸易业务的发展。

4. 进出口货物交易环节多、履约时间长

进出口货物交易要涉及签约、货运、认证、保险、检验检疫、通关、支付、退税等环节,而且贸易国之间交易的数量和成交金额一般较大,运输距离较远,履行时间较长,承担的风险要比国内贸易大得多。

五、我国对外贸易转型升级

1. 我国相关政策法规相继出台

我国正在不断加强对外贸易发展的支持力度,进一步提高贸易便利化水平,加快转变外贸发展方式,增强外贸可持续发展能力。国务院于 2015 年 7 月印发了《关于积极推进"互联网+"行动的指导意见》(国发〔2015〕40 号),"互联网+贸易"催生了跨境贸易电子商务,成为外贸发展的新模式。国务院办公厅于 2021 年 7 月印发了《关于加快发展外贸新业态新模式的意见》(国办发〔2021〕24 号),围绕跨境电商、市场采购、外贸综合服务企业、海外仓等新业态新模式,支持更多市场主体开展外贸,明确提出扎实推进跨境电商综试区建设,推动传统外贸转型升级。

2. 跨境贸易电子商务促进外贸转型升级

跨境贸易电子商务促进外贸转型升级的表现主要有以下三个方面。

1) 跨境贸易电子商务助推对外贸易环节扁平化

跨境贸易电子商务是通过互联网进行信息交换的,其商品交易、货物运输、报关报检、货款支付、商品配送等环节都可以在跨境贸易电子商务平台上操作,使得对外贸易环节扁平化,商品和交易成本大幅度降低,外贸企业与消费者都受惠。

2) 跨境贸易电子商务助推中小微企业进入国际市场

跨境贸易电子商务已逐渐形成一条涵盖营销、交易、支付和物流服务的完整产业链,

不仅能实现全部交易环节在网上运行,还能获得金融与外语翻译等服务,将复杂的对外贸易业务操作变得简单、透明,使得中小微企业进入国际贸易市场的门槛不断降低。

3) 跨境贸易电子商务助推我国外贸转型升级

跨境贸易电子商务受各国贸易保护主义的影响相对较小,与传统对外贸易相比更能精准地分析国际市场需求,及时调整产品结构,提升产品品质,借助跨境贸易电子商务平台卖遍全球,对提升和创建我国企业品牌具有十分重要的积极作用。

实例操作

> **业务情境**
>
> 王祥同学是某校国际商务专业的在校学生,在老师和家长的支持下,与有志向创业的同学们一起成立上海商快进出口有限公司,从事进出口贸易和跨境电子商务业务,致力于提升自己的专业能力。为此,该创业团队在网上查询了国家有关政府部门颁布的促进国际贸易发展以及转型升级的政策。

王祥同学的创业团队查询了国务院(包括办公厅)及其部委,如:中国人民银行、海关总署、商务部、国家发展和改革委员会(以下简称国家发改委)、财政部、国家税务总局、国家外汇管理局等颁布的促进国际贸易发展及转型升级政策,如表1-1至表1-5所示。

表1-1 国务院及国务院办公厅颁布的促进国际贸易发展及转型升级政策

序号	政策/法规名称	发文部门
1	《关于实施支持跨境电子商务零售出口有关政策的意见》	国务院办公厅
2	《关于加快培育外贸竞争新优势的若干意见》	国务院
3	《关于促进跨境电子商务健康快速发展的指导意见》	国务院办公厅
4	《关于支持外贸稳定增长的若干意见》	国务院办公厅
5	《关于大力发展电子商务加快培育经济新动力的意见》	国务院
6	《关于同意在天津等12个城市设立跨境电子商务综合试验区的批复》	国务院
7	《关于促进外贸回稳向好的若干意见》	国务院
8	《中国(上海)自由贸易试验区临港新片区总体方案》	国务院
9	《中国(广东)自由贸易试验区总体方案》	国务院
10	《中国(天津)自由贸易试验区总体方案》	国务院
11	《中国(福建)自由贸易试验区总体方案》	国务院
12	《关于同意设立中国(杭州)跨境电子商务综合试验区的批复》	国务院

表1-2　中国人民银行颁布的促进国际贸易发展及转型升级政策

序号	政策/法规名称	发文部门
1	《跨境贸易人民币结算试点管理办法实施细则》	中国人民银行
2	《非金融机构支付服务管理办法》	中国人民银行
3	《支付机构互联网支付业务管理办法》	中国人民银行
4	《跨境贸易人民币结算试点管理办法实施细则》	中国人民银行
5	《支付机构客户备付金存管办法》	中国人民银行

表1-3　海关总署颁布的促进国际贸易发展及转型升级政策

序号	政策/法规名称	发文部门
1	《关于增列海关监管方式代码的公告》	海关总署
2	《关于跨境贸易电子商务进出境货物、物品有关监管事宜的公告》	海关总署
3	《加贸司关于加强跨境电子商务网购保税进口监管工作的函》*	海关总署
4	《海关总署关于天津市开展跨境贸易电商服务试点工作的报告》	海关总署
5	《关于跨境电子商务零售进出口商品有关监管事宜的公告》	海关总署
6	《关于规范跨境电子商务支付企业登记管理的公告》	海关总署

*注：第3项《加贸司关于加强跨境电子商务网购保税进口监管工作的函》已于2016年12月16日废止。

表1-4　商务部颁布的促进国际贸易发展及转型升级政策

序号	政策/法规名称	发文部门
1	《关于促进网络购物健康发展的指导意见》	商务部
2	《关于利用电子商务平台开展对外贸易的若干意见》	商务部
3	《关于开展国家电子商务示范基地创建工作的指导意见》	商务部
4	《关于复制推广跨境电子商务综合试验区探索形成的成熟经验做法的函》	商务部等14部委

表1-5　其他国家政府部门颁布的促进国际贸易发展及转型升级政策

序号	政策/法规名称	发文部门
1	《关于进一步促进电子商务健康快速发展有关工作的通知》	国家发改委
2	《关于调整跨境电子商务零售进口商品清单的公告》	国家发改委等7部委
3	《关于跨境电子商务零售出口税收政策的通知》	财政部
4	《关于完善跨境电子商务零售进口税收政策的通知》	财政部 国家税务总局 海关总署 等11部委

(续表)

序号	政策/法规名称	发文部门
5	《跨境电子商务零售进口商品清单》	财政部
6	《关于跨境电子商务零售进口税收政策的通知》	财政部 国家税务总局 海关总署
7	《支付机构跨境电子商务外汇支付业务试点指导意见》	国家外汇管理局
8	《关税税则委员会关于2022年关税调整方案的通知》	关税税则委员会

 **体验活动**

一、活动背景

学生可自愿组成若干支创业团队,上网收集国家政府部门从2021年1月1日至今发布的促进我国国际贸易发展和转型升级的有关政策,并进行分类归纳。

二、活动资料

国家政府部门:国务院(包括办公厅)及其部委,包括:海关总署、商务部、国家发改委、财政部、国家税务总局、国家市场监督管理总局、中国人民银行和国家外汇管理局。

三、实践活动要求

每支创业团队根据所收集的信息填写下列申请表,并派代表用PPT对本次体验活动的情况进行汇报。

归类名称	政策/法规名称	发布时间	发文部门

团队活动评价表

测评内容	评判标准/分值	总分	团队自评（50%）	教师评价（50%）
实践活动情况	政策文件齐全/正确/40 分	40		
	政策文件齐全/缺 1 个/扣 10 分			
	政策文件齐全/无/0 分			
	政策文件归类/正确/20 分	20		
	政策文件归类/一般全/10 分			
	政策文件归类/混乱/0 分			
PPT 汇报情况	PPT 设计制作/好/10 分	10		
	PPT 设计制作/一般/5 分			
	PPT 设计制作/较差/2 分			
	语言表达/好/10 分	10		
	语言表达/一般/5 分			
	语言表达/较差/2 分			
合作完成质量	达到目标/好/10 分	10		
	达到目标/一般/5 分			
	达到目标/较差/2 分			
团队协作精神	协作精神/好/10 分	10		
	协作精神/一般/5 分			
	协作精神/较差/2 分			
	计分			

任务二　具备从事国际贸易业务资质

 学习指南

一、"五证合一"营业执照的申请

1. "五证合一"营业执照的含义

"五证合一"营业执照是指将原先分别办理的企业法人营业执照、组织机构代码证、税务登记证、社会保险登记证和统计登记证统一合并到由国家市场监督管理总局核发加载法人和其他组织统一社会信用代码的营业执照。进出口企业应当申请营业执照获取企业经营的资质。

2. "五证合一"营业执照的申请程序

1) 网上申报或线下窗口办理

新设企业通过当地的政务服务网(如上海的"上海一窗通")填报企业登记信息,登记机关在线为申请企业提供预检服务。

新设企业办理人也可以携带新设企业"五证合一"登记申请表、设立登记申请书、指定代表或者委托代理人的证明,以及指定代表或委托代理人的身份证复印件、公司章程、企业名称预先核准通知书和企业住所使用证明等规定的材料,在行政服务中心市场监管窗口办理申请。

2) 申请受理

市场监督管理局自收到登记申请材料之日起 5 个工作日内作出是否受理且准予登记或驳回登记的决定。申请材料齐全并符合法定形式的,或者按照要求提交全部补正申请材料的予以受理。对不予受理的,说明理由,并告知申请人享有依法申请行政复议或者提起行政诉讼的权利。

3) 核准颁发

市场监督管理局将新设企业"五证合一"登记申请表、设立登记申请书、指定代表或者委托代理人的证明,以及指定代表或委托代理人的身份证复印件、公司章程、企业名称预先核准通知书和企业住所使用证明等申请材料和工商企业注册登记联办流转申请表发送到质监部门、税务部门、人力资源和社会保障部门、统计部门,由这四个部门分别进行审核,核准后将统一社会信用代码、税务登记证号码、社保证号码、统计证号码分别填入工商企业注册登记联办流转申请表,再发送至工商行政管理部门。工商行政管理部门将相关信息导入工商准入系统,生成工商注册号,签发电子营业执照。确需领取纸质营业执照的企业,可直接到登记机关现场领取。

二、对外贸易经营者的备案登记

1. 对外贸易经营者备案登记的作用

根据我国《对外贸易经营者备案登记办法》的规定,从事货物或技术进出口的企业必须向商务部或其委托的机构办理对外贸易经营者备案登记,获得外贸经营权。

2. 对外贸易经营者备案登记的程序

1) 在线申报

申请者通过商务部业务系统统一平台,点击"空白表下载"菜单,选择对外贸易经营者备案登记表下载,并按要求填写对外贸易经营者备案登记表,填写完毕后由企业法人代表签字盖章。然后,点击"备案登记"菜单,按要求进行在线申报,上传备案登记材料扫描件。

2）窗口申请

申请者携带对外贸易经营者备案登记表、"五证合一"营业执照复印件等相关材料到注册地商务委员会备案登记机构进行现场申请。

3）登记受理

备案登记机构自收到备案登记材料之日起5日内，对材料齐全并符合规定的，予以受理；对材料不齐全或不符合规定的，不予以受理并告知其理由。

4）核准登记

备案登记机构对符合规定的申请者给予对外贸易经营者备案登记，在对外贸易经营者备案登记表上加盖备案登记印章。申请者领取加盖备案登记印章的对外贸易经营者备案登记表，即拥有了进出口权。

三、报关报检企业备案注册

1. 报关报检企业备案注册的范围

海关总署于2018年4月16日发布了《关于企业报关报检资质合并有关事项的公告》，对企业报关报检范围规定如下。

1）海关进出口货物收发货人备案

将之前的检验检疫自理报检企业备案与海关进出口货物收发货人备案，合并为海关进出口货物收发货人备案，备案后企业可获得报关报检资质。

2）海关报关企业注册登记

将之前的检验检疫代理报检企业备案与海关报关企业（包括海关特殊监管区域双重身份企业）注册登记，合并为海关报关企业注册登记，注册登记后企业可获得报关报检资质。

3）报关企业分支机构备案

检验检疫代理报检企业备案与海关报关企业（包括海关特殊监管区域双重身份企业）分支机构进行备案后，企业可获得报关报检资质。

4）其他备案

企业申请备案成为加工生产企业或者无报关权的其他企业，备案后可以办理报检业务，但不能办理报关业务。

2. 报检人员与报关人员的备案

根据《关于企业报关报检资质合并有关事项的公告》的相关规定，检验检疫报检人员备案与海关报关人员备案合并为报关人员备案，备案后，报关人员可取得报关报检资质。

3. 报关报检企业注册登记或者备案的程序

1）在线申报

申请企业登录"中国国际贸易单一窗口"（http://www.singlewindow.cn），点击页面上方"注册"按钮，进入注册页面完成用户注册手续。点击"标准版应用"菜单进入应用列表界面，点击该界面中的"企业资质"按钮，填写企业报关单位信息、报关人员信息和企业报检资质信息，点击"申报"按钮向海关提交。

2) 窗口申请

申请企业确认申请提交成功后,到海关指定业务现场提交申请材料。申请进出口货物收发货人备案的,需提交营业执照复印件、对外贸易经营者备案登记表(或者外商投资企业批准证书、外商投资企业设立备案回执、外商投资企业变更备案回执)复印件;申请备案成为加工生产企业或者无报关权的其他企业的,需要提交营业执照复印件;申请报关人员备案的,需要提交身份证复印件。书面申请材料应当加盖企业印章,复印件应交验原件。

3) 登记备案审核

海关对企业申请材料进行审核,将审核结果通过"单一窗口"反馈至企业。审核通过的,予以注册登记或者备案;审核不通过的,应当一次性告知企业需要补正的全部内容。

4) 证书发放

海关向在业务现场的注册登记或者备案企业核发《中华人民共和国海关报关单位注册登记证书》《出入境检验检疫报检企业备案表》《报关人员备案证明》和《出入境检验检疫报检人员备案表》。

实例操作

> **业务情境**
>
> 王祥同学与有志向创业的同学们一起共同成立上海商快进出口有限公司,经营服装与鞋帽批发业务,并根据我国有关法律法规的规定,申请"五证合一"营业执照,办理对外贸易经营者备案、报关报检企业备案和原产地证书申领企业备案登记,以及报关人员、报检人员和原产地证书手签员备案登记,取得从事进出口业务的资质。

一、上海商快进出口有限公司设立登记①

1. 网上填报新设企业"五证合一"登记申请表

王祥同学在获取《企业名称预先核准通知书》后,登录"上海一窗通",填写新设企业"五证合一"登记申请表(表1-6),上传证明材料等待审核。

2. 颁发营业执照

当地市场监督管理局对"五证合一"申请材料进行审核,确认无误后将相关信息导入工商准入系统,生成工商注册号,签发电子营业执照。

---

① 本教材所用案例以上海为背景,其他地区操作基本相同,教学过程中,可根据教材内容或所在地区实际情况登录当地政务服务网申报系统进行操作,后同。

表 1-6　新设企业"五证合一"登记申请表

（营业执照/组织机构代码证/税务登记证/社会保险登记证/统计登记证）

☑ 新设　　　□ 变更　　　□ 增发　　　□ 补发证照　　　□ 其他

营业执照基本信息				
企业名称	上海商快进出口有限公司			
住所/经营场所	上海市黄浦区人民路1号			
法定代表人/负责人姓名	王祥	身份证号码	310106199208112837	手机号码 13917935888
经营范围	进出口贸易、跨境电子商务			
组织机构代码证基本信息				
组织机构号（变更时填写）		□ 是　　□ 否　　增发组织机构		
机构类型	☑ 企业法人　　□ 企业非法人　　□ 其他机构			
主管部门		职工人数	10人	
开户银行（变更时填写）		开户账号（变更时填写）		
税务登记证基本信息				
纳税人识别号（变更时填写）		□ 是　　☑ 否　　增发税务登记证		
财务负责人	方欣	身份证号码	310106199311043680	手机号码 13678987652
办税人	李丽	身份证号码	310106199108016588	手机号码 13671234567
从业人数	10人	其中外籍人员数量	无	
核算方式	□ 非独立核算　　☑ 独立核算			

注：表中出现的人名、身份证号、手机号码等个人信息均为虚构信息，后同。

二、上海商快进出口有限公司对外贸易经营者备案登记

1. 填写对外贸易经营者备案登记表

上海商快进出口有限公司王祥经理登录商务部业务系统统一平台，点击"空白表下载"菜单（图1-1），选择下载对外贸易经营者备案登记表，并按要求填写对外贸易经营者备案登记表，填写完毕后签字盖章。

2. 申请对外贸易经营者备案登记

上海商快进出口有限公司王祥经理登录商务部业务系统统一平台，点击"备案登记"菜单（图1-2），输入经营者中文名称、统一社会信用代码和验证码后，系统自动生成13位经营者代码。进入下一个界面后按要求进行在线申报，上传备案登记材料扫描件，并携带对外贸易经营者备案登记表（表1-7）、"五证合一"营业执照复印件等相关材料到当地商务委员会备案登记机构进行现场申请。

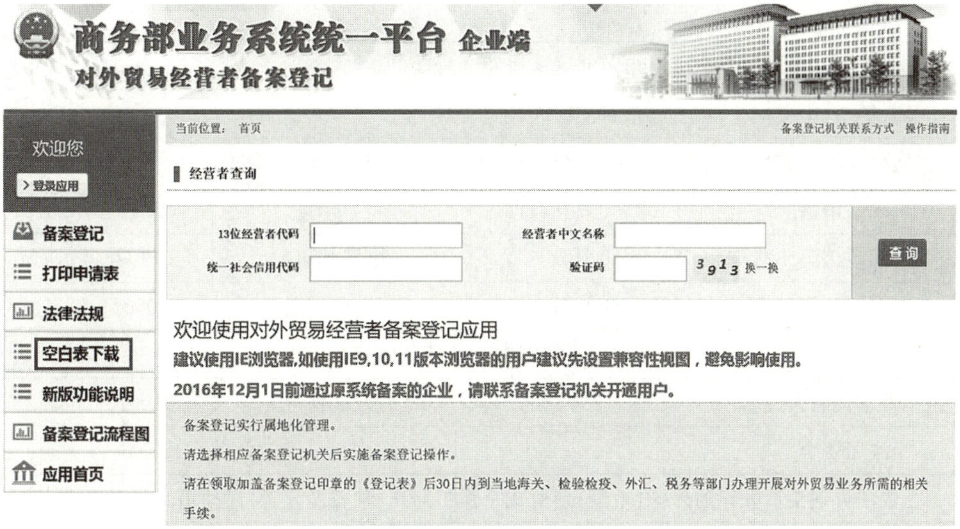

图 1-1 "空白表下载"界面

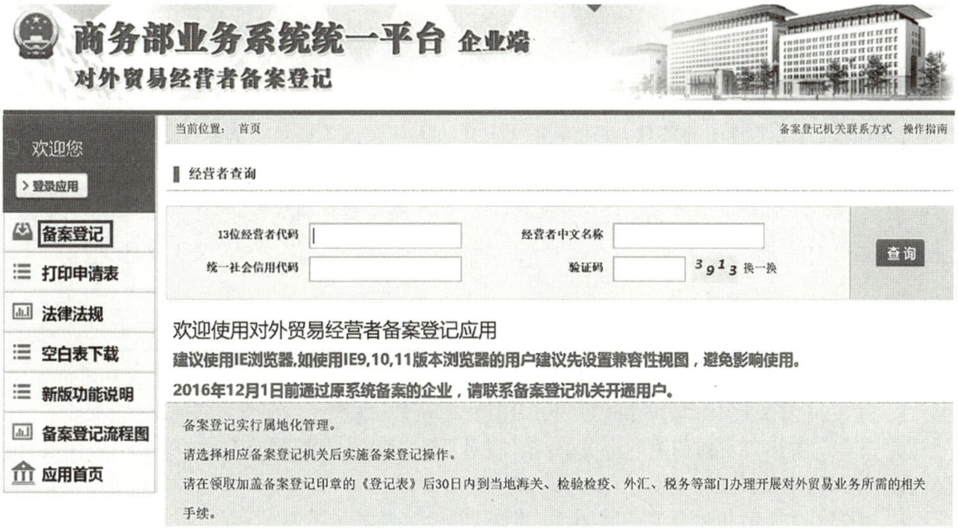

图 1-2 "备案登记"界面

表 1-7 对外贸易经营者备案登记表①

备案登记表编号：N08387623　　　　　　　　　　　　进出口企业代码：3100843215

经营者中文名称	上海商快进出口有限公司	
经营者英文名称	SHANGHAI SK IMPORT & EXPORT CO. LTD.	
组织机构代码		经营者类型 （由备案登记机关填写）

---

① 表中列示的公司信息均为虚构，后同。

(续表)

住　　所	上海市黄浦区人民路1号		
经营场所(中文)	上海市黄浦区人民路1号		
经营场所(英文)	No.1 RENMIN ROAD, SHANGHAI, CHINA		
联系电话	021-65788811	联系传真	021-65788812
邮政编码	200010	电子邮箱	SIBO@sohu.com
工商登记注册日期	2021年9月1日	工商登记注册号	310607100226928

依法办理工商登记的企业还须填写以下内容

企业法定代表人姓名	王祥	有效证件号	310106199208112837
注册资金	150万元	(折美元)23.44万美元	

依法办理工商登记的外国(地区)企业或个体工商户(独资经营者)还须填写以下内容

企业法定代表人/个体工商负责人姓名	王祥	有效证件号	310106199208112837
企业资产/个人财产	150万元	(折美元)23.44万美元	
备注：无进口商品分销业务			

填表前请认真阅读背面的条款，并由企业法定代表人或个体工商负责人签字、盖章。

备案登记机关签章：

2021年9月4日

备案登记表背面：

本对外贸易经营者作如下保证：

一、遵守《中华人民共和国对外贸易法》及其配套法规、规章。

二、遵守与进出口贸易相关的海关、外汇、税务、检验检疫、环保、知识产权等中华人民共和国其他法律、法规、规章。

三、遵守中华人民共和国关于核、生物、化学、导弹等各类敏感物项和技术出口管制法规以及其他相关法律、法规、规章，不从事任何危害国家安全和社会公共利益的活动。

四、不伪造、变造、涂改、出租、出借、转让、出卖《对外贸易经营者备案登记表》。

五、在备案登记表中所填写的信息是完整的、准确的、真实的；所提交的所有材料是完整的、准确的、合法的。

六、《对外贸易经营者备案登记表》上填写的任何事项发生变化之日起，30日内到原备案登记机关办理《对外贸易经营者备案登记表》的变更手续。

以上如有违反，将承担一切法律责任。

对外贸易经营者签字、盖章：王祥

2021年9月3日

3. 核准对外贸易经营者备案登记

上海市商务委员会备案登记机构对上海商快进出口有限公司备案材料核准后,在对外贸易经营者备案登记表(表1-8)上加盖备案登记印章,并予以备案。

表1-8 对外贸易经营者备案登记表

备案登记表编号:N08387623　　　　　　　　　　　　进出口企业代码:3100843215

经营者中文名称	上海商快进出口有限公司		
经营者英文名称	SHANGHAI SK IMPORT & EXPORT TRADE CO. LTD.		
组织机构代码		经营者类型 (由备案登记机关填写)	
住　所	上海市黄浦区人民路1号		
经营场所(中文)	上海市黄浦区人民路1号		
经营场所(英文)	No.1 RENMIN ROAD, SHANGHAI, CHINA		
联系电话	021-65788811	联系传真	021-65788812
邮政编码	200010	电子邮箱	SIBO@sohu.com
工商登记注册日期	2021年9月1日	工商登记注册号	310607100226928

依法办理工商登记的企业还须填写以下内容

企业法定代表人姓名	王祥	有效证件号	310106199208112837
注册资金	150万元	(折美元)23.44万美元	

依法办理工商登记的外国(地区)企业或个体工商户(独资经营者)还须填写以下内容

企业法定代表人/ 个体工商负责人姓名	王祥	有效证件号	310106199208112837
企业资产/个人财产	150万元	(折美元)23.44万美元	
备注:无进口商品分销业务			

填表前请认真阅读背面的条款,并由企业法定代表人或个体工商负责人签字、盖章。

备案登记机关签章:

2021年9月4日

备案登记表背面:

> 本对外贸易经营者作如下保证:
> 一、遵守《中华人民共和国对外贸易法》及其配套法规、规章。
> 二、遵守与进出口贸易相关的海关、外汇、税务、检验检疫、环保、知识产权等中华人民共和国其他法律、法规、规章。
> 三、遵守中华人民共和国关于核、生物、化学、导弹等各类敏感物项和技术出口管制法规以及其他相关法律、法规、规章,不从事任何危害国家安全和社会公共利益的活动。

(续表)

四、不伪造、变造、涂改、出租、出借、转让、出卖《对外贸易经营者备案登记表》。

五、在备案登记表中所填写的信息是完整的、准确的、真实的;所提交的所有材料是完整的、准确的、合法的。

六、《对外贸易经营者备案登记表》上填写的任何事项发生变化之日起,30日内到原备案登记机关办理《对外贸易经营者备案登记表》的变更手续。

以上如有违反,将承担一切法律责任。

对外贸易经营者签字、盖章:王祥

2021年9月3日

三、上海商快进出口有限公司报关报检资质申报

1. 网上申报企业报关报检资质

上海商快进出口有限公司王祥经理输入http://www.singlewindow.cn,登录"中国国际贸易单一窗口",点击"标准版应用"菜单(图1-3)进入应用列表界面,点击该界面中的"企业资质"按钮(图1-4),出现三个选项,点击"海关企业注册备案"按钮(图1-5)进入注册界面,输入用户名、密码验证码等信息后,点击"登录"按钮(图1-6)。

图1-3 "中国国际贸易单一窗口"首页

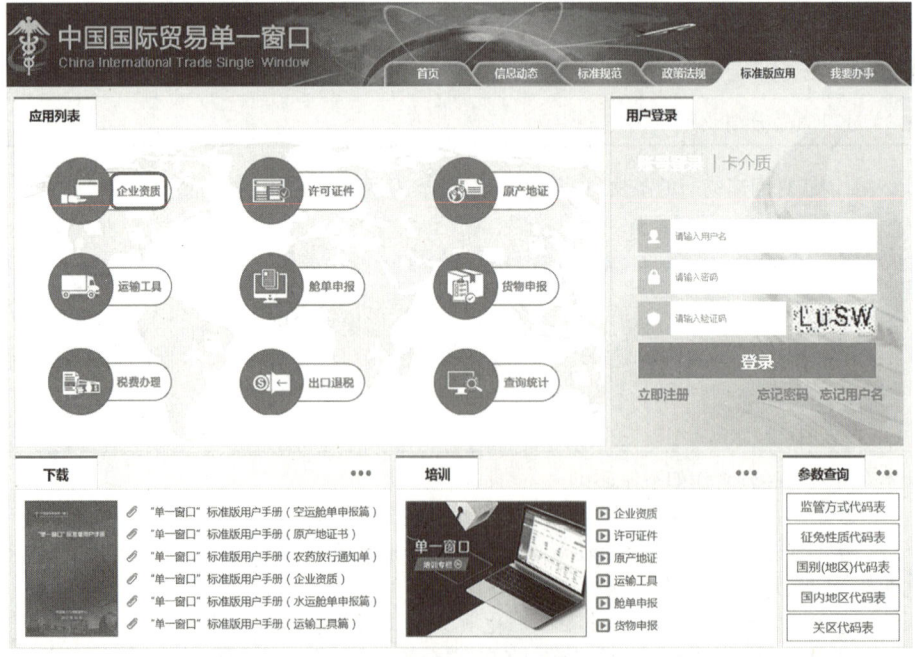

图1-4 "中国国际贸易单一窗口-标准版应用"界面

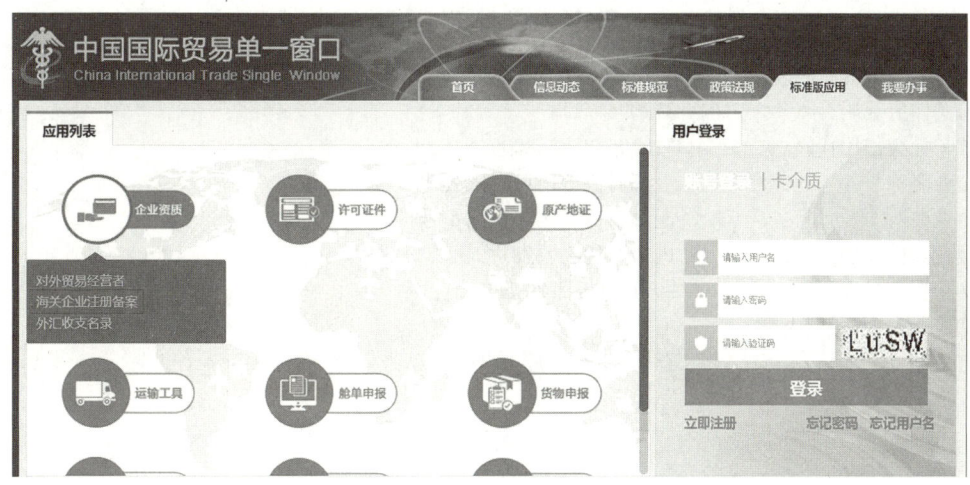

图 1-5 "企业资质-海关企业注册备案"界面

图 1-6 "中国国际贸易单一窗口"注册界面

进入企业资质申请界面,点击"企业资质申请"按钮并选择"海关注册登记",填写报关单位基本信息、报关人员信息,以及企业报检资质信息,点击"申报"按钮向海关提交申请。

2. 现场申请

上海商快进出口有限公司王祥经理到上海海关指定业务现场提交营业执照复印件、对外贸易经营者备案登记表和相关人员身份证复印件。

3. 证书获取

上海商快进出口有限公司提交的申请材料通过海关的审核后,获取《中华人民共和国海关报关单位注册登记证书》(图1-7)、《出入境检验检疫报检企业备案表》(表1-9)、《报关人员备案证明》(图1-8)、《出入境检验检疫报检人员备案表》(表1-10)。

中华人民共和国海关
报关单位注册登记证书

海关注册编码	3110965711
统一社会信用代码	3101062278358009-8
企业名称	上海商快进出口有限公司
企业住所	上海市黄浦区人民路1号
企业经营类别	进出口货物收发货人
注册登记日期	2021年9月20日
法定代表人（负责人）	王祥
有效期	至2024年9月19日

注册海关 中华人民共和国上海海关
（盖章）

图 1-7　中华人民共和国海关报关单位注册登记证书

表 1-9　出入境检验检疫企业备案表

企业名称	中文	上海商快进出口有限公司		
	英文	SHANGHAI SK IMPORT & EXPORT CO. LTD.		
住　所		上海市黄浦区人民路1号		
经营场所		上海市黄浦区人民路1号		
企业性质		民营	企业类别	股份有限公司
营业执照号		310607100226928	组织机构代码	
统一社会信用代码		3101062278358009-8	外资投资国别（三资企业）	
开户银行		中国银行黄浦支行	银行账号	300834567321
法定代表人/负责人		王祥	有效证件号	310106199208112837
联系人		方欣	联系电话	13678987652
传真		021-657888812	电子邮箱	SIBO@sohu.com
快件运营企业备案还须填写以下内容				
快递业务经营许可证号			经营范围	

报检专用章印模：(使用报检专用章的需提供。另附页)

填表前请认真阅读背面的条款，并由企业法定代表人/负责人签字、盖章。

备案机构（签章）

(备案表背面)

本企业保证：

一、遵守《中华人民共和国进出口商品检验法》及其实施条例、《中华人民共和国进出境动植物检疫法》及其实施条例、《中华人民共和国国境卫生检疫法》及其实施细则、《中华人民共和国食品安全法》及其实施条例等法律、法规以及检验检疫相关规章、规定。

二、服从检验检疫机构对报检企业的管理，遵守报检行业组织的行业管理章程。强化对企业报检业务和报检人员的日常管理，自觉维护检验检疫报检工作秩序。

三、不伪造、变造、涂改、出租、出借、转让、出卖《出入境检验检疫报检企业备案表》。

四、在备案表中所填写的信息是完整的、准确的、真实的。

五、按要求认真填写、及时提交与报检活动有关的文件和资料。

六、备案信息发生变更的，及时办理变更手续。《出入境检验检疫报检企业备案表》中载明的备案信息发生变更之日起，30日内到备案的检验检疫机构办理变更手续。

以上如有违反，愿承担相关法律责任。

法定代表人/负责人签字：王祥

（加盖企业公章）

2021年9月16日

报关人员备案证明

上海商快进出口有限公司：

你单位（海关注册编码：__3110965711__）所属报关人员__方欣__身份证类型：__身份证__（身份证号码__310106199311043680__）已完成海关备案。备案号：__31010912345__，备案日期：2021年9月20日。

海　关：

2021年9月20日

图1-8　报关人员备案证明

表1-10　出入境检验检疫报检人员备案表

编号：　　　　　　　　　　　　　　　　　　备案号码：

姓　名	方欣	性别	女	
身份证号	310106199311043680			
电子邮箱	SIBO@sohu.com			
联系电话	021-65788811	手机号码	13678987652	
所属企业	上海商快进出口有限公司			

(续表)

备注	 2021年9月20日

（备案表背面）

本人保证：

一、遵守《中华人民共和国进出口商品检验法》及其实施条例、《中华人民共和国进出境动植物检疫法》及其实施条例、《中华人民共和国国境卫生检疫法》及其实施细则、《中华人民共和国食品安全法》及其实施条例等法律、法规以及检验检疫相关规章、规定。

二、服从检验检疫机构对报检人员的管理，遵守报检行业组织的行业管理章程，加强报检基础知识和技能的学习，自觉维护检验检疫报检工作秩序。

三、不伪造、变造、涂改、出租、出借、转让、出卖《出入境检验检疫报检人员备案表》。

四、在备案表中所填写的信息是完整的、准确的、真实的。

五、按要求认真填写、及时提交与报检活动有关的文件和资料。

六、备案信息发生变更的，及时办理变更手续。《出入境检验检疫报检人员备案表》中载明的备案信息发生变更之日起，30日内到备案的检验检疫机构办理变更手续。

以上如有违反，愿承担相关法律责任。

（本人签字、加盖所属单位公章） 方欣

2021年9月17日

体验活动

一、活动背景

学生可自愿组成若干支创业团队，每支团队给拟建公司命名，确定投资金额，进行岗位分工，并根据我国相关法律法规的规定，申请企业名称预先核准和"五证合一"营业执照。

二、活动资料

1. 申请"五证合一、一照一码"营业执照信息

企业名称：上海三井进出口有限公司

企业住所（地址）：上海市浦东新区浦东路1号（邮编200021）

法人代表：甲学生/身份证号码 310106199408232816/手机号码 13917933388

机构类型：企业法人

财务负责人：乙学生/身份证号码 310106199405212826/手机号码 13917933381

办税人:丙学生/身份证号码 310106199407122836/手机号码 13917933382
从业人数:自定
核算方式:独立核算
名称预先核准通知书文号:(浦)登记内名预核字〔170912〕第 480 号
公司类型:有限责任公司(法人独资)
经营范围:许可经营项目/无　　一般经营项目/服装批发、鞋帽批发
营业期限:10 年
申请副本数量:3 个
经营者中文名称:上海三井进出口有限公司
统一社会信用代码:3101062278358342-6

2. 办理对外贸易经营者备案登记信息

进出口企业代码:3102018091234
企业法定代表人姓名:甲学生
企业法定代表人有效证件号 310106199408232816
注册资金:140 万元人民币
企业住所:上海市浦东新区浦东路 1 号(邮编 200021)
联系电话/传真:021-58343434/021-58343435
电子邮箱:DF@sohu.com
工商登记注册日期:2021 年 9 月 20 日
工商登记注册号:310607100212345

3. 办理海关进出口收发货人备案登记信息

注册海关:上海海关
海关注册编码:3101987362
联系人/电话:丁学生/021-58343434
行政区划:上海市
经济区划:一般经济区域
经济类型:民营
经营类别:进出口货物收发货人
行业种类:鞋帽、服装产品批发
企业法定代表人:甲学生
企业法定代表人身份证号:310106199408232816
海关业务联系人/手机号码/固定电话:丁学生/13917933383/021-58343434
出资者名称/国别/金额及币制:甲学生/中国/投资 50 万元人民币
　　　　　　　　　　　　　　乙学生/中国/投资 40 万元人民币
　　　　　　　　　　　　　　丙学生/中国/投资 30 万元人民币
　　　　　　　　　　　　　　丁学生/中国/投资 20 万元人民币
报关人员姓名:丁学生
身份证号码:310106199407122846

业务种类：备案

开户银行：中国银行浦东分行

银行账号：300834657331

联系人/固定电话/传真：丙学生/021-58343434/021-58343435

电子邮箱：DF@sohu.com

报检人员姓名/固定电话/手机号码/电子邮箱：丙学生/021-58343434/13917933382/DF@sohu.com

身份证号：310106199407122836

三、实践活动要求

上海三井进出口有限公司经理及伙伴根据上述信息填写"五证合一"登记申请表、对外贸易经营者备案登记表、出入境检验检疫报检企业备案表、出入境检验检疫报检人员备案表，并派一名代表用PPT对本次体验活动的情况进行汇报。

"五证合一"登记申请表

（营业执照/组织机构代码证/税务登记证/社会保险登记证/统计登记证）

☐ 新设　　☐ 变更　　☐ 增发　　☐ 补发证照　　☐ 其他

营业执照基本信息				
企业名称				
住所/经营场所				
法定代表人/负责人姓名		身份证号码		手机号码
经营范围				
组织机构代码证基本信息				
组织机构号（变更时填写）		☐ 是　　☐ 否　　增发组织机构		
机构类型		☐ 企业法人　　☐ 企业非法人　　☐ 其他机构		
主管部门		职工人数		
开户银行（变更时填写）		开户账号（变更时填写）		
税务登记证基本信息				
纳税人识别号（变更时填写）		☐ 是　　☐ 否　　增发税务登记证		
财务负责人		身份证号码		手机号码
办税人		身份证号码		手机号码
从业人数		其中外籍人员数量		
核算方式		☐ 非独立核算　　☐ 独立核算		

对外贸易经营者备案登记表

备案登记表编号：　　　　　　　　　　　　进出口企业代码：

经营者中文名称			
经营者英文名称			
组织机构代码		经营者类型（由备案登记机关填写）	
住　　所			
经营场所(中文)			
经营场所(英文)			
联系电话		联系传真	
邮政编码		电子邮箱	
工商登记注册日期		工商登记注册号	

依法办理工商登记的企业还须填写以下内容

企业法定代表人姓名		有效证件号	
注册资金		（折美元）	

依法办理工商登记的外国(地区)企业或个体工商户(独资经营者)还须填写以下内容

企业法定代表人/个体工商负责人姓名		有效证件号	
企业资产/个人财产		（折美元）	
备注			

填表前请认真阅读背面的条款，并由企业法定代表人或个体工商负责人签字、盖章。

备案登记机关签章：

年　月　日

备案登记表背面：

本对外贸易经营者作如下保证：
一、遵守《中华人民共和国对外贸易法》及其配套法规、规章。
二、遵守与进出口贸易相关的海关、外汇、税务、检验检疫、环保、知识产权等中华人民共和国其他法律、法规、规章。
三、遵守中华人民共和国关于核、生物、化学、导弹等各类敏感物项和技术出口管制法规以及其他相关法律、法规、规章，不从事任何危害国家安全和社会公共利益的活动。
四、不伪造、变造、涂改、出租、出借、转让、出卖《对外贸易经营者备案登记表》。
五、在备案登记表中所填写的信息是完整的、准确的、真实的；所提交的所有材料是完整的、准确的、合法的。

(续表)

六、《对外贸易经营者备案登记表》上填写的任何事项发生变化之日起，30日内到原备案登记机关办理《对外贸易经营者备案登记表》的变更手续。

以上如有违反，将承担一切法律责任。

对外贸易经营者签字、盖章：
年　月　日

出入境检验检疫报检企业备案表

企业名称	中文			
	英文			
住　所				
经营场所				
企业性质			企业类别	
营业执照号			组织机构代码	
统一社会信用代码			外资投资国别 （三资企业）	
开户银行			银行账号	
法定代表人/负责人			有效证件号	
联系人			联系电话	
传真			电子邮箱	

快件运营企业备案还须填写以下内容

快递业务经营许可证号		经营范围	

报检专用章印模：（使用报检专用章的需提供。另附页）

填表前请认真阅读背面的条款，并由企业法定代表人/负责人签字、盖章。

备案机构（签章）
年　月　日

（备案表背面）

本企业保证：

一、遵守《中华人民共和国进出口商品检验法》及其实施条例、《中华人民共和国进出境动植物检疫法》及其实施条例、《中华人民共和国国境卫生检疫法》及其实施细则、《中华人民共和国食品安全法》及其实施条例等法律、法规以及检验检疫相关规章、规定。

二、服从检验检疫机构对报检企业的管理，遵守报检行业组织的行业管理章程。强化对企业报检业务和报检人员的日常管理，自觉维护检验检疫报检工作秩序。

(续表)

三、不伪造、变造、涂改、出租、出借、转让、出卖《出入境检验检疫报检企业备案表》。

四、在备案表中所填写的信息是完整的、准确的、真实的。

五、按要求认真填写,及时提交与报检活动有关的文件和资料。

六、备案信息发生变更的,及时办理变更手续。《出入境检验检疫报检企业备案表》中载明的备案信息发生变更之日起,30日内到备案的检验检疫机构办理变更手续。

以上如有违反,愿承担相关法律责任。

法定代表人/负责人签字:
(加盖企业公章)
年　月　日

出入境检验检疫报检人员备案表

编号:　　　　　　　　　　　　　　　备案号码:

姓　名		性别		
身份证号				
电子邮箱				
联系电话		手机号码		
所属企业				
备注				

(备案表背面)

本人保证:

一、遵守《中华人民共和国进出口商品检验法》及其实施条例、《中华人民共和国进出境动植物检疫法》及其实施条例、《中华人民共和国国境卫生检疫法》及其实施细则、《中华人民共和国食品安全法》及其实施条例等法律、法规以及检验检疫相关规章、规定。

二、服从检验检疫机构对报检人员的管理,遵守报检行业组织的行业管理章程,加强报检基础知识和技能的学习,自觉维护检验检疫报检工作秩序。

三、不伪造、变造、涂改、出租、出借、转让、出卖《出入境检验检疫报检人员备案表》。

四、在备案表中所填写的信息是完整的、准确的、真实的。

五、按要求认真填写,及时提交与报检活动有关的文件和资料。

六、备案信息发生变更的,及时办理变更手续。《出入境检验检疫报检人员备案表》中载明的备案信息发生变更之日起,30日内到备案的检验检疫机构办理变更手续。

以上如有违反,愿承担相关法律责任。

(本人签字、加盖所属单位公章)
年　月　日

团队活动评价表

测评内容	评判标准/分值	总分	团队自评（50%）	教师评价（50%）
实践活动情况	"五证合一"登记申请表/正确/20分	20		
	"五证合一"登记申请表/错1处/4分			
	"五证合一"登记申请表/不填/0分			
	对外贸易经营者备案登记表/正确/20分	20		
	对外贸易经营者备案登记表/错1处/4分			
	对外贸易经营者备案登记表/不填/0分			
	出入境检验检疫报检企业及人员备案表/正确/20分	20		
	出入境检验检疫报检企业及人员备案表/错1处/4分			
	出入境检验检疫报检企业及人员备案表/不填/0分			
PPT汇报情况	PPT设计制作/好/10分	10		
	PPT设计制作/一般/5分			
	PPT设计制作/较差/2分			
	语言表达/好/10分	10		
	语言表达/一般/5分			
	语言表达/较差/2分			
合作完成质量	达到目标/好/10分	10		
	达到目标/一般/5分			
	达到目标/较差/2分			
团队协作精神	协作精神/好/10分	10		
	协作精神/一般/5分			
	协作精神/较差/2分			
计分				

 综合能力训练

一、单选题

1. 国际贸易基于本国的视角又可称为（　　）。
   A. 对外贸易　　B. 进口贸易　　C. 出口贸易　　D. 服务贸易
2. （　　）是指从其他国家或地区引进商品、技术和服务到本国市场的商务活动。
   A. 对外贸易　　B. 进口贸易　　C. 出口贸易　　D. 服务贸易

3. (　　)是指将本国的商品、技术和服务输出到其他国家或地区的商务活动。
   A. 对外贸易　　　B. 进口贸易　　　C. 出口贸易　　　D. 服务贸易
4. 根据我国有关法律的规定,公司设立应依法办理公司登记,领取(　　)。
   A. 税务登记证　　　　　　　　B. 对外贸易经营者备案登记表
   C. 组织机构代码证　　　　　　D. "五证合一"营业执照
5. 从事货物或技术进出口的公司必须办理对外贸易经营者备案登记,获取(　　)。
   A. 公司经营权　　　　　　　　B. 外贸经营权
   C. 进出口报检权　　　　　　　D. 进出口报关权
6. 申报原产地证的企业需向(　　)办理原产地证书申领企业备案手续。
   A. 海关　　　　　　　　　　　B. 商务委员会
   C. 税务局　　　　　　　　　　D. 属地出入境检验检疫机构

二、多选题

1. 国际贸易商业交换活动包括了世界各国或地区之间的(　　)。
   A. 商品　　　B. 技术　　　C. 服务　　　D. 创新
2. 国际贸易基于商品流向可划分为(　　)。
   A. 对外贸易　　　B. 进口贸易　　　C. 出口贸易　　　D. 服务贸易
3. 国际贸易基于商品形态可划分为(　　)。
   A. 有形贸易　　　B. 进口贸易　　　C. 出口贸易　　　D. 无形贸易
4. "五证合一"是指(　　)合并到工商行政管理部门核发的营业执照。
   A. 法人营业执照　　　　　　　B. 组织机构代码证
   C. 税务登记证　　　　　　　　D. 社会保险登记证、统计登记证
5. 外贸企业类型根据公司的性质可划分为(　　)。
   A. 股份有限公司　　　　　　　B. 有限公司
   C. 外贸生产企业　　　　　　　D. 国际贸易控股集团
6. 海关进出口货物收发货人备案是由之前的(　　)合并而成,可获得报关报检资质。
   A. 检验检疫代理报检企业　　　B. 检验检疫自理报检企业备案
   C. 海关进出口货物收发货人备案　D. 海关报关企业
7. 海关报关企业注册登记是由之前的(　　)合并而成,可获得报关报检资质。
   A. 报检企业　　　　　　　　　B. 检验检疫自理报检企业备案
   C. 海关进出口货物收发货人备案　D. 海关报关企业
8. 报关人员备案是由之前的(　　)合并而成,可获得报关报检资质。
   A. 检验检疫报检人员备案　　　B. 对外贸易经营者备案
   C. 组织机构统一代码办理　　　D. 海关报关人员备案

三、判断题

1. 外贸经营权管理方式已由审批制改为备案登记制,凡依法办理工商登记的法人、其他组织或者个人,都可直接从事对外贸易业务。　　　　　　　　　　(　　)
2. 从事货物或技术进出口的公司必须向商务部或其委托的机构办理对外贸易经

营者备案登记。（　　）

3. 2018年4月20日后设立的外贸企业为办理出入境商品报检,还必须办理报检企业备案。（　　）

4. 2018年4月20日之前已在海关和原检验检疫部门办理了报关报检注册登记或者备案的企业,原报关报检资质继续有效。（　　）

5. 2018年4月20日之前由原检验检疫部门核发的《出入境检验检疫报检企业备案表》无效。（　　）

6. "五证合一"营业执照签发日期为公司成立日期。（　　）

7. 申报原产地证的企业需向属地中国国际贸易促进委员会分会签证机构办理原产地证书申领企业备案手续。（　　）

四、业务流程题

1. 根据"五证合一"营业执照的申请程序填写下表。

环节	操作内容
网上申报 （申请企业）	
窗口申请 （申请企业）	
申请受理 （工商部门）	
核准颁发 （相关部门）	

2. 根据对外贸易经营者备案登记的程序填写下表。

环节	操作内容
在线申报 （申请企业）	
窗口申请 （申请企业）	
登记受理 （登记机构）	
核准登记 （登记机构）	

3. 根据报关报检企业注册登记或者备案的程序填写下表。

环节	操作内容
在线申报 （申请企业）	
窗口申请 （申请企业）	
登记备案审核 （海关机构）	
核准登记 （海关机构）	

五、简答题

1. 简述国际贸易业务的基本特征。
2. 简述进口贸易业务基本流程。

项目二 开展进出口商品交易磋商

学习目标

- 了解出口贸易市场调研的目标、范围、形式等具体内容
- 熟悉商品线上线下信息发布的形式、渠道及要求
- 明确进出口商品交易磋商的必要环节及主要内容
- 掌握销售确认书的形式、框架及主要内容
- 具备开展进出口商品交易磋商和拟定合同条款的基本能力

学习情境

进出口贸易企业依法设立并获得从事国际贸易业务资质后,通常根据企业的经营目标、市场定位、经营特色,通过线上线下手段进行国际贸易市场的调研,了解目标国家或地区的经济、政治、法律和社会文化环境,掌握适销品类、供求关系、价格动态等情况,并以此作为制订进出口贸易计划的依据。同时,企业通过商品线上线下的信息发布,树立企业形象和商品品牌,寻找更多的商机,开展交易磋商,与买方达成一致意见后拟定销售确认书。

项目二围绕调研目标、调研范围、调研形式、信息发布、交易磋商环节、销售确认书的格式及内容等方面进行介绍,并以实例予以展示。

任务一　发布出口商品信息

学习指南

一、出口贸易市场的调研

国际贸易市场的需求变化莫测,外贸企业必须对出口贸易市场进行调研,从而了解目标国家或地区的经济、政治、法律和社会文化环境,掌握适销品类、供求关系、价格动态等情况。

1. 确立调研目标

调研目标一般包括选择目标市场、选择适销品类及商品、确定合理商品价格等方面的内容。

2. 确定调研范围

调研范围主要包括以下两个层面。

1) 宏观层面

宏观层面主要包括三个方面：一是经济环境，一般包括目标国家或地区的经济结构、经济发展水平、经济发展前景和收入分配等；二是政治环境与法律环境，一般包括政府对进口贸易实行的措施、进口贸易方面的法律法规，如关税、配额、国内税收、外汇限制、卫生检疫、安全条例等；三是社会文化环境，一般包括教育水平、宗教信仰、风俗习惯等。外贸企业应通过不同调研方法与手段，系统地搜集、记录、整理一国的经济环境、政治环境与法律环境、社会文化环境的基本状况，分析其产生的不同影响，进而选择出口目标国家或地区。

2) 微观层面

微观层面主要包括三个方面：一是选择目标市场，对一国或地区的商品销售渠道、销售网络规模、批零商经营规模和服务质量等方面进行调研，根据营销环境确定目标市场；二是分析商品供求关系，研究市场供求关系的变动，选择适销品类、热销或紧缺商品；三是研究价格规律，通过对商品价格变动的分析，预测商品价格走势，确定合理的商品价格。

3. 明确调研形式

调研形式主要有以下两种。

1) 文案调研法

文案调研法又称为文献调研法，是指对现有的企业与政府、国际商会和行业协会提供的相关资料，以及研究机构、国际组织出版物提供的相关资料，通过不同的手段进行搜集、整理和分析，从而间接地获取有用的信息并形成调研报告的方法。

2) 实地调研法

实地调研法是指以国际展览会、进出口展销会、进口商、出口商、驻外商务机构等为对象，通过线上线下问卷调查、专题访谈、抽样调查、跟踪问卷等形式搜集各种信息，并对其进行整理分析形成调研报告的方法。

4. 成立市场调研小组

市场调研小组成员人数要精简，并且每位成员都要具备相关领域的知识与技能，确保研究数据的客观性和分析论证的有效性，进而确保调研报告的质量。

二、组织出口货源

外贸企业根据出口贸易市场调研报告，可选择向相关产品的供应商进行采购，也可委托生产企业进行新产品开发。开发新产品是指研制新产品，或者改良原有产品。组织出口货源应注意以下几个问题。

1. 增强知识产权法律意识

知识产权是指权利人对其智力劳动所创作的成果享有的专有权利。知识产权本质上是一种无形财产权,与有形财产一样,都具有价值和使用价值,受到国家法律的保护。知识产权主要包括各种发明、外观设计,以及在商业中使用的商品标志、厂商名称、产品图像等。据此,在采购商品或委托新产品研制时,外贸企业要增强知识产权的法律意识,避免贸易纠纷的发生,维护好自身的经济利益。

2. 关注供应商或生产商的生产能力

选择商品采购的备货形式,外贸企业要根据出口交易的规模考察供应商的生产能力,以确保按时交货。选择新产品加工的备货形式,外贸企业要关注生产商的研制能力,以确保出口商品的品质。

三、商品信息发布

1. 线上信息发布的渠道

1) 自建公司网站发布信息

出口企业可以建立自己的公司网站,进行自主管理,实施定制化服务,在线发布各种信息,突出品牌形象,增强用户体验,获得进口商对其企业及产品品牌的认知,从而获得更多的商机。

2) 注册行业营销网站发布信息

行业性营销网站是集商务信息发布与订单收集的信息载体,其形成了一个网上虚拟的行业市场,能促进商品成交的概率,为企业带来潜在的收益,如中国商品网、阿里巴巴全球贸易网等。

3) 注册第三方跨境电子商务网站发布信息

第三方跨境电子商务网站是指根据一定的交易规范在线为境内外企业或个人提供产品和服务等信息,通过平台完成搜索、咨询、营销、下单、支付、物流等交易环节,以收取佣金或服务费为主要营利模式的独立法人,如敦煌网、亚马逊、速卖通等。

2. 线下信息发布的渠道

1) 参加中国进出口商品交易会

中国进出口商品交易会(简称广交会)的前身是中国出口商品交易会,创办于1957年春季,每年春秋两季在广州举办,是迄今中国历史最长、层次最高、规模最大、商品种类最全、到会客商最多、成交效果最好的综合性国际贸易盛会。2006年10月15日,时任国务院总理温家宝在第100届中国出口商品交易会开幕式上宣布,将中国出口商品交易会更名为中国进出口商品交易会,其意味着参展内容进一步扩大,国际影响更广。

> **知识链接**
>
> **中国进出口商品交易会参展指南**
>
> 1. 参展单位资格和条件
>
> (1) 依法取得法人营业执照,依法进行外贸经营者备案登记,并已办理进出口企业代码。

(2) 具有所申请参展展区的协调管理商会或外资协会会员资格。

(3) 上一年度中国进出口商品交易会统计的出口金额须达到规定的参展商最低出口金额标准。

(4) 申请参展的商品符合中国进出口商品交易会相关展区展品范围的要求。

(5) 无严重违反中国进出口商品交易会各项管理规定的行为，无严重侵犯知识产权，无涉及知识产权纠纷或贸易合同纠纷，无违规转让或转租(卖)展位等。

(6) 无违法记录。

2. 参展申请

参展单位在规定时限内，按所在行政区域或系统向相关交易团、联合交易团分团提出参展申请。

2) 参加中国华东进出口商品交易会

中国华东进出口商品交易会(简称华交会)，由上海市、江苏省、浙江省、安徽省、福建省、江西省、山东省、南京市、宁波市9省市联合主办。自1991年创办以来，华交会吸引了全球142个国家或地区的客商，有逾20万人次浏览了华交会网站，是中国规模最大、客商最多、辐射面最广、成交额最高的区域性国际经贸盛会。

3) 浏览国际工商名录

国际工商名录收录了各国著名的贸易公司、商号的名称，电传、电话、传真的号码，电子邮件地址，公司地址，主要经营项目及历史经营情况。例如，《康帕斯国际工商指南》收录了70个国家180万家公司的名录，有书与光盘，每年更新，企业从中能获取最需要的第一手信息。企业可以通过电子邮件等通信方式开展营销活动，建立业务关系，进行洽谈成交。

4) 参加中国国际进口博览会

2017年5月14日，中共中央总书记、国家主席、中央军委主席习近平在"一带一路"国际合作高峰论坛上宣布，中国将从2018年起举办中国国际进口博览会。中国欢迎各国工商界人士、参展商、专业采购商参展，以拓展中国市场，分享各国经贸合作商机，进而实现互惠互利、共赢发展。

第四届中国国际进口博览会于2021年11月5日至10日在国家会展中心(上海)举办，展会内容分为国家贸易投资综合展、企业商业展和虹桥国际经济论坛。国家贸易投资综合展首次采用虚拟现实和三维建模的技术手段，搭建参展国数字展厅，展示各国贸易投资、特色产业、文化旅游、代表企业等领域的有关情况。企业商业展分为货物贸易和服务贸易两大板块，其中货物贸易板块又分为智能及高端装备、消费电子及家电、服装服饰及日用消费品、汽车、食品及农产品、医疗器械及医药保健等展区；服务贸易板块又分为新兴技术、服务外包、创意设计、文化教育、旅游服务等展区。虹桥国际经济论坛由商务部和上海市人民政府联合主办，有关国际组织作为合作单位，邀请参展国家领导人、部长和国际组织负责人，以及全球知名企业、大型跨国公司负责人参会。申请参展的企业需填写中国国际进口博览会参展申请表(表2-1)，并发邮件至info@ciie.org邮箱。

表 2-1　中国国际进口博览会参展申请表

公司名称（全称）	中文		国家/地区	
	英文		城市	
地　　址				
邮政编码			联系人	☐ 女士　☐ 男士
电　　话			职　务	
手　　机			传　真	
电子邮箱			公司官网	
企业介绍				

请勾选贵司参展展区展品(至少选一项)

展区	展品
智能及高端装备	☐ 人工智能　　☐ 工业自动化与机器人　　☐ 数字化工厂　　☐ 物联网 ☐ 材料加工及成型装备　☐ 工业零部件　　☐ 信息通信技术装备 ☐ 节能环保装备　　☐ 新能源电力电工装备　　☐ 航空航天技术装备 ☐ 动力传动与控制技术装备　　☐ 3D打印　　☐ 其他,请注明_____
消费电子及家电	☐ 移动设备　　☐ 智能家居　　☐ 智能家电　　☐ 虚拟现实与增强现实 ☐ 电子游戏　　☐ 健康运动产品　　☐ 音频产品　　☐ 视频与高清设备 ☐ 生活科技　　☐ 显示技术　　☐ 在线与家庭娱乐　　☐ 产品与系统解决方案 ☐ 其他,请注明_____
汽车	☐ 智能驾驶汽车与技术　　☐ 互联网汽车与技术　　☐ 新能源汽车与技术 ☐ 品牌汽车　　☐ 其他,请注明_____
服装服饰及日用消费品	☐ 服装　　☐ 纺织品　　☐ 丝绸产品　　☐ 餐厨用品 ☐ 家居用品　　☐ 礼品　　☐ 家居装饰品　　☐ 节日用品 ☐ 珠宝首饰　　☐ 家具　　☐ 婴童用品　　☐ 玩具 ☐ 文化用品　　☐ 美容美发护理产品　　☐ 运动及休闲产品　　☐ 箱包 ☐ 鞋类　　☐ 钟表　　☐ 陶瓷和玻璃制品　　☐ 其他,请注明_____
食品及农产品	☐ 乳制品　　☐ 肉制品　　☐ 水产品　　☐ 蔬果　　☐ 茶和咖啡　　☐ 饮料及酒类 ☐ 甜食及休闲食品　　☐ 健康及保健品　　☐ 调味品　　☐ 罐头及方便食品 ☐ 其他,请注明_____
医疗器械及医药保健	☐ 医学影像类　　☐ 手术室设备及器械　　☐ 体外诊断产品　　☐ 康复理疗产品 ☐ 医用高值耗材　　☐ 移动医疗及人工智能　　☐ 美容整形　　☐ 滋补品 ☐ 高端体检　　☐ 福祉产品与养老服务　　☐ 其他,请注明_____

(续表)

服务贸易	旅游服务	☐ 特色景区　☐ 旅行线路及产品　☐ 旅行社　☐ 游轮及航空公司 ☐ 会奖旅游　☐ 在线旅游服务　☐ 其他，请注明_____
	新兴技术	☐ 信息技术　☐ 节能环保　☐ 生物科技　☐ 科研机构　☐ 知识产权 ☐ 其他，请注明_____
	文化教育	☐ 文化　☐ 教育　☐ 出版物　☐ 教育培训　☐ 海外教育机构及高校 ☐ 其他，请注明_____
	创意设计	☐ 艺术设计　　　☐ 工业设计　　　☐ 设计软件 ☐ 其他，请注明_____
	服务外包	☐ 信息技术外包　☐ 业务流程外包　☐ 知识流程外包 ☐ 其他，请注明_____

我公司申请：(请填写且仅填写一项)
☐ A. 标准展位_____个
☐ B. 光地_____平方米(最少租用 36 平方米)
参展价格：标准展位 3 000 美元/9 平方米　　　光地 300 美元/平方米(36 平方米起)

实例操作

业 务 情 境

上海商快进出口有限公司在开展出口贸易业务之前，根据企业的市场地位、经营目标和经营范围对国际贸易市场进行调研，了解目标国家或地区的经济环境、政治环境、法律环境和社会文化环境，掌握该国或地区的适销品类、供求关系、价格动态、营销环境，通过不同调研方法与手段，对该国家或地区的信息进行系统的搜集、记录和分析，形成书面调研报告，并以此作为制订出口贸易计划的基本依据。

一、上海商快进出口有限公司开展市场调研

上海商快进出口有限公司开展了下列三个方面的市场调研。

1. 对市场适销品类的调研

据商务部统计数据显示，出口商品以传统劳动密集型大众货物为主，如纺织品、服装、3C 产品、塑料制品、玩具、鞋包、家具等。

2. 对商品市场价格的调研

商务部统计数据显示，我国传统劳动密集型大众货物的性价比高，不仅吸引欧美等发达国家年轻人群和低收入人群，还在中东、拉丁美洲等区域成为主流人群喜爱的商品。

3. 对销往国家或地区的调研

据商务部统计数据显示,我国前三大进出口贸易伙伴排名依次为东盟、欧盟和美国。

二、上海商快进出口有限公司进行商品信息发布

上海商快进出口有限公司根据企业的经营目标、经营范围、经营特色,分别在线上、线下平台发布不同裤子款式的信息。

1. 在公司官网发布裤子商品信息

以王祥经理为首的创业团队在老师的指点下建立了营销型公司网站,用于发布公司经营范围、服务理念、产品品牌、成人裤子、儿童裤子等方面的信息,树立公司形象,获取商机。

2. 在敦煌网发布儿童服装供应信息

敦煌网是我国商务部重点推荐的对外贸易第三方跨境电子商务平台,遍及全球230个国家和地区,实现140多万家国内供应商在线运营,拥有4 000万种商品和1 000万家买家的规模,支持11种外国语言,每3秒产生一张订单,提供免费注册,助力中小企业实现"买全球、卖全球"。上海商快进出口有限公司在敦煌网完成注册(图2-1),并在该网站发布了公司经营范围、服务理念、产品品牌、运动鞋供应等信息,以扩大公司的影响、获取更多的商机。

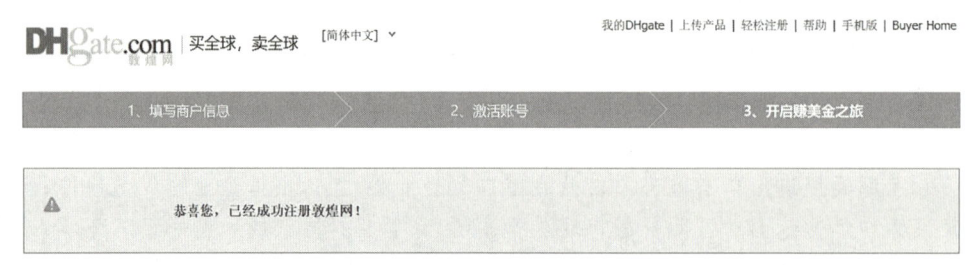

图2-1 "敦煌网"完成注册界面

 **体验活动**

一、活动背景

上海三井进出口有限公司依法设立并获得从事进出口贸易业务资质后,根据公司的市场地位、经营目标和经营范围对国际贸易市场进行调研,了解目标国家或地区的宏观环境,通过不同调研方法与手段搜集适销品类、供求关系、价格动态、营销环境等基本信息,对其进行具体分析并撰写书面调研报告。

二、活动资料

经营范围:进出口贸易、跨境电子商务

经营方式:服装批发、鞋帽批发

主要经营产品:服装、运动鞋、礼帽

以下为公司调研的中国服装出口市场统计信息,如表2-2所示。

表2-2　中国服装出口市场统计信息

序号	国家或地区	出口金额(万美元)	同比增长
1	韩国	564 249.2	−4.05%
2	泰国	72 567.8	2.39%
3	印度	98 566.8	13.43%
4	中国香港	888 082.9	24.05%
5	沙特阿拉伯	303 861.8	39.64%
6	吉尔吉斯斯坦	270 972.5	76.15%
7	菲律宾	208 800.4	26.98%
8	波兰	118 762.9	1.27%
9	哈萨克斯坦	138 322.3	28.27%
10	美国	3 332 615.9	−6.78%

三、活动要求

上海三井进出口有限公司创业团队根据活动资料选择一国或地区,对女士服装、男士服装、运动鞋中的一类单品进行商品出口贸易市场调研,撰写市场调研报告,并派代表用PPT进行汇报。

_____商品出口贸易市场调研报告

一、调研目的

二、调研内容

三、调研方法与步骤

四、商品需求分析

五、策略与建议

团队活动评价表

测评内容	评判标准/分值	总分	团队自评（50%）	教师评价（50%）
实践活动情况	市场调研报告格式/正确/10 分	10		
	市场调研报告格式/不规范/5 分			
	市场调研报告格式/混乱/0 分			
	市场调研报告内容/齐全/30 分	30		
	市场调研报告内容/不齐全/15 分			
	市场调研报告内容/混乱/5 分			
	市场调研报告数据/正确/20 分	20		
	市场调研报告数据/不完善/10 分			
	市场调研报告数据/错误/0 分			
PPT 汇报情况	PPT 设计制作/好/10 分	10		
	PPT 设计制作/一般/5 分			
	PPT 设计制作/较差/2 分			
	语言表达/好/10 分	10		
	语言表达/一般/5 分			
	语言表达/较差/2 分			
合作完成质量	达到目标/好/10 分	10		
	达到目标/一般/5 分			
	达到目标/较差/2 分			
团队协作精神	协作精神/好/10 分	10		
	协作精神/一般/5 分			
	协作精神/较差/2 分			
计分				

任务二　开展进出口商品交易磋商

学习指南

一、交易磋商的形式

1. 口头磋商

口头磋商有两种形式：一是线下口头磋商，是指在展览会、公司等地进行面对面洽谈;二是线上口头磋商,是指电话洽谈、语音洽谈等形式。口头磋商的特点在于能直接了解对方的诚意和态度,以便采取相应的对策,及时调整策略,争取达到预期目的。

2. 书面磋商

书面磋商也有两种形式:一是线下书面磋商,是指以快递传送产品介绍、报价等书面材料的洽谈方式,在一般出口业务中,这种方式采用较少;二是线上书面磋商,是指通过传真、电子邮件、网站留言、图片等方式传送书面文字材料进行的洽谈形式,在实际业务中,这类方式应用较多。书面磋商具有可视性、便于查证的特点。

二、交易磋商的环节

1. 询盘

询盘(enquiry)又称询价,是指交易的一方有意购买或出售某一种商品,向对方询问买卖该商品的有关交易条件。询盘是不定向发布自己的购买(或出售)意向,其内容既可以是询问价格,也可以是询问其他一项或几项交易条件,但多数是询问价格。例如:BOOKABLE MIDDLE SIZE T-SHIRT 2 000 DOZEN PLEASE CABLE LOWEST PRICE EARLIEST DELIVERY(拟定购中号T恤衫2 000打,请电告最低价格和最快交货期)。

询盘既可以由买方发出,也可以由卖方发出,不是每笔交易磋商的必经环节。

2. 发盘

发盘(offer)又称报价,是指买卖双方中的一方向另一方提出各项交易条件,并愿意按这些条件达成交易、订立合同的一种肯定表示。《联合国国际货物销售合同公约》认为,向一个或一个以上特定的人提出的订立合同的建议,如果十分确定并且表明发盘人在得到接受时承受约束的意旨,即构成发盘。例如:OFFER MIDDLE SIZE T-SHIRT 120 PACKED IN CARTONS OF 10 DOZ EACH STERLING FORTY PER DOZEN CIF LONDON DECEMBER SHIPMENT IRREVOCABLE SIGHT L/C SUBJECT REPLY REACHING US FIFTEENTH(兹发中号T恤衫120纸箱,每箱10打,每打40英镑CIF伦敦,12月装,即期不可撤销信用证支付,限15日复到我方)。在实际业务中,发盘通常是一方在收到对方的询盘之后提出的,也可直接发出。发盘多由卖方发出,习称售货发盘(selling offer),也可以是买方发出,习称购货发盘(buying offer)或递盘(bid)。

1) 构成发盘的有效条件

构成一项有效的发盘,必须具备四项条件:一是发盘应向一个或一个以上特定的人提出,"特定的人"是指在发盘中指明个人姓名或企业名称的受盘人;二是发盘的内容十分确定,详细列明品名、品质、数量、包装、价格、装运和支付条件等主要交易条件;三是表明发盘人受发盘合同条款的约束;四是传达受盘人,即传达到受盘人的发盘才能生效。

2) 发盘的有效期

发盘的有效期(duration of offer)是指给予对方表示接受的时间限制,超过发盘规定的时限,发盘人即不受约束。发盘人对发盘有效期可作明确的规定,可规定最迟接受的期限(如限5月31日复到此地),或规定一段接受的期限(如发盘有效期为10天)。如果发盘中没有明确规定发盘的有效期,受盘人应在合理时间内接受。

3) 发盘的撤回

发盘的撤回(withdrawal of offer)是指发盘人将受盘人尚未收到的发盘予以取消的行为。《联合国国际货物销售合同公约》规定,一项发盘只要撤回通知先于发盘或与发盘同时到达受盘人,该发盘就可被撤回。

4) 发盘的撤销

发盘的撤销(revocation of offer)是指发盘人将已经为受盘人收到的发盘予以取消的行为。《联合国国际货物销售合同公约》第16条规定,在成立合同前,如果撤销通知于受盘人发出接受通知之前到达受盘人,发盘可以撤销。

> **议题一**
> 　　某进出口公司于5月1日对外发盘,发盘内容中规定发盘有效期至6月30日。发盘发出后,该商品市场价格一路上涨,于是我方发函通知外商5月1日的发盘无效,按新的发盘价格交易。请分析:我方5月1日的发盘在法律上有效吗,为什么?

3. 还盘

还盘(counter-offer)是指受盘人在接到发盘后,不同意或不完全同意发盘人在发盘中提出的条件,为了进一步磋商交易,对发盘提出修改意见。例如:YOURS OFFER-PRICE TOO HIGH COUNTER-OFFER US DOLLARS THIRTY REPLY FOURTEENTH (你方报价太高,还盘30美元限14日复)。

还盘是对应发盘的,既可以由买方发出,也可由卖方发出,其不是每笔交易磋商的必经环节。在实际业务中,一方在发盘中提出的条件与对方能够接受的条件不完全吻合的情况是经常发生的,有时一项交易须经过多轮还盘才能最终达成交易。从法律意义上说,还盘是对发盘的一种拒绝,还盘一经做出,原发盘即失去效力,发盘人不再受其约束。一项还盘等于是受盘人向原发盘人提出的一项新的发盘。

4. 接受

接受(acceptance)是指买方或卖方同意对方在发盘中提出的各项交易条件,并愿按这些条件与对方达成交易、订立合同的一种肯定的表示。一方发盘经另一方接受,交易即告达成,双方就应分别履行其所承担的合同义务。例如:YOURS FIFTEENTH WE ACCEPT (你方15日电,我方接受)。

1) 构成一项有效接受的条件

构成一项有效接受,应具备四个方面的条件:一是接受必须由受盘人做出,其他任何人对发盘表示同意,不能构成接受;二是接受必须表示出来,在实际业务中,发盘人如以口头形式发盘,受盘人一般以口头表示接受,如以书面形式发盘,则应以书面形式表示接受;三是接受必须在发盘的有效期内传达到发盘人,才具有法律效力;四是接受内容必须与发盘相符,接受必须是无条件地同意发盘的全部条件,才能达成交易并订立合同。

议题二

某进出口贸易公司向外商询购一款女士服装并收到进口商的发盘,发盘有效期至3月31日。我方于3月1日回函要求每件价格降低8美元,外商没有答复。鉴于近期该服装国内行情看涨,我方又于3月30日致函通知接受原先发盘提出的各项条件。请分析:我方3月30日函电的接受在法律上有效吗,为什么?

2) 接受的撤回

撤回接受的通知先于或与原接受通知同时送达发盘人,该接受可以撤回。如果接受生效后,合同已经成立,接受则不予以撤销。《联合国国际货物销售合同公约》规定,如果撤回通知于接受原应生效之前或同时送达发盘人,则接受得予撤回。

实例操作

> **业务情境**
>
> 上海商快进出口有限公司通过公司网站、中国商品网站和第三方跨境电商平台敦煌网发布各款裤子的供应信息,以寻找商机。近日,上海商快进出口有限公司收到日本高田商社的询盘函,表示对公司的男式全棉长裤感兴趣。随后,双方就该商品的交易条件进行磋商,对商品的价格进行讨价还价。

一、上海商快进出口有限公司收到询盘函

日本高田商社浏览了上海商快进出口有限公司官网,表示对男式全棉长裤感兴趣,于是向上海商快进出口有限公司王祥经理发来了询盘函(图2-2)。

```
发件人:TKAMRA <19 @ hotmail.com>
收件人:SIBO @ sohu.com
主题:ENQUIRY                                    2021-9-15    14:05

Dear Mr. Wang Xiang,
We got your information from the website of Shanghai SK Import & Export Co. Ltd. We are interested in men's 100% cotton trousers. Could you please quote us the best price?
Looking forward to hearing from you soon.

                                    Kind Regards,
                                    TKAMRA
                                    TKAMRA TRADE CORPORATION
```

图2-2 询盘函

二、上海商快进出口有限公司发送发盘函

上海商快进出口有限公司王祥经理收到了日本高田商社高田社长发来询盘函,立刻查询了该公司的相关信息,与伙伴们研究决定后发出发盘函(图2-3)。

发件人:SIBO @ sohu.com
收件人:TKAMRA <19 @ hotmail.com>
主题:OFFER   2021-9-16   10:00

Dear Sir Tkamra,
Thank you very much for your enquiry dated on Sept. 15. Now we quote you the price as follows:
Unit price: @USD7.00 CIF TOKYO.
Payment: sight L/C
Means of transportation: shipment by sea
Packing: Each piece in a paper box, 20 pieces of assorted colors and sizes into an export carton.

          Kind Regards,
          WANG XIANG
          SHANGHAI SK IMPORT & EXPORT CO. LTD.

图 2-3 发盘函

三、上海商快进出口有限公司收到还盘函

日本高田商社高田社长对上海商快进出口有限公司的发盘进行了仔细研究,通过价格核算后提出了还价的请求和购货的意向,并发出还盘函(图2-4)通知上海商快进出口有限公司。

发件人:TKAMRA <19 @ hotmail.com>
收件人:SIBO @ sohu.com
主题:COUNTER-OFFER   2021-9-17   14:40

Dear Mr. Wang Xiang,
Thank you for your offer dated on Sept. 16. Could you please reduce the price to USD6.50 each? Other terms and conditions are acceptable.
Await for your soonest reply.

          Kind Regards,
          TKAMRA
          TKAMRA TRADE CORPORATION

图 2-4 还盘函

四、上海商快进出口有限公司发送接受函

上海商快进出口有限公司王祥经理在收到日本高田商社的还盘后,立刻与供应商提出降低采购价的要求,得到确定答复后向高田社长发出接受函(图2-5)。

```
发件人:SIBO @ sohu.com
收件人:TKAMRA <19 @ hotmail.com>
主题:ACCEPTANCE                               2021-9-18    16:00

Dear Sir Tkamra,
Your letter dated on Sept. 17 has been received.
After a careful consideration of your request, we accept the price at USD6.50 per piece.
Looking forward to your order.

                                     Kind Regards,
                                     WANG XIANG
                                     SHANGHAI SK IMPORT & EXPORT CO. LTD.
```

图2-5　接受函

体验活动

一、活动背景

上海三井进出口有限公司是一家民营学生创业企业,经营范围是进出口贸易与跨境电子商务,主要经营产品为服装、鞋帽,并建立了自己的公司网站,还注册了速卖通第三方跨境电子商务网站,通过不同的渠道发布其经营范围、服务理念、产品品牌等信息,以树立公司形象,获取商机。昨日,上海三井进出口有限公司经理收到德国KKK进口公司(KKK IMPORT CO. LTD.)皮特经理发出的询盘函,表示对公司网站上展示的迷彩全棉帆布女式中裤很感兴趣。于是,上海三井进出口有限公司就品质、包装、价格、装运和支付方式等交易条件对德国KKK进口公司进行发盘。

二、活动资料

收件地址:YAMA@hotmail.JP
商品名称:女式中裤
商品品质:全棉帆布
商品规格:36码、38码、40码、42码、44码
商品价格:每条8美元CIF汉堡
商品包装:每1条混码装入一个胶袋,21个胶袋装入一只出口纸箱
支付方式:信用证

装运日期：不迟于 2021 年 11 月 15 日

三、活动要求

上海三井进出口有限公司经理及创业团队伙伴根据上述信息用英语撰写发盘函，向德国 KKK 进口公司皮特经理发出。各组根据撰写发盘函活动的具体情况派代表用 PPT 进行汇报。

团队活动评价表

测评内容	评判标准/分值	总分	团队自评（50%）	教师评价（50%）
实践活动情况	发盘函格式/正确/20 分	20		
	发盘函格式/不规范/10 分			
	发盘函格式/混乱/0 分			
	发盘函译文/正确/40 分	40		
	发盘函译文/错 1 个单词/10 分			
	发盘函译文/错 1 句/2 分			
PPT 汇报情况	PPT 设计制作/好/10 分	10		
	PPT 设计制作/一般/5 分			
	PPT 设计制作/较差/2 分			
	语言表达/好/10 分	10		
	语言表达/一般/5 分			
	语言表达/较差/2 分			
合作完成质量	达到目标/好/10 分	10		
	达到目标/一般/5 分			
	达到目标/较差/2 分			
团队协作精神	协作精神/好/10 分	10		
	协作精神/一般/5 分			
	协作精神/较差/2 分			
	计分			

任务三　了解国际贸易合同的形式与结构

学习指南

一、国际贸易合同的形式

我国《民法典》第469条规定:"当事人订立合同,可以采用书面形式、口头形式和其他形式。"在我国进出口贸易中,主要采用书面合同。书面合同有以下两种形式。

1. 合同书

合同书(contract)是指进出口双方当事人依照有关法律法规通过协商就各自在贸易上的权利和义务所达成的具有法律约束力的协议。合同书的条款齐全、内容详尽、规定具体,适应大宗商品或成交金额大的贸易,按交易的流向可分为出口合同书和购货合同书。

2. 确认书

确认书(confirmation)是指进出口双方当事人依照有关法律法规通过协商就商品的品质、数量、包装、价格、交货期、装运地和目的地、付款方式、货运保险、异议索赔、仲裁、不可抗力等内容进行详细规定的一种协议。确认书是一种简式的合同书,与合同书具有同等法律效力,适用于轻工纺织等产品以及成交金额不是很大的交易,或者具有代理、包销等长期协议的交易,按交易的流向可分为销售确认书和购货确认书。

二、国际贸易合同的结构

国际贸易合同主要是由约首、正文和约尾三部分组成。

1. 约首

约首是合同书的首部,包括合同名称、合同编号、订约日期、行约地点、买卖双方名称与地址、序言等内容。其中,买卖双方的名称和地址要齐全,不能使用简称;合同约首中的序言表示双方订立合同的意愿,是执行合同的保证,对双方具有约束力,因此,序言中的内容措辞要严谨、逻辑要清晰。

2. 正文

正文是合同书的主体部分,主要具体列明各项交易条款,明确买卖双方的责任,规定具体的义务。

3. 约尾

约尾是合同书的尾部,主要包括合同的生效时间、合同书的份数及效力、双方代表的签字章等内容。

> **业务情境**
>
> 上海商快进出口有限公司依法设立并获得从事进出口贸易业务资质后,王祥经理与创业团队伙伴一起确定公司销售确认书的格式,并用中英文描述和表格形式对销售确认书的约首、正文和约尾的内容进行撰写。

一、上海商快进出口有限公司销售确认书的约首

上海商快进出口有限公司创业团队根据《民法典》的相关规定,参照其他进出口贸易公司的销售确认书的格式,用中英文描述确定销售确认书的约首(图 2-6)。

```
                    上海商快进出口有限公司
             SHANGHAI SK IMPORT & EXPORT CO. LTD.
              No.1 RENMIN ROAD, SHANGHAI, CHINA
TEL:                                                S/C NO:
FAX:              销 售 确 认 书
To Messrs:      SALES CONFIRMATION                  DATE:

签字双方同意按下列条款达成协议:
The undersigned sellers and buyers have agreed to close the following transaction as per terms
and conditions stipulated below:
```

图 2-6 销售确认书的约首

二、上海商快进出口有限公司销售确认书的正文

上海商快进出口有限公司创业团队根据我国《民法典》的相关规定,参照其他进出口贸易公司的销售确认书的格式,并用中英文描述和表格形式确定销售确认书的正文(图 2-7)。

品名与规格 commodity and specification	数量 quantity	单价 unit price	金额 amount

(续图)

包装(PACKING):

装运地(LOADING PORT):

目的地(DESTINATION):

装运期限(TIME OF SHIPMENT):

分批装运(PARTIAL SHIPMENT):

转船(TRANSSHIPMENT):

保险(INSURANCE):

付款条件(TERMS OF PAYMENT):

一般条款(GENERAL TERMS):

买方须于_____年____月____日前开出本批交易的信用证,否则,售方有权不经过通知取消本合同书,或向买方提出索赔。The Buyer shall establish the covering Letter of Credit before _____, falling which the Seller reserves the right to rescind without further notice, or to accept whole or any part of this Sales Contractfulfilled by the Buyer, or, to lodge claim for direct losses sustained, if any.

凡以 CIF 条件成交的业务,保额为发票价的 110%,投保险别以售货合同书中所开列的为限,买方如果要求增加保额或保险范围,应于装船前经卖方同意,因此而增加的保险费由买方负责。For transactions conclude on CIF basis, it is understood that the insurance amount will be for 110% of the invoice value against the risks specified in Sales Confirmation. If additional insurance amount or coverage is required, the Buyer must have consent of the Seller before Shipment, and the additional premium is to be borne by the Buyer.

由装运地中国出入境检验检疫局签发的质量检验检疫证书作为信用证项下议付所提交的单据的一部分,买方有权对货物的质量进行复验,复验费由买方负担。但若发现质量与合同规定不符时,买方有权向卖方索赔,并提供经卖方同意的公证机构出具的检验报告。索赔期限为货物到达目的港后 60 天内。It's mutually agreed that the Certificate of Quality issued by the China Exit and Entry Inspection and Quarantine Bureau at the port of shipment shall be part of the documents to be presented for negotiation under the relevant L/C. The Buyers shall have the right to reinspect the quality of the cargo. The reinspection fee shall be borne by the Buyers. Should the quality be found not in conformity with of the contract, the Buyers are entitled to lodge with the Sellers a claim which should be supported by survey reports issued by a recognized surveyor approved by the Sellers. The claim, if any, shall be lodged within 60 days after arrival of the goods at the port of destination.

本合同书内所述全部或部分商品,如因人力不可抗拒的原因,以致不能履约或延迟交货,卖方概不负责。The Seller shall not be held liable for failure of delay in delivery of the entire lot or a portion of the goods under this Sales Contract consequence of any Force Majeure incidents.

(续图)

> 凡因执行本合同所发生的或与本合同有关的一切争议,双方应通过友好协商解决;如果协商不能解决,应提交上海中国国际经济贸易仲裁委员会,根据该会的仲裁规则进行仲裁。仲裁裁决是终局的,对双方都有约束力。仲裁费用除仲裁庭另有规定外,均由败诉方负担。All disputes in connection with this contract or arising from the execution of there, shall be amicably settled through negotiation in case no settlement can be reached between the two parties, the case under disputes shall be submitted to China International Economic and Trade Arbitration Commission, Shanghai, for arbirarion in accordance with its Rules of Arbitration. The arbitral award is final and binding upon both parties. The arbitration fee shall be borne by the losing party unless otherwise awarded by the arbitration court.
>
> 买方在开给卖方的信用证上请填注本合同书号码。The Buyer is requested always to quote THE NUMBER OF THIS SALES CONTRACT in the Letter of Credit to be opened in favour of the Seller.
>
> 买方收到本售货合同书后请立即签回一份,如买方对本合同书有异议,应于收到后五天内提出,否则认为买方已同意接受本合同书所规定的各项条款。The Buyer is requested to sign and return one copy of the Sales Contract immediately after the receipt of same. Objection, if any, should be raised by the Buyer within five days after the receipt of this Sales Contract, in the absence of which it is understood that the Buyer has accepted the terms and condition of the Sales Contract.

图 2-7 销售确认书的正文

三、上海商快进出口有限公司销售确认书的约尾

上海商快进出口有限公司创业团队根据我国《民法典》的相关规定,参照其他进出口贸易公司的销售确认书的格式,并用中英文描述确定销售确认书的约尾(图 2-8)。

> 本合同经甲乙双方当事人签章后生效,一式两份,双方各持一份。This contract is taken into effect after the signing of the parties to Party A and B, with two copies and one share of each party.
>
> 买方: 卖方:
> THE BUYER: THE SELLER:

图 2-8 销售确认书的约尾

体验活动

一、活动背景

上海三井进出口有限公司依法设立并获得从事进出口贸易业务资质后,创业团队伙伴一起用中文和英文两种文字描述和表格等形式对销售确认书的约首、正文和约尾的内容进行撰写。

二、活动资料

销售确认书的约首包括：合同名称、合同编号、订约日期、买卖双方名称与地址、序言。

销售确认书的正文包括：列明各项交易条款，明确买卖双方责任，规定具体的义务。

销售确认书的约尾包括：合同的生效时间、合同书的份数及效力、双方代表的签章。

三、活动要求

上海三井进出口有限公司经理及创业团队根据上述信息用中文与英文两种文字参照"实例操作"，分别确定销售确认书的约首、正文和约尾，并派代表用PPT对体验活动的情况进行汇报。

1. 上海三井进出口有限公司销售确认书的约首

2. 上海三井进出口有限公司销售确认书的正文

3. 上海三井进出口有限公司销售确认书的约尾

团队活动评价表

测评内容	评判标准/分值	总分	团队自评（50%）	教师评价（50%）
实践活动情况	销售确认书的约首/完整正确/10分	10		
	销售确认书的约首/缺1个/扣5分			
	销售确认书的约首/无/0分			
	销售确认书的正文/完整正确/45分	45		
	销售确认书的正文/缺1个/扣5分			
	销售确认书的正文/无/0分			
	销售确认书的约尾/完整正确/5分	5		
	销售确认书的约尾/缺1个/扣2分			
	销售确认书的约尾/无/0分			
PPT汇报情况	PPT设计制作/好/10分	10		
	PPT设计制作/一般/5分			
	PPT设计制作/较差/2分			
	语言表达/好/10分	10		
	语言表达/一般/5分			
	语言表达/较差/2分			
合作完成质量	达到目标/好/10分	10		
	达到目标/一般/5分			
	达到目标/较差/2分			
团队协作精神	协作精神/好/10分	10		
	协作精神/一般/5分			
	协作精神/较差/2分			
计分				

综合能力训练

一、单选题

1. 文案调研法又称为（　　）。
   A. 文献调研法　　B. 网络调研法　　C. 直接调研法　　D. 对比调研法
2. 以下各项不属于线上信息发布渠道的是（　　）。
   A. 公司网站　　　　　　　　　　B. 户外广告

C. 行业营销网站　　　　　　　　D. 第三方跨境电子商务平台

3. 2006年10月,中国出口商品交易会更名为(　　)。
   A. 中国华东进出口商品交易会　　B. 中国进出口商品交易会
   C. 中国进出口商品交易会　　　　D. 中国进口商品交易会

4. 中国规模最大、辐射面最广、成交额最高的区域性国际经贸盛会是指(　　)。
   A. 中国进口商品交易会　　　　　B. 中国进出口商品交易会
   C. 中国出口商品交易会　　　　　D. 中国华东进出口商品交易会

5. 2021年11月5日,国家会展中心(上海)举办了(　　)。
   A. 中国进口商品交易会　　　　　B. 中国国际进口博览会
   C. 中国出口商品交易会　　　　　D. 中国华东进出口商品交易会

6. 以下各项不属于中国国际进口博览会企业商业展货物贸易板块的内容是(　　)。
   A. 智能及高端装备、消费电子及家电
   B. 汽车、医疗器械及医药保健
   C. 服装、日用品、食品及农产品
   D. 服务外包、创意设计

7. (　　)是指通过传真、电子邮件、网站留言、图片传送等方式传递书面文字材料进行的洽谈形式。
   A. 线下书面磋商　　　　　　　　B. 线上书面磋商
   C. 线下口头磋商　　　　　　　　D. 线上口头磋商

8. 在我国进出口贸易中,主要采用(　　)的形式。
   A. 销售确认书　　B. 书面合同书　　C. 购货确认书　　D. 销售合同书

二、多选题

1. 市场调研目标一般包括(　　)等内容。
   A. 选择目标市场　　　　　　　　B. 选择适销品类
   C. 选择适销商品　　　　　　　　D. 确定合理商品价格

2. 宏观层面的市场调研一般包括(　　)等内容。
   A. 经济环境　　　　　　　　　　B. 政治环境
   C. 法律环境　　　　　　　　　　D. 社会文化环境

3. 中国国际进口博览会内容分为(　　)。
   A. 国家贸易投资综合展　　　　　B. 企业商业展
   C. 虹桥国际经济论坛　　　　　　D. 中国国际贸易论坛

4. 中国国际进口博览会企业商业展分为(　　)。
   A. 物流板块　　　　　　　　　　B. 论坛板块
   C. 货物贸易板块　　　　　　　　D. 服务贸易板块

5. 以下各项属于进出口商品交易磋商必须经过的环节有(　　)。
   A. 询盘　　　　B. 发盘　　　　C. 还盘　　　　D. 接受

6. 销售确认书主要由(　　)组成。
   A. 约首　　　　B. 本文　　　　C. 约尾　　　　D. 签章

7. 确认书的主要条款主要包括（　　）。
A. 品质条款、数量条款、包装条款　　　B. 价格条款、支付方式条款
C. 装运条款、货运保险条款　　　　　　D. 仲裁条款、不可抗力条款

8. 销售确认书经签章后通常由（　　）各持一份，作为履约的依据。
A. 出口商　　　　　　　　　　　　　　B. 进口商
C. 检验检疫机构　　　　　　　　　　　D. 海关机构

三、判断题

1. 市场调研小组成员要具备相关领域的知识与技能，人越多越好。　　（　　）
2. 实地调研法与文案调研法的内容相同，只是形式有别。　　　　　　（　　）
3. 市场调研的形式只有实地调研法与文案调研法两种。　　　　　　　（　　）
4. 侵犯他人的知识产权将受到法律的制裁。　　　　　　　　　　　　（　　）
5. 知识产权具有价值，但是不具有使用价值。　　　　　　　　　　　（　　）
6. 发盘多由卖方发出，也可由买方发出。　　　　　　　　　　　　　（　　）
7. 发盘必须明确规定有效期，否则该发盘无效。　　　　　　　　　　（　　）
8. 还盘是对发盘的否定，实质是一个新的询盘。　　　　　　　　　　（　　）
9. 合同书具有法律效力，确认书不具有法律效力。　　　　　　　　　（　　）

四、业务流程题

根据进出口商品交易程序填写下表。

环节	具体内容
询盘	
发盘	
还盘	
接受	

五、简答题

1. 简述构成一项有效发盘的条件。
2. 简述构成一项有效接受的条件。

模 块 二
贸易合同主要条款与拟定

项目三　拟定品质、数量和包装条款

学习目标

- 了解进出口贸易合同正文的构成
- 熟悉商品的品质、数量、包装条款的主要内容
- 明确商品的品质、数量、包装条款的作用
- 掌握商品的品质、数量、包装条款的相关要求
- 具备拟定商品的品质、数量、包装条款的基本能力

学习情境

在进出口交易磋商后,买卖双方就达成的交易条件拟定出口贸易合同条款。以商品贸易为例,合同中应包括商品的品质条款、数量条款和包装条款。买卖双方根据确定的品质、成交数量和包装方式以法定书面的形式确定下来,作为进出口双方交货与接收货物的依据。

项目三围绕商品的品质、数量、包装条款,介绍了相关的名词概念、表现形式、条款内容、拟定条款的要求等方面的知识,并以实例形式予以展示。

任务一　拟定商品品质条款

学习指南

商品品质的优劣直接关系到商品使用价值的高低,也影响到商品的价值。商品品质(quality of goods)是指商品的外观形态和内在质量的综合。前者是指人们的感官可以直接感觉到的外形特征,如商品的结构、造型、款式、色泽、味觉等;后者则是指商品的物理和机械机能、化学成分、生物特征、技术指标等。国际贸易合同中的商品品质条款是进出口货物交接的主要依据。

一、商品品质

1. 商品名称

商品名称(name of commodity)又称品名,是指一种商品区别于其他商品的称呼。商品名称常常与商品品质联系在一起,构成描述或说明货物的重要组成部分。

根据《联合国国际货物销售合同公约》的规定,商品名称的描述是构成商品说明的一个主要部分,是买卖双方交接货物的一项基本依据。若卖方交付的货物不符合约定的品名,买方有权要求损害赔偿,甚至拒收货物或撤销合同。

2. 商品品质的表示方法

国际贸易合同表示商品品质的方法有以下两种。

1) 用样品表示商品品质

该方法通常分为两种:一是凭卖方样品买卖(sale by seller's sample),是指由卖方提供样品并经买方确认后,作为交货时检验品质的依据;二是凭买方样品买卖(sale by buyer's sample),是指由买方提供样品,由卖方按其复制或选样与其品质相符的样品,经买方确认后作为交货时检验品质的依据。

2) 用文字约定商品品质

该方法通常分为六种:一是凭规格买卖(sale by specification),是指用来反映商品品质的某些主要指标,包括成分、重量和尺寸等,如中国东北大米水分(最高)14%、杂质(最高)2%、不完善粒(最高)7%;二是凭等级买卖(sale by grade),是指列明货物的级别作为商品品质的依据,如我国出口的钨砂,主要根据其三氧化钨和锡含量的不同,可分为特级、一级和二级三种;三是凭标准买卖(sale by standard),是指按照国家或国际组织颁布的商品标准作为商品品质的依据,如 ISO9000 系列标准体系;四是凭商标或牌号买卖(sale by trade mark or brand),是指在国际市场上公认的品质并经注册的商标或牌号,如德国的奔驰汽车;五是凭产地名称买卖(sale by name of origin),是指因商品产地自然条件和传统生产加工技术导致品质具有其他地区产品所不具备的特色,形成该项产品品质的标志,如青岛啤酒;六是凭说明书买卖(sale by description),是指用说明书和图样来说明其构造、用途和性能的技术密集型商品,如数控机床。

二、商品品质条款的拟定

1. 商品品质条款的主要内容

商品品质条款通常包括列明商品的规格、等级、标准、商标等内容,由于商品种类繁多,品质千差万别,商品品质条款的内容有简有繁。

2. 拟定商品品质条款应注意的问题

1) 合理规定商品品质

卖方在提高出口商品的质量增强国际竞争力的同时,又必须从实际出发,根据企业自身的实际技术条件制定相应的品质。如果标准制定得过高,将会给合同履行带来一定的困难,使企业处于被动的状态。

2）明确规定商品品质

卖方应根据商品特性来确定品质的表示方法。在规定商品品质时,应明确、具体,避免因表述不清而引起争议。

3）灵活规定商品品质

对于一些特殊的商品要有一定的灵活性,卖方可采取品质机动幅度和品质公差。主要有三种方法:一是规定范围,对某种商品的规格应允许有一定幅度的差异,如羽绒服的羽绒含量正常规定点为 50%,允许上下差幅为 1%;二是规定上下极限,如白籼米碎粒含量允许最多不超过 1%;三是规定上下差异,是指对卖方所交货物的品质允许在误差的范围内,如国际同行业所公认的品质公差。

> **议题一**
>
> 某粮油进出口公司在出口大米的合同中规定,水分最高为 10%,杂质不得超过 1%,碎粒不得超过 2%。该公司在交货时还向外商寄送样品,作为交货的依据。外商在货抵达后进行检验,发现大米品质与合同规定相符,但比样品低,据此向我方提出赔偿。请分析:我方应吸取何教训,如何避免这种现象的发生?

实例操作

> **业务情境**
>
> 上海商快进出口有限公司创业团队伙伴根据与日本高田商社就出口商品男式全棉长裤达成的品质、规格等内容,在销售确认书的正文部分用中文和英文两种文字拟定商品品质条款。

上海商快进出口有限公司创业团队根据我国《民法典》的相关规定,参照其他进出口贸易公司的销售确认书的格式,用中文和英文两种文字拟定男式全棉长裤品质条款(图 3-1)。

```
                    上海商快进出口有限公司
                SHANGHAI SK IMPORT & EXPORT CO. LTD.
                  No.1 RENMIN ROAD, SHANGHAI, CHINA
TEL: 021-65788811          销 售 确 认 书          S/C NO: 2021039
FAX: 021-65788812        SALES CONFIRMATION      DATE: OCT. 2, 2021
To Messrs
         TKAMRA TRADE CORPORATION
         37 VICTORIA MACH, TOKYO, JAPAN
```

(续图)

品名与规格 Commodity and Specification			
签字双方同意按下列条款达成协议： The undersigned sellers and buyers have agreed to close the following transaction as per terms and conditions stipulated below：			
MEN'S 100% COTTON TROUSERS AS PER ORDER NO. 121			

图 3-1　销售确认书

体验活动

一、活动背景

上海三井进出口有限公司创业团队与德国 KKK IMPORT CO. LTD. 就达成的迷彩全棉帆布女式中裤的规格、面料等内容拟定该商品品质条款。

二、活动资料

出口商名称：上海三井进出口有限公司
地址/固定电话/传真：上海市浦东新区浦东路 1 号/021-58343434/021-58343435
进口商名称：KKK IMPORT CO. LTD.
进口商地址：47 OSBLANCH，HAMBURG，GERMANY
销售合同号：20211088
签约日期：2021 年 10 月 5 日
商品品名：女式中裤/LADIES 7/8 TROUSERS
商品款式：按样品号 211151
商品面料：全棉帆布
商品颜色：迷彩
商品规格：36 码、38 码、40 码、42 码、44 码

三、活动要求

上海三井进出口有限公司创业团队根据上述信息用中文和英语两种语言拟定女式中裤品质条款，并派代表用 PPT 对体验活动情况进行汇报。

上海三井进出口有限公司
SHANGHAI SJ IMPORT & EXPORT CO. LTD.
No. 1 PUDONG ROAD, SHANGHAI, CHINA

TEL: 021-58343434
FAX: 021-58343435
To Messrs:

销售确认书
SALES CONFIRMATION

S/C NO: 20211088
DATE: OCT. 5, 2021

KKK IMPORT CO. LTD.
47 OSBLANCH, HAMBURG, GERMANY

签字双方同意按下列条款达成协议:
The undersigned sellers and buyers have agreed to close the following transaction as per terms and conditions stipulated below:

品名与规格 Commodity and Specification			

团队活动评价表

测评内容	评判标准/分值	总分	团队自评（50%）	教师评价（50%）
实践活动情况	中文商品品质描述/正确/30分	30		
	中文商品品质描述/错1处/扣15分			
	中文商品品质描述/不填/0分			
	英文商品品质描述/正确/30分	30		
	英文商品品质描述/错1个单词/扣10分			
	英文商品品质描述/不填/0分			
PPT汇报情况	PPT设计制作/好/10分	10		
	PPT设计制作/一般/5分			
	PPT设计制作/较差/2分			
	语言表达/好/10分	10		
	语言表达/一般/5分			
	语言表达/较差/2分			

(续表)

测评内容	评判标准/分值	总分	团队自评（50%）	教师评价（50%）
合作完成质量	达到目标/好/10分	10		
	达到目标/一般/5分			
	达到目标/较差/2分			
团队协作精神	协作精神/好/10分	10		
	协作精神/一般/5分			
	协作精神/较差/2分			
	计分			

任务二　拟定商品数量条款

学习指南

商品的数量是指以一定度量衡表示商品的重量、个数、长度、面积、体积、容积的量。数量不仅是计算成交金额的基础，也是买卖双方交接货物的重要依据。国际贸易合同中的商品数量条款是进出口货物交接的主要依据。

一、计量单位与度量衡制度

1. 数量的计量单位

计量单位（unit of quantity）是指用以表示商品标准量的名称。国际贸易业务中常用的计量单位主要有以下六种。

1）重量单位

重量单位（weight）有克（gram，G）、千克（kilogram，KG）、公担（quintal，Q）、公吨（metric ton，M/T）、长吨（long ton，L/T）、短吨（short ton，S/T）、磅（pound）、盎司（ounce）等。

2）长度单位

常见的长度单位（length）有米（meter，M）、英尺（foot，FT）、码（yard，YD）等。

3）面积单位

常见的面积单位（area）有平方米（square meter，M^2）、平方英尺（square foot，FT^2）等。

4）体积单位

常见的体积单位（volume）有立方米（cubic meter，M^3）、立方英尺（cubic foot，FT^3）等。

5) 容积单位

常见的容积单位(capacity)有公升(litre，L)、加仑(gallon，GAL)等。

6) 个数单位

常见的个数单位(number)有件(package，PKG)、只(piece，PC)、双(pair)、套(set)、打(dozen，DOZ)、罗(gross，GR)、令(ream，RM)、卷(roll)、辆(unit)、箱(case)、桶(barrel)、袋(bag)、捆(bale)等。

2. 度量衡制度

在国际贸易业务中，常用的度量衡制度主要有国际单位制(international system of units)、公制(the metric system)、美制(the U.S. system)、英制(the British system)等，其中国际单位制是被采用最多的。

二、商品重量的计算方法

在国际贸易中，绝大多数商品是按重量计价的。其主要方法如下。

1. 按毛重计算

毛重(gross weight)是指商品皮重与净重之和，即商品本身的实际重量加上包装材料后的总重量。有一些价值不高的大宗商品，如粮食、饲料等，通常都是以毛重作为计价基础，习惯上称为"以毛作净"(gross for net)。

2. 按净重计算

净重(net weight)是指商品本身的实际重量，即毛重减去商品包装材料的总重量后的重量。净重的计算方法如下。

1) 实际皮重

实际皮重(real, actual tare)是指毛重减去商品净重后所剩全部包装材料的重量。

2) 习惯皮重

习惯皮重(customary tare)是指一些比较规范化的商品包装，因包装材料重量比较固定划一，可按该包装公认的重量计算重量。

3) 平均皮重

平均皮重(average tare)是指买卖双方通过抽查，得出某一批商品包装材料的平均重量后，计算出的全部货物的总皮重。

4) 约定皮重

约定皮重(computed tare)是指由买卖双方根据约定的包装重量进行计算的重量。

3. 按公量计算

公量(conditioned weight)是指用科学、公认的方法去除商品中所含水分，得出商品的"干量"，再加上标准含水量后所求得的商品重量。该计量方法通常用于那些价值较高而含水量又不稳定的商品，如羊毛、生丝等。

公量的计算公式如下：

$$公量 = 实际重量 \times [(1 + 标准回潮率)] \div (1 + 实际回潮率)$$

4. 按理论重量计算

理论重量（theoretical weight）是指某些规格尺寸固定、用材质量均匀的商品，仅根据商品规格就可推算出的商品数量。例如，马口铁可以根据其厚度测算出重量。

> **议题二**
>
> 某粮油进出口公司出口大豆 600 公吨，合同约定采用麻袋包装，每袋 30 千克。我方按合同规定时间装运出口，外商来电称所交货物扣除麻袋包装后的实际重量不足 600 公吨，提出退回因短装多收的货款。请分析：外商的要求是否合理，为什么？

三、商品数量条款的拟定

1. 商品数量条款的主要内容

商品数量条款主要对交易数量、计量单位、计算方法等内容作出明确规定。

2. 拟定商品数量条款应注意的问题

1）列明交易的具体数量和计量单位

国际贸易合同中必须确定成交的具体数量和计量单位，不要使用"大约"或"左右"等字样。在规定计量单位时，要按照商业的习惯，并注意有些同名计量单位的不同内涵。例如，1 蒲式耳在美制度量衡制度中，表示大麦重量为 48 磅，表示玉米重量却为 56 磅。

2）明确按毛重或净重计算

对大宗商品交易，一定要明确是按毛重还是按净重计算，如未注明，按国际惯例应视为"以毛作净"的计算方法。

3）合理规定数量机动幅度

数量机动幅度（quantity allowance）是在数量条款中规定卖方实际货物数量可多于或少于合同所规定数量的一定幅度，主要有两种方法：一是溢短装条款（more or less clause），是指运输途中容易发生缺损的商品，或为适应运输工具配载限制的需要，在国际贸易合同中规定溢装或短装的限量。例如，"中国大米 2 000 公吨，可溢短装 5%"。为了防止交易一方利用合同中的溢短装条款获利，可在合同中明确规定溢短装部分的计价办法，如溢装部分按货物装船时或到达目的地时的市价计算。二是"约"量条款（about clause），是指在国际贸易合同约定的成交数量前加一个"约"或"大约"字样，表示实际交货数量可以有一定的弹性。根据国际商会制定的《跟单信用证统一惯例》（第 600 号出版物）第 30 条 a 款的规定，"约"或"大约"这类词语用于信用证金额，或用于信用证规定的数量或单价时，应解释为允许各自对应的金额、数量或单价有不超过 10% 的增减幅度。

> **议题三**
>
> 某畜牧进出口公司向外商出口鸭毛一批，合同规定含绒量 90%，允许上下差幅 1%。外商收到货后进行检验，发现含绒量只有 80.5%，并出具了数量检验证书以此证明。据此，外商向我方提出索赔要求。请分析：我方是否违约，依据为何？

实例操作

业务情境

上海商快进出口有限公司创业团队伙伴根据与日本高田商社就出口商品男式全棉长裤达成的交易数量与计量单位,在销售确认书的正文部分中用中文和英文两种文字拟定数量条款。

上海商快进出口有限公司创业团队根据我国《民法典》的相关规定,参照其他进出口贸易公司的销售确认书的格式,用中文和英文两种文字拟定男式全棉长裤数量条款(图3-2)。

上海商快进出口有限公司 SHANGHAI SK IMPORT & EXPORT CO. LTD. No. 1 RENMIN ROAD, SHANGHAI, CHINA		
TEL:021-65788811 FAX:021-65788812 To Messrs: TKAMRA TRADE CORPORATION 37 VICTORIA MACH,TOKYO,JAPAN	销售确认书 SALES CONFIRMATION	S/C NO:2021039 DATE:OCT. 2, 2021

签字双方同意按下列条款达成协议:
The undersigned sellers and buyers have agreed to close the following transaction as per terms and conditions stipulated below:

品名与规格 Commodity and Specification	数量 Quantity		
MEN'S 100% COTTON TROUSERS AS PER ORDER NO. 121	12 000PCS		

图3-2 销售确认书

体验活动

一、活动背景

上海三井进出口有限公司创业团队根据与德国KKK IMPORT CO. LTD.就出口商品迷彩全棉帆布女式中裤达成的交易数量及计量单位,在销售确认书的正文部分中拟定商品数量条款。

二、活动资料

商品数量：45 000 条

三、活动要求

上海三井进出口有限公司创业团队根据上述信息用中文和英文拟定商品数量条款，并派代表用PPT对体验活动的情况进行汇报。

上海三井进出口有限公司
SHANGHAI SJ IMPORT & EXPORT CO. LTD.
No.1 PUDONG ROAD, SHANGHAI, CHINA

TEL：021-58343434　　　销 售 确 认 书　　　S/C NO：20211088
FAX：021-58343435　　　SALES CONFIRMATION　　DATE：OCT. 5, 2021

To Messrs：
KKK IMPORT CO. LTD.
47 OSBLANCH, HAMBURG, GERMANY

签字双方同意按下列条款达成协议：
The undersigned sellers and buyers have agreed to close the following transaction as per terms and conditions stipulated below：

品名与规格 Commodity and Specification	数量 Quantity		
LADIES 7/8 TROUSERS AS PER ORDER NO. 121			

团队活动评价表

测评内容	评判标准/分值	总分	团队自评（50%）	教师评价（50%）
实践活动情况	商品数量/正确/30 分	30		
	商品数量/错 1 处/扣 15 分			
	商品数量/不填/0 分			
	计量单位/正确/30 分	30		
	计量单位/错 1 处/扣 15 分			
	计量单位/不填/0 分			

(续表)

测评内容	评判标准/分值	总分	团队自评（50%）	教师评价（50%）
PPT 汇报情况	PPT 设计制作/好/10 分	10		
	PPT 设计制作/一般/5 分			
	PPT 设计制作/较差/2 分			
	语言表达/好/10 分	10		
	语言表达/一般/5 分			
	语言表达/较差/2 分			
合作完成质量	达到目标/好/10 分	10		
	达到目标/一般/5 分			
	达到目标/较差/2 分			
团队协作精神	协作精神/好/10 分	10		
	协作精神/一般/5 分			
	协作精神/较差/2 分			
计分				

任务三　拟定商品包装条款

学习指南

商品包装是指盛装商品的各种容器或包装物，以及采用不同形式的容器或包装物对商品进行包装的操作过程。国际贸易合同中的商品包装条款是进出口货物交接的主要依据。

一、商品包装的种类

1. 运输包装

运输包装（package for transport）又称外包装，是指为适应货物的装卸、储存和运输的要求进行的包装。其主要有单件运输包装和集合运输包装两种类型。

1）单件运输包装

单件运输包装（single-piece package for transport）是指货物在运输过程中作为一个计件单位的包装。常见的单件运输包装有四种类型：一是箱（case），主要用于价值较高和易损货物的包装，视不同商品特点，选择使用木箱、纸箱、板箱等；二是包（bale），常用于易抗压的货物包装，有羊毛、棉花、生丝、布匹等；三是桶（drum），多用于液体、半液体、粉状等货物的包装,有木桶、铁桶、塑料桶等;四是袋(Bag),多用于粉状、颗粒状、块状的农产品和化肥等货物的包装,有布袋、麻袋、纸袋、塑料袋等。

2) 集合运输包装

集合运输包装(composite package for transport)是由若干单件运输包装组合而成的一件大包装。常见的集合运输包装有三种类型:一是集装箱(container),是指由钢板等材料制成的长方体形状,可反复使用,既是货物的运输包装又是运输工具的组成部分(图3-3);二是集装包(袋)(flexible container),是指用塑料纤维编织成的抽口式大包,两边有4个吊带,每包可装1吨至4吨的货物;三是托盘(pallet),是指用于集装、堆放货物以便于装卸货物搬运和运输的水平平台装置,如平托盘(图3-4)。

图 3-3 集装箱

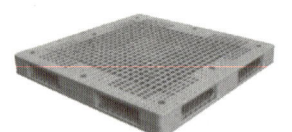

图 3-4 平托盘

3) 运输标志

运输标志(shipping mark)又称唛头(图3-5),主要包括收货人简称、合同编号、目的港(地)、件数等内容,刷在外包装两头。运输标志通常由出口商决定,也可由进口商提供。

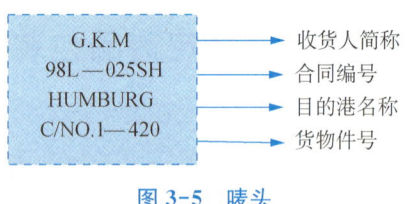

图 3-5 唛头

4) 指示性标志

指示性标志(indicative mark)是根据商品的特性提出应注意的事项,在商品的外包装上用醒目的图形或文字表示的标志。常用的指示性标志主要有六种(表3-1)。

表 3-1 常用指示性标志

中文名称	英语名称	图示标志
小心轻放 玻璃制品 易碎品	Handle With Care Glass Fragile	
禁用手钩	Use NO Hand Hooks	
向上	The Way Up	

(续表)

中文名称	英语名称	图示标志
怕热	Keep In Cool Place	
怕湿	Keep Dry	
由此开启	Open Here	

5）警告性标志

警告性标志（warning mark），是根据运输包装内装有爆炸品、易燃品、有毒物品、腐蚀物品等危险货物商品提出警告，在商品的外包装上用醒目的图形或文字表示的标志（图3-6至图3-9）。

图3-6　爆炸品　　图3-7　易燃品　　图3-8　有毒物品　　图3-9　腐蚀物品

2. 销售包装

销售包装（sales package）又称内包装，是指适应商品销售需要，直接盛装一定零售商品的包装。

3. 中性包装

中性包装（neutral packing）是指在运输包装和销售包装上不注明生产国别或商标牌号的包装。

中性包装是国际贸易的通常做法，其有两种形式：一是无牌中性包装，是指包装上既无生产国别，也无生产厂家和商标等标志；二是定牌中性包装，是指包装上注明买方指定的商标，但无生产国别。

二、商品包装条款的拟定

1. 商品包装条款的主要内容

商品包装条款主要包括包装材料、包装方式、包装费用、运输标志等内容。

2. 拟定商品包装条款应注意的问题

国际贸易合同中的包装条款通常不要采用按习惯包装方式，否则容易引起纠纷，应对包装材料、包装方式、包装费用、运输标志等内容均作出明确的规定。

议题四

某食品进出口公司与外商签订了一份番茄酱罐头出口合同,规定每箱装30罐。该公司因库存有20罐装的小箱,外商无论是20罐包装还是30罐包装,其市场价格完全相同,该公司便以此按合同规定的总数交付,遭到外商拒收。请分析,外商是否应该接受?如果判我方违约,理由是什么?

实例操作

业务情境

上海商快进出口有限公司创业团队伙伴根据与日本高田商社达成的男式全棉长裤包装方式,在销售确认书的正文部分中用中文和英文两种文字拟定商品包装条款。

上海商快进出口有限公司创业团队根据我国《民法典》的相关规定,参照其他进出口贸易公司的销售确认书的格式,用中文和英文两种文字拟定男式全棉长裤包装条款(图3-10)。

上海商快进出口有限公司
SHANGHAI SK IMPORT & EXPORT CO. LTD.
No.1 RENMIN ROAD, SHANGHAI, CHINA

TEL:021-65788811
FAX:021-65788812

销 售 确 认 书
SALES CONFIRMATION

S/C NO:2021039
DATE:OCT. 2, 2021

To Messrs:
TKAMRA TRADE CORPORATION
37 VICTORIA MACH, TOKYO, JAPAN

签字双方同意按下列条款达成协议:
The undersigned sellers and buyers have agreed to close the following transaction as per terms and conditions stipulated below:

品名与规格 Commodity and Specification	数量 Quantity		
MEN'S 100% COTTON TROUSERS AS PER ORDER NO. 121	12 000PCS		

(续图)

包装(PACKING)：每条装入一只纸盒，20条不同尺码与颜色装入一只出口纸箱/EACH PIECE IN A BOX，20 PIECES INTO AN EXPORT CARTON，WITH ASSORTED SIZES AND COLORS；纸箱长宽尺寸不能超过60CM，50CM/MAXIMUM SIZE OF EXPORT CARTONS：LENGTH 60CM WIDTH 50CM.
唛头(SHIPPING MARK)：主唛内容包括TKAMRA、销售合同号、目的港和箱数/MAIN MARK INCLUDES TKAMRA S/C NO.，PORT OF DESTINATION AND CARTON NO.；侧唛必须显示颜色、每箱件数、毛重和产地/SIDE MARK MUST SHOW THE COLOR，PIECES PER CARTON，GROSS WEIGHT AND COUNTRY OF ORIGIN.

图 3-10 销售确认书

体验活动

一、活动背景

上海三井进出口有限公司创业团队根据德国 KKK IMPORT CO. LTD. 采购的迷彩全棉帆布女式中裤包装方式，在销售确认书的正文部分中拟定商品包装条款，规定唛头内容。

二、活动资料

商品包装：每条混码装入一个胶袋，21个胶袋入一只出口纸箱
唛头：收货人简称(KKK)、销售合同号、目的港和箱数

三、活动要求

上海三井进出口有限公司创业团队根据上述信息用中文和英文拟定商品包装条款，并派代表用PPT对体验活动的情况进行汇报。

上海三井进出口有限公司 SHANGHAI SJ IMPORT & EXPORT CO. LTD. No.1 PUDONG ROAD, SHANGHAI, CHINA
TEL：021-58343434　　　销　售　确　认　书　　　S/C NO：20211088 FAX：021-58343435　　　SALES CONFIRMATION　　　DATE：OCT. 5, 2021 To Messrs： 　　KKK IMPORT CO. LTD. 　　47 OSBLANCH, HAMBURG, GERMANY 签字双方同意按下列条款达成协议： The undersigned sellers and buyers have agreed to close the following transaction as per terms and conditions stipulated below：

(续表)

品名与规格 Commodity and Specification	数 量 Quantity		
LADIES 7/8 TROUSERS AS PER ORDER NO. 121	45 500PCS		

包装(PACKING)：

唛头(SHIPPING MARK)：

 团队活动评价表

测评内容	评判标准/分值	总分	团队自评 (50%)	教师评价 (50%)
实践活动情况	包装材料/正确/20 分	20		
	包装材料/错 1 个/扣 10 分			
	包装材料/不填/0 分			
	包装方式/正确/20 分	20		
	包装方式/错 1 个/扣 10 分			
	包装方式/不填/0 分			
	唛头/正确/20 分	20		
	唛头/错 1 个/扣 7 分			
	唛头/不填/0 分			
PPT 汇报情况	PPT 设计制作/好/10 分	10		
	PPT 设计制作/一般/5 分			
	PPT 设计制作/较差/2 分			
	语言表达/好/10 分	10		
	语言表达/一般/5 分			
	语言表达/较差/2 分			

(续表)

测评内容	评判标准/分值	总分	团队自评（50%）	教师评价（50%）
合作完成质量	达到目标/好/10分	10		
	达到目标/一般/5分			
	达到目标/较差/2分			
团队协作精神	协作精神/好/10分	10		
	协作精神/一般/5分			
	协作精神/较差/2分			
	计分			

综合能力训练

一、单选题

1. 商品的品名就是(　　)。
   A. 商品的名称　　　　　　　B. 商品的品质
   C. 商品的产品　　　　　　　D. 商品的特征

2. (　　)是指人们的感官可以直接感觉到的外形特征。
   A. 商品的品质　　　　　　　B. 商品的外观形态
   C. 商品的特征　　　　　　　D. 商品的内在质量

3. (　　)是指商品的物理和机械机能、化学成分、生物特征、技术指标等。
   A. 商品的品质　　　　　　　B. 商品的外观形态
   C. 商品的特征　　　　　　　D. 商品的内在质量

4. (　　)是指由卖方提供样品并经买方确认后，作为交货时检验品质的依据。
   A. 凭买方样品买卖　　　　　B. 凭第三方样品买卖
   C. 凭卖方样品买卖　　　　　D. 凭所交货物样品买卖

5. (　　)是指由买方提供样品并由卖方按其复制或选样与其品质相符的样品。
   A. 凭买方样品买卖　　　　　B. 凭第三方样品买卖
   C. 凭卖方样品买卖　　　　　D. 凭所交货物样品买卖

6. (　　)是指用来反映商品品质的某些主要指标。
   A. 凭规格买卖　　　　　　　B. 凭等级买卖
   C. 凭标准买卖　　　　　　　D. 凭商标或牌号买卖

7. (　　)是指按照国家或国际组织颁布的商品标准作为商品品质的依据。
   A. 凭规格买卖　　　　　　　B. 凭等级买卖
   C. 凭标准买卖　　　　　　　D. 凭商标或牌号买卖

8. 以下各项不属于按毛重计算的商品是(　　)。
   A. 食用油　　　B. 大米　　　C. 大豆　　　D. 饲料

9. 以下各项不属于按净重计算的方法是(　　)。
　　A. 实际皮重　　　B. 约定皮重　　　C. 平均皮重　　　D. 以上都不是
10. 对大宗商品交易应明确计算方法,如未注明则按国际惯例应视按(　　)计算。
　　A. 毛重　　　　　B. 净重　　　　　C. 以毛作净　　　D. 公量
11. (　　)是指为适应货物的装卸、储存和运输的要求进行的包装。
　　A. 运输包装　　　B. 销售包装　　　C. 外包装　　　　D. 中性包装
12. (　　)是指适应商品销售需要,直接盛装一定零售商品的包装。
　　A. 运输包装　　　B. 销售包装　　　C. 外包装　　　　D. 中性包装

二、多选题

1. 商品品质是指商品的(　　)的综合。
　　A. 序言　　　　　B. 约首　　　　　C. 外观形态　　　D. 内在质量
2. 品质机动幅度和品质公差的方法主有(　　)。
　　A. 规定范围　　　B. 规定品质　　　C. 规定极限　　　D. 规定上下差异
3. 合同中的品质条款通常应列明(　　)。
　　A. 商品规格　　　B. 商品等级　　　C. 商品标准　　　D. 商品商标
4. 在国际贸易中,常用的度量衡制度主要有(　　)。
　　A. 国际单位制　　B. 公制　　　　　C. 美制　　　　　D. 英制
5. 毛重包括商品的(　　)。
　　A. 皮重　　　　　B. 净重　　　　　C. 公量　　　　　D. 体积
6. 数量条款的主要内容应包括(　　)。
　　A. 具体数量　　　B. 计量单位　　　C. 公吨　　　　　D. 千克
7. 商品包装的种类包括(　　)。
　　A. 运输包装　　　B. 销售包装　　　C. 外包装　　　　D. 中性包装
8. 运输包装类型包括(　　)。
　　A. 集装箱　　　　　　　　　　　　B. 单件运输包装
　　C. 集装包　　　　　　　　　　　　D. 集合运输包装
9. 集合运输包装类型包括(　　)。
　　A. 集装箱　　　　B. 托盘　　　　　C. 集装包　　　　D. 集合运输包装
10. 中性包装包括(　　)。
　　A. 商品外包装　　　　　　　　　　B. 无牌中性包装
　　C. 定牌中性包装　　　　　　　　　D. 商品内包装
11. 商品包装条款主要包括(　　)等内容。
　　A. 包装材料　　　B. 包装方式　　　C. 包装费用　　　D. 运输标志

三、判断题

1. 商品名称的提出,要用学名而不要用国内习惯名称。　　　　　　　　　　(　　)
2. 计量单位是指用以表示商品标准量的名称。　　　　　　　　　　　　　　(　　)
3. 有一些价值不高的大宗商品通常都是以净重作为计价基础。　　　　　　　(　　)
4. 毛重减去商品包装材料的总重量后的重量称为公量。　　　　　　　　　　(　　)

5. 溢短装条款是指在实际货物数量可多于或少于合同所规定数量的一定幅度。
（　　）
6. 对大宗商品交易未注明按毛重或净重计算，应视为"以毛作净"计算方法。（　　）
7. 箱是多用于粉状、颗粒状、块状的农产品和化肥等货物的包装。（　　）
8. 袋是多用于液体、半液体和粉状等货物的包装。（　　）
9. 桶是常用于易抗压的货物包装。（　　）
10. 唛头一般包括收货人简称、合同编号和目的港（地）等。（　　）
11. 运输标志通常由出口商决定，也可由进口商提供。（　　）
12. 指示性标志是根据运输包装内装有爆炸品等危险货物商品提出警告。（　　）
13. 销售包装又称内包装。（　　）
14. 定牌中性包装是指包装上既无生产国别，也无生产厂家和商标等标志的包装方式。（　　）

四、业务操作题

根据商品包装的要求在"□"内打"√"选择相应的包装方式和指示性标志。

商品包装	运输包装方式	指示性标志
洗手液、洗皂液	□纸箱　□塑料包 □木桶　□塑料袋	□↑↑　□☀　□☂ □🍷　□↑　□

五、简答题

1. 简述拟定商品品质条款应注意的问题。
2. 简述拟定商品数量条款应注意的问题。
3. 简述拟定商品包装条款应注意的问题。

项目四 拟定价格和支付方式条款

学习目标

- 了解国际贸易术语的种类及买卖双方的责任与义务
- 熟悉电汇、信用证业务的流程及基本内容
- 明确国际贸易术语在进出口贸易业务中的主要作用
- 掌握商品价格条款的内容和支付方式的流程及条款内容
- 具备拟定价格条款和支付方式条款的基本能力

学习情境

国际贸易合同的正文除了商品的品质、数量和包装条款,还有价格和支付两个条款。在进出口业务中,商品价格的表述是由国际贸易术语、计价货币、计量单位和单位金额构成的,进口商支付货款是通过汇付、托收和信用证支付方式进行的。在实际业务中,企业较多采用汇付方式中的电汇和信用证支付方式。

项目四介绍了国际贸易术语、价格构成、汇付和信用证支付方式的流程及内容,以及合同中的价格条款、支付条款的内容,并以实例予以展示。

任务一 拟定商品价格条款

学习指南

一、国际贸易术语的分类

国际贸易术语简称贸易术语(trade terms),是用英文缩写字母,或简短的概念来表示商品价格的构成和买卖双方在货物交接过程中有关手续、风险、费用、责任的划分和

所有权的转移。自 2020 年 1 月 1 日起,《2020 年国际贸易术语解释通则》(以下简称《2020 年通则》)开始生效,并规定了 11 种国际贸易术语。

1. FOB

FOB 是 Free on Board(... named port of shipment)的缩写,即装运港船上交货(……指定装运港)。它是指卖方在指定的装运港和装运期内将货物装上卖方指定的船只后就履行了交货义务。《2020 年通则》指出,FOB 贸易术语仅适用于海运或内河运输,并规定了买卖双方的基本义务。

1) 卖方的基本义务

卖方有四个方面的基本义务:一是在合同规定的装运港和装运期内,将符合合同规定的货物装上买方指定的船舶并及时通知买方;二是承担货物在装运港装上船之前的一切与货物有关的费用及货物灭失或损坏的风险;三是办理出口清关手续并支付关税及费用;四是提供商业发票、相关货运单据或相应的电子信息。

2) 买方的基本义务

买方有五个方面的基本义务:一是按约租船订舱,支付运费,并将船名、装货地点和到达装运港的时间及时通知卖方;二是承担货物在装运港装上船之后的一切与货物有关的费用及货物灭失或损坏的风险;三是办理货物运输保险并支付保险费;四是办理进口清关手续并支付关税及费用;五是按合同规定受领单据和货物并支付货款。

2. CFR

CFR 是 Cost and Freight(... named port of destination)的缩写,即成本加运费(……指定目的港)。它是指卖方在指定的装运港和装运期内将货物装上船,并承担货物装上船之前的风险和费用。《2020 年通则》指出,CFR 贸易术语仅适用于海运或内河运输,并规定了买卖双方的基本义务。

1) 卖方的基本义务

卖方有四个方面的基本义务:一是按约租船订舱,支付运费,在合同规定的期限内将货物装上船并及时向买方发出已装船通知;二是承担货物在装运港装上船之前的一切与货物有关的费用及货物灭失或损坏的风险;三是办理出口货物清关手续并支付关税及费用;四是提供商业发票、相关货运单据或相应的电子信息。

2) 买方的基本义务

买方有四个方面的基本义务:一是承担货物在装运港装上船之后所产生的一切费用和风险;二是办理进口货物清关手续并支付关税和费用;三是办理货物运输保险并支付保险费;四是按合同规定受领单据和货物并支付货款。

3. CIF

CIF 是 Cost, Insurance and Freight(... named port of destination)的缩写,即成本、保险费加运费(……指定目的港)。它是指卖方在指定装运港和装运期内将合同规定的货物装上船,办理出口货物运输保险并承担货物装上船之前的风险和费用。《2020 年通则》指出,CIF 贸易术语仅适用于海运或内河运输,并规定了买卖双方的基本义务。

1) 卖方的基本义务

卖方有五个方面的基本义务:一是按约租船订舱,支付运费,在合同规定的期限内将货物装上船并及时向买方发出已装船通知;二是办理出口货物运输保险手续并支付保险费;三是承担货物在装运港装上船之前的一切与货物有关的费用及货物灭失或损坏的风险;四是办理出口货物清关手续并支付关税及费用;五是提供商业发票、相关货运单据或相应的电子信息。

2) 买方的基本义务

买方有三个方面的基本义务:一是承担货物在装运港装上船之后所产生的一切费用和风险;二是办理进口清关手续并支付关税和费用;三是按合同规定受领单据和货物并支付货款。

知识链接

FOB、CFR、CIF 国际贸易术语的异同点

1. 相同点

三者一是均适用于海运或内河航运运输方式;二是都在装运港完成交货义务;三是风险划分都以货物装到装运港船上为界。

2. 不同点

责任方面:FOB 卖方只负责装运港交货,CFR 卖方负责货物运输,CIF 卖方负责货物运输和货运保险。

费用方面:FOB 卖方不负担运费和保险费,CFR 卖方负担运费,CIF 卖方负担运费和货运保险费。

价格组成:FOB 为成本价,CFR 是成本+运费,CIF 则是成本+运费+保险费。

4. FCA

FCA 是 Free Carrier(… named place)的缩写,即货交承运人(……指定地点)。它是指卖方在指定的时间与地点将货物交给买方指定的承运人,即完成交货义务,卖方还需支付自启运地至目的地的运费。《2020 年通则》指出,FCA 术语适用于任何运输方式,包括公路、铁路、江河、海洋、航空及多式联运,并规定了买卖双方的基本义务。

1) 卖方的基本义务

卖方有四个方面的基本义务:一是按合同规定的时间和地点,将货物交与买方指定的承运人并及时通知买方;二是承担货交承运人之前的一切费用和风险;三是办理出口货物清关手续并支付关税及费用;四是提供商业发票、相关货运单据或相应的电子信息。

2) 买方的基本义务

买方有四个方面的基本义务:一是承担货交承运人之后所发生的一切费用和风险;二是签订自指定地点承运进口货物的契约,支付运费并将承运人名称及时通知卖方;三是办理进口货物清关手续并支付关税和费用;四是按合同规定受领单据和货物并支付货款。

5. CPT

CPT 是 Carriage Paid To(… named place of destination)的缩写,即运费付至(……指定目的地)。它是指卖方在指定的时间和地点将货交给指定的承运人,并支付

货物自启运地至目的地的运费。《2020年通则》指出,该术语适用于任何运输方式,包括公路、铁路、江河、海洋、航空及多式联运,并规定了买卖双方的基本义务。

1) 卖方的基本义务

卖方有五个方面的基本义务:一是签订自指定地点承运货物的契约并支付运费;二是承担货交承运人之前的一切费用和风险;三是按合同规定的时间和地点,将货物交予买方指定的承运人并及时通知买方;四是办理出口货物清关手续并支付关税及费用;五是提供商业发票、相关货运单据或相应的电子信息。

2) 买方的基本义务

买方有四个方面的基本义务:一是承担货交承运人之后所发生的一切费用和风险;二是办理进口货物清关手续并支付关税和费用;三是办理货运投保并支付保险费;四是按合同规定受领单据和货物并支付货款。

知识链接

CFR 与 CPT 国际贸易术语的异同点

1. 相同点

两者在买卖双方的义务划分原则上是相同的,卖方要负责订立自装运地至目的地的运输合同,且两者均属装运合同,卖方需支付运费,但不负担货物在运输途中发生的风险及产生的额外费用。此外,卖方还要在装货后及时通知买方,以便买方投保。

2. 不同点

CFR 贸易术语仅适用于水上运输方式,CPT 贸易术语则适用于包括多式联运在内的任何运输方式。

6. CIP

CIP 是 Carriage and Insurance Paid to(... named place of destination)的缩写,即运费和保险费付至(……指定目的地)。它是指卖方在指定的时间和地点将货交给指定的承运人并支付货物自启运地至目的地的运费和保险费。《2020年通则》指出,该术语适用于任何运输方式,包括公路、铁路、江河、海洋、航空及多式联运,并规定了买卖双方的基本义务。

1) 卖方的基本义务

卖方有六个方面的基本义务:一是签订自指定地点承运货物的契约并支付运费;二是承担货交承运人之前的一切费用和风险;三是按合同规定的时间和地点,将货物交与买方指定的承运人并及时通知买方;四是办理出口货物清关手续并支付关税及费用;五是办理货运保险并支付保险费;六是提供商业发票、相关货运单据或相应的电子信息。

2) 买方的基本义务

买方有三个方面的基本义务:一是承担货交承运人之后所发生的一切费用和风险;二是办理进口货物清关手续并支付关税和费用;三是按合同规定受领单据和货物并支付货款。

> **知识链接**

FOB、CFR、CIF 与 FCA、CPT、CIP 的区别

1. 适用运输方式不同

FOB、CFR、CIF 适用于海运或内河航运；FCA、CPT、CIP 适用于任何运输方式，包括多式联运。

2. 获取的运输单据不同

在 FOB、CFR、CIF 条件下获取的是提单；在 FCA、CPT、CIP 条件下，空运获取的是空运单，铁路运输获取的是铁路运单，多式联运获取的是多式联运单据。

3. 风险转移的界线不同

在 FOB、CFR、CIF 条件下，买卖双方风险转移的界限是以货装运港船上为界；在 FCA、CPT、CIP 条件下，买卖双方风险转移的界限是以货交承运人为界。

4. 装卸费用承担不同

在 FOB、CFR、CIF 条件下，如采用租船运输，买卖双方需用贸易术语的变形来确定装卸费用由谁承担；在 FCA、CPT、CIP 条件下，装卸费用都包含于运费之中。

7. EXW

EXW 是 Ex Works(… named place)的缩写，即工厂交货(……指定地点)。它是指卖方在指定的时间和地点将货物备好并置于买方的支配下即完成交货义务，也就是说卖方既不负责将货物装上买方备好的运输工具，也不负责办理货物出口手续，卖方承担的责任、风险最小，费用最少。买方到交货地接收并承担从交货地至目的地的一切风险、费用和责任。《2020 年通则》指出，该术语适用于各种运输方式。

8. FAS

FAS 是 Free Alongside Ship(… named port of shipment)的缩写，即装运港船边交货(……指定装运地)。它是指卖方在指定的装运港将货交至船边即完成交货义务，并承担货交船边之前的一切费用和风险。买方承担货交船边之后的一切费用和风险。如果买方所派的船只不能靠岸，卖方要负责用驳船把货物运至船边，仍在船边交货，装船的责任和费用由买方承担。《2020 年通则》指出，该术语适用于海运和内河运输。

9. DDP

DDP 是 Delivered Duty Paid(… named place of destination)的缩写，即完税后交货(……指定目的地)。它是指卖方承担货物运至目的地的风险和费用，办理进出口清关手续并支付关税和捐税，在指定的目的地将货物交与买方支配，无须卸下即完成交货义务。买方只需在目的地受领货物。该术语是卖方承担的责任、风险最大，费用最多的一种术语。《2020 年通则》指出，该术语适用于任何运输方式。

10. DPU

DPU 是 Delivered at Place Unloaded(… named place of destination)的缩写，即目的地卸货后交货(……指定目的地)。它是指卖方在指定目的地的约定地点(如有)，将货物从抵达的运输工具上卸下并交由买方处置，或以取得已经如此交付的货物时，卖方

即完成交货。卖方负担将货物运至目的地的约定地点(如有)并卸下的一切风险和费用。《2020年通则》指出,该术语适用于任何运输方式,包括多式联运。

11. DAP

DAP 是 Delivered at Place(... named place of destination)的缩写,即目的地交货(……指定目的地)。它是指卖方在指定的目的地交货,只需做好卸货准备无需卸货即完成交货义务。卖方承担将货物运至指定的目的地的一切风险和费用(进口费用除外)。《2020年通则》指出,该术语适用于任何运输方式,包括多式联运方式及海运。

二、商品价格的佣金

1. 佣金的含义

佣金(commission)是卖方或买方付给中间商为其对货物的销售或购买提供中介服务的酬金。在进出口贸易中,有些交易是通过中间代理商成交的,需要向其支付一定的酬金,佣金既可以由卖方支付也可由买方支付。凡在合同中明确表示佣金的,称为"明佣"。不在合同中表示出来,仅写明单价,由一方当事人按约另付佣金的,称为"暗佣"。

2. 佣金表示的方法

1) 用"佣金"文字表示

例如:每箱100美元CIF纽约含佣金3%。

USD 100 PER CASE CIF NEW YORK INCLUDING 3% COMMISSION.

2) 用字母"C"表示

例如:每公吨200美元CIFC3%纽约。

USD 200 PER METRIC TON CIFC3% NEW YORK.

3) 用绝对数表示

例如:每箱支付佣金3美元。

USD 3 PER CASE FOR COMMISSION.

3. 佣金的计算

佣金一般是以发票金额为基础计算的。其计算公式如下:

$$CIF\ 发票金额 \times 佣金率$$

例1 CIF 发票金额为2 000美元,佣金率为1%,则应付多少佣金?

解:佣金 $= 2\ 000 \times 1\% = 20$(美元)

例2 CFR 交易额为1 000美元,佣金率为2%,则应付多少佣金?

解:佣金 $= 1\ 000 \times 2\% = 20$(美元)

在实际业务中,佣金的计算方法还可以采用下列两种方法。

第一种是以 FOB 价格作为计算佣金的基础,如果按 CFR 术语成交,在计算佣金时要先扣除运费;如果交易按 CIF 术语成交,先扣除运费、保险费,然后再按 FOB 价计算佣金。

例3 CIF 价格为100美元,运费为20美元,保险费为10美元,佣金率为3%,佣金为多少?

解:佣金 $= (100 - 20 - 10) \times 3\% = 2.1$(美元)

第二种是如已知净价,要求在不降低净收入的基础上给予中间商一定的佣金,则应根据下列公式先计算含佣价,再计算中间商获取的佣金。其计算公式如下:

$$含佣价 = \frac{净价}{1 - 佣金率}$$

$$佣金 = 含佣价 \times 佣金率$$

例 4　CIF 净价为 95 美元,佣金率为 5%,要求按 CIF 价格计算佣金。

解:CIF 含佣价 $= \dfrac{净价}{1-佣金率} = \dfrac{95}{1-5\%} = 100$(美元)

佣金 = 含佣价 × 佣金率 = 100 × 5% = 5(美元)

或

佣金 = 含佣价 − 净价 = 100 − 95 = 5(美元)

例 5　某出口公司对外报价某商品每公吨 2 000 美元 CIF 纽约,外商要求 4% 的佣金,在保持该公司净收入不变的情况下应报多少含佣价?(保留两位小数)

解:CIFC4% $= \dfrac{CIF 净价}{1-4\%} = \dfrac{2\ 000}{1-4\%} = 2\ 083.34$(美元)

例 6　对外报价为每公吨 2000 美元 CIFC2% 纽约,外商要求将佣金率提高至 4%,在保持我方净收入不变的情况下应报价多少美元?(保留两位小数)

解:CIFC4% $= \dfrac{CIF 净价}{1-4\%} = \dfrac{2\ 000 \times (1-2\%)}{1-4\%} = 2\ 041.67$(美元)

4. 佣金的支付方法

通常情况下卖方在收齐全部款项后,才会支付中间商或代理商佣金。这是因为中间商不仅促成交易,还负责监管买方,确保按合同履行。但在实际业务中,也有中间商在交易达成后就要求支付佣金。为了避免争议,卖方应与中间商事先明确佣金的支付方法,并达成书面协议。

三、商品价格的折扣

1. 折扣的含义

折扣(discount)是指卖方给予买方一定的价格减让,即在原价基础上给予适当的优惠。

折扣在合同中明确表示出来的称为"明扣"。若不在合同中订明,仅由买卖双方另行约定折扣,则称为"暗扣"。

2. 折扣的表示方法

1) 用文字"折扣"表示

例如:每打 200 美元 CIF 纽约减 1% 折扣。

USD 200 PER DOZEN CIF NEW YORK LESS 1% DISCOUNT.

2) 用绝对数表示

例如:每打折扣 5 美元。

USD 5 PER DOZEN FOR DISCOUNT.

3. 折扣的计算

折扣的计算一般按实际发票金额乘以约定的折扣百分比。

例如：CIF 发票金额为 1 000 美元，折扣率为 5%，则应付多少折扣？

解：折扣＝1 000×5%＝50(美元)

4. 折扣的支付方法

折扣一般在买方付款时预先扣除。

四、商品价格条款的拟定

1. 商品价格条款的主要内容

商品价格条款通常包括单价和总值两部分内容。

1) 单价

单价(unit price)是指商品的单位价格。一个完整的单价包含四项内容：一是计量单位，二是单价金额，三是计价货币，四是贸易术语。例如，每公吨 2 000 美元 FOB 上海(USD2 000 PER METRIC TON FOB SHANGHAI)。

2) 总值

总值也称总价，即单价与数量的乘积。

2. 拟定商品价格条款应注意的问题

拟定商品价格条款应关注五个方面：一是合理确定商品单价，以防过高或过低；二是灵活运用不同的作价办法，以防价格变动带来的风险；三是争取选择有利的计价货币，以防币值变动带来的风险；四是权衡利弊，选用适当的贸易术语；五是如果交货品质和数量订有机动幅度，则对机动部分的作价予以明确规定。

实例操作

业务情境

上海商快进出口有限公司创业团队伙伴根据与日本高田商社就出口商品男式全棉长裤达成的单价和数量，在销售确认书的正文部分中用中文和英文两种文字拟定价格条款。

上海商快进出口有限公司创业团队根据我国《民法典》的相关规定，参照其他进出口贸易公司的销售确认书的格式，用中文和英文两种文字拟定男式全棉长裤的价格条款(图 4-1)。

```
                上海商快进出口有限公司
            SHANGHAI SK IMPORT & EXPORT CO. LTD.
              No. 1 RENMIN ROAD, SHANGHAI, CHINA
TEL: 021-65788811              销 售 确 认 书        S/C NO: 2021039
FAX: 021-65788812                                   DATE: OCT. 2, 2021
                              SALES CONFIRMATION
To Messrs:
```

(续图)

品名与规格 Commodity and Specification	数量 Quantity	单价 Unit price	金额 Amount
MEN'S 100% COTTON TROUSERS AS PER ORDER NO. 121	12 000PCS	USD6.50 CIF TOKYO	USD78 000.00

TKAMRA TRADE CORPORATION
37 VICTORIA MACH, TOKYO, JAPAN

签字双方同意按下列条款达成协议:
The undersigned sellers and buyers have agreed to close the following transaction as per terms and conditions stipulated below:

包装(PACKING):每条装入一只纸盒,20条不同尺码与颜色装入一只出口纸箱/EACH PIECE IN A BOX, 20 PIECES INTO AN EXPORT CARTON, WITH ASSORTED SIZES AND COLORS;纸箱长宽尺寸不能超过60CM、50CM/MAXIMUM SIZE OF EXPORT CARTONS: LENGTH 60CM WIDTH 50CM.

唛头(SHIPPING MARK):主唛内容包括 TKAMRA、销售合同号、目的港和箱数/MAIN MARK INCLUDES TKAMRA S/C NO., PORT OF DESTINATION AND CARTON NO.;侧唛必须显示颜色、每箱件数、毛重和产地/SIDE MARK MUST SHOW THE COLOR, PIECES PER CARTON, GROSS WEIGHT AND COUNTRY OF ORIGIN.

图 4-1 销售确认书

体验活动

一、活动背景

上海三井进出口有限公司创业团队根据德国 KKK IMPORT CO. LTD. 采购的迷彩全棉帆布女式中裤的单据和数量,在销售确认书的正文部分中拟定商品价格条款。

二、活动资料

商品数量:45 000 条
商品单价:每条 8 美元 CIF 汉堡

三、活动要求

上海三井进出口有限公司创业团队根据上述信息用中文和英文拟定商品价格条款,并派代表用 PPT 对体验活动的情况进行汇报。

上海三井进出口有限公司
SHANGHAI SJ IMPORT & EXPORT CO. LTD.
No. 1 PUDONG ROAD, SHANGHAI, CHINA

TEL：021-58343434
FAX：021-58343435

销 售 确 认 书
SALES CONFIRMATION

S/C NO：20211088
DATE：OCT. 5, 2021

To Messrs：
KKK IMPORT CO. LTD.
47 OSBLANCH, HAMBURG, GERMANY

签字双方同意按下列条款达成协议：
The undersigned sellers and buyers have agreed to close the following transaction as per terms and conditions stipulated below：

品名与规格 Commodity and Specification	数量 Quantity	单价 Unit price	金额 Amount
LADIES 7/8 TROUSERS AS PER ORDER NO. 121	45 500PCS		

包装（PACKING）：每 1 条混码装入一个胶袋，21 个胶袋入一只出口纸箱/PLEASE PUT 1 PC INTO ONE POLYBAG, 21 POLYBAGS INTO ONE EXPORT CARTON.

唛头（SHIPPING MARK）：主唛内容包括 KKK、销售合同号、目的港和箱数/MAIN MARK INCLUDES KKK S/C NO.，PORT OF DESTINATION AND CARTON NO.

 团队活动评价表

测评内容	评判标准/分值	总分	团队自评（50%）	教师评价（50%）
实践活动情况	商品单价/正确/40 分	40		
	商品单价/错 1 个/扣 10 分			
	商品单价/不填/0 分			
	总金额/正确/20 分	20		
	总金额/错 1 个/扣 10 分			
	总金额/不填/0 分			
PPT 汇报情况	PPT 设计制作/好/10 分	10		
	PPT 设计制作/一般/5 分			
	PPT 设计制作/较差/2 分			
	语言表达/好/10 分	10		
	语言表达/一般/5 分			
	语言表达/较差/2 分			

(续表)

测评内容	评判标准/分值	总分	团队自评（50%）	教师评价（50%）
合作完成质量	达到目标/好/10 分	10		
	达到目标/一般/5 分			
	达到目标/较差/2 分			
团队协作精神	协作精神/好/10 分	10		
	协作精神/一般/5 分			
	协作精神/较差/2 分			
计分				

任务二　拟定商品支付条款

 学习指南

一、汇付支付方式

1. 汇付支付方式的当事人

汇付（remittance）又称汇款，是指付款人主动通过银行或其他途径将款项汇给收款人，其属于商业信用。汇付支付方式主要有以下四个当事人。

1）汇款人

汇款人（remitter）即付款人，在国际贸易结算中，通常是进口商。

2）汇出行

汇出行（remitting bank）是指接受汇款人的委托汇出款项的银行，通常是在进口地的银行。

3）汇入行

汇入行（receiving bank）是指接受汇出行的委托解付汇款的银行，通常是汇出行在出口地的代理银行。

4）收款人

收款人（payee）为收取款项的人，在国际贸易结算中，通常是出口商。

2. 汇付支付方式的种类

1）电汇

电汇（telegraphic transfer，T/T）是指由汇款人委托汇出行通过环球银行间金融电讯网络（SWIFT）等电讯手段发出付款委托通知书给收款人所在地的汇入行，委托它将款项解付给指定的收款人。电汇有两种形式：一是前 T/T（payment in advance），是指卖方收到全款电汇后按合同规定交货的一种结算方法；二是后 T/T（deferred payment),是指卖方按合同规定交货,买方见到提单传真件或收到提单后再全款电汇。电汇业务流程(图4-2)如下。

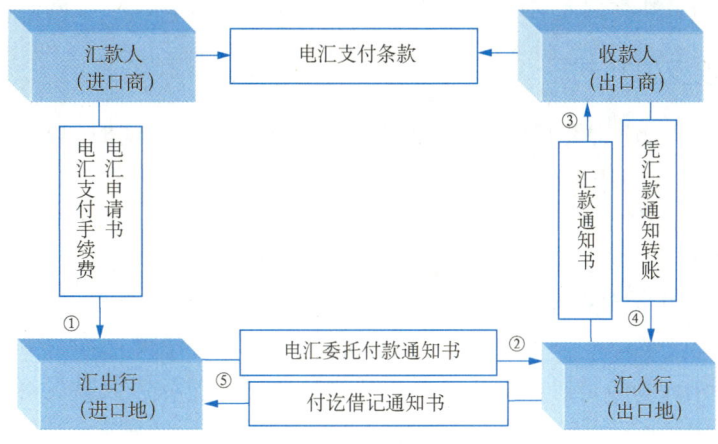

图 4-2 电汇业务流程

流程说明:
① 国际贸易合同支付条款规定电汇支付,进口商按约定时间在公司开户银行办理电汇支付及转账手续;
② 受理该电汇业务银行按电汇申请书中的指示向出口商开户银行发出付款委托书;
③ 受理该电汇支付委托业务的银行向出口商发出汇款通知书;
④ 出口商凭汇款通知书办理转账手续;
⑤ 汇出行按与汇入行之间的代理业务协议规定要求汇入行解付汇款。

2) 信汇

信汇(mail transfer,M/T)是指汇出行应汇款人的申请,将信汇委托书邮寄给汇入行,授权解付一定金额给收款人的一种汇款方式。汇入行在收到汇出行邮寄来的信汇委托书,需核对汇出行的签字或印鉴,证实无误后才能向收款人解付汇款。在实际业务中,信汇支付方式已经不再采用。

3) 票汇

票汇(demand draft,D/D)是指汇出行应汇款人的申请,开立以汇入行为付款人的银行即期汇票,列明收款人姓名、汇款金额等内容并交汇款人自行寄交或代交收款人,由收款人凭该汇票向汇入行取款的一种汇款方式。

3. 汇付支付条款的拟定

1) 汇付支付条款的主要内容

汇付支付条款主要包括货款收付的具体方式、付款时间、付款金额等具体内容。

例如,进口商应于2021年10月31日前将全部货款以电汇方式预付出口商。

The importer shall pay the total value to the exporter in advance by T/T not later than Oct. 31,2021.

2) 拟定汇付支付条款应注意的问题

在预付货款的交易中,为了减少预付风险通常采用"凭单付汇"(remittance against

documents)。凭单付汇是指进口商先通过汇出行将货款以电汇方式汇给汇入行,并指示汇入行凭出口商提供的指定单据(如海运提单、商业发票、保险单等)付款。需要注意的是,汇款在尚未被收款人支取前,汇款人可随时撤销。

二、托收支付方式

托收(collection)即委托收款,是指出口商在按合同规定的时间与地点装运货物后,开具汇票连同货运单据委托银行代向进口商收取货款的一种方式。托收属于商业信用,银行只提供服务,不提供信用,也不承担任何风险和责任,贸易货款的结算完全取决于进出口双方中的一方对另一方的诚信。

1. 托收支付方式的当事人

1) 委托人

委托人(principal)是指开出汇票并委托银行向国外付款人收款的客户,通常是出口商。

2) 托收行

托收行(remitting bank)是指接受委托人的委托并转托国外银行向进口商代为收款的银行,通常为出口地银行。

3) 代收行

代收行(collecting bank)是指接受托收行的委托并代向进口商收款的银行,通常为托收行在进口地的分行或代理行。

4) 付款人

付款人(Payer)是指汇票的受票人,一般为进口商。

2. 托收支付方式的种类

1) 光票托收与跟单托收

根据金融单据(如汇票)是否附有商业单据可分为光票托收和跟单托收。

光票托收(clean collection)是指出口商以光票向进口商索款的托收方式,通常用于货款尾数、小额货款、贸易从属费用和索赔款的收取。

跟单托收(documentary collection)是指出口商凭跟单汇票向进口商索款的托收方式。在进出口贸易货款结算中,通常采用跟单托收。

2) 付款交单与承兑交单

根据交单的条件不同可分为付款交单和承兑交单。

付款交单(documents against payment,D/P)是指代收行向进口商提示跟单汇票并在其付清货款后,交付货运单等全套单据。付款交单根据付款时间又可分为两种形式:一是即期付款交单(documents against payment at sight,D/P at sight),是指出口商按合同规定的时间与地点装运货物后开具即期汇票并随附货运单等全套单据,委托托收行通过代收行向进口商提示付款,进口商支付货款后获得全套单据;二是远期付款交单(documents against payment after sight,D/P after sight),是指由出口方按照合同的规定发运货物后,开具远期汇票,连同货运单等全套单据通过代收行向进口方提示承兑,进口方审单无误后在汇票上承兑,于汇票付款到期日进行付款赎单。

承兑交单（documents against acceptance，D/A）是指出口商按合同规定的时间与地点装运货物后，开具远期汇票并随附货运单等全套单据，委托托收行通过代收行向进口商提示承兑，代收行在进口商审单并在汇票上注明承兑后交单，于付款到期日再通知其付款。

3. 托收业务流程

以即期付款交单业务为例，其流程（图4-3）如下。

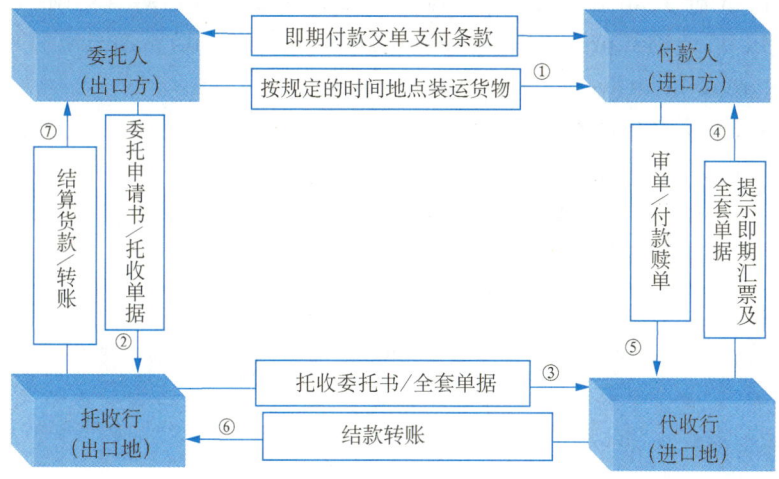

图4-3　即期付款业务流程

流程说明：
① 国际贸易合同支付条款规定即期付款交单，出口商按约定时间与地点发货；
② 出口商缮制委托授权书委托开户银行办理托收手续，并递交全套托收单据；
③ 受理托收业务银行缮制托收委托书连同全套单据寄送代收行委托代收货款；
④ 代收行根据委托书指示向进口商提示即期汇票及全套托收单据；
⑤ 进口商见票审单，核准无误后付款赎单；
⑥ 代收行收妥货款后向托收行结款转账；
⑦ 托收行收妥货款后向出口商转账结项。

4. 托收支付条款的拟定

1）托收支付条款的主要内容

托收支付条款通常包括托收的类型、单据名称、交单条件、支付时间等内容。

例1　即期付款交单

进口商应凭出口商开具的即期跟单汇票于见票时立即付款，付款后交单。

Upon first presentation the importer shall pay against documentary draft drawn by the exporter at sight. The shipping documents are to be delivered against payment only.

例2　远期付款交单

进口商向出口商开具见票后60天付款的跟单汇票，于提示时承兑并应于汇票到期日立即付款，付款后交单。

The importer shall duly accept the documents draft drawn by the exporter at 60 days sight upon first presentation and make payment on its maturity. The shipping documents are to be delivered against payment only.

例3 承兑交单

进口商向出口商开具的见票后 90 天付款的跟单汇票,于提示时承兑并于汇票到期日立即付款,承兑后交单。

The importer shall duly accept the documents draft drawn by the exporter at 90 days sight upon first presentation and make payment on its maturity. The shipping documents are to be delivered against acceptance.

2) 托收支付条款的注意问题

首先,托收支付方式对出口商具有一定的风险,拟定条款一定要根据进口商的商业信誉采取不同的托收类型和交单条件;其次,出口商事先取得代收银行的同意,在进口商拒收的情况下减小损失。

> **议题一**
>
> 某进出口公司采用即期付款交单推销库存服装一批,外商要求采用承兑交单的支付方式,并通过其指定的银行为代收行。请分析:出口商可能会产生哪些风险,可以采取哪些措施予以防范?

三、信用证支付方式

信用证(letter of credit,L/C)是指开证行应开证申请人的要求和指示,开给受益人在其履行信用证条件时付款的承诺文件。

1. 信用证支付方式的当事人

1) 开证申请人

开证申请人(applicant)是指向银行申请开立信用证的人,通常是进口商,信用证中又称开证人(opener)。

2) 开证行

开证行(opening bank,issuing bank)是指接受开证申请人的要求和指示开立信用证的银行,一般是进口地银行,其承担第一性付款责任。

3) 通知行

通知行(advising bank)是指接受开证行的委托,将信用证转交出口商的银行,一般是出口地银行,且通常是开证行的代理行。通知行只证明信用证的真实性,不承担其他义务。

4) 受益人

受益人(beneficiary)是指信用证上所指定的信用证金额的收款人,通常是出口商。

5) 议付行

议付行(negotiating bank)是指开证行授权买入信用证项下单据的银行,一般是通知行或其他指定的银行。

6）付款行

付款行（paying bank）是指信用证规定履行信用证付款责任的银行，一般是开证行。

7）偿付行

偿付行（reimbursing bank）是指接受开证行委托或授权，向议付行或付款行偿付货款的银行。

8）保兑行

保兑行（confirming bank）是指接受开证行的请求，在信用证上加具保兑的银行，一般为通知行，也可以是第三方银行。

2. 信用证支付方式的种类

1）跟单信用证与光票信用证

信用证根据附有的单据不同，可分为跟单信用证和光票信用证。

跟单信用证（documentary credit）是指开证行凭货运单据等全套单据付款或议付的信用证。货运单据是代表货物所有权或证明货物已装运的收据，如提单、航空运单等。全套单据是指信用证规定的单据，如发票、装箱单等。

光票信用证（clean credit）是指开证行凭出口商开具的汇票付款或议付的信用证。其多用于从属费用的清算和总公司与分公司之间货款的清偿。

2）即期信用证与远期信用证

信用证根据付款的时间不同，可分为即期信用证和远期信用证。

即期信用证（sight credit）是指开证行或付款行收到符合信用证条款的单据后，立即履行付款义务的信用证。

远期信用证（usance L/C）是指开证行或付款行收到符合信用证条款的单据后，在规定的期限内保证付款的信用证。远期信用证有两种形式：一是承兑信用证（banker's acceptance L/C），是指付款行在收到符合信用证规定的全套单据时，在汇票上进行承兑并于汇票付款到期日进行付款的信用证；二是延期付款信用证（deferred payment L/C），是指信用证中规定货物装船后若干天付款，或开证行收单后若干天付款的信用证。

3）议付信用证与付款信用证

信用证根据付款方式的不同可分为议付信用证和付款信用证。

议付信用证（negotiation credit）是指允许受益人向某一指定银行或任何银行交单议付的信用证。

付款信用证（payment credit）是指受益人只能直接向开证行或其指定的付款行交单索偿的信用证。

4）保兑信用证与不保兑信用证

信用证根据是否具有保兑银行可分为保兑信用证与不保兑信用证。

保兑信用证（confirmed L/C）是指另一家银行（保兑行）应开证行请求，对其所开信用证加以保证兑付的信用证。

不保兑信用证（unconfirmed L/C）是指未经其他银行保兑的信用证，即一般的不可撤销信用证。

5）可转让信用证与不可转让信用证

信用证根据是否可转让，可分为可转让信用证和不可转让信用证。

可转让信用证（transferable credit）是指开证行授权有关银行在受益人的要求下，可将信用证的全部或一部分金额转让给第三者的信用证。可转让信用证必须由开证行在证中注明"可转让"字样，限转让一次。如果信用证允许分批装运，则在总和不超过信用证金额的前提下，可分别转让给几个第二受益人。如果信用证不准分批装运，则限转让给一个第二受益人。

不可转让信用证（untransferable credit）是指受益人无权转让给其他人使用的信用证。根据《UCP600》的规定，凡信用证未注明"可转让"字样，均为不可转让信用证，仅限受益人本人使用。

6）信开信用证与电开信用证

信用证根据开立方式不同，可分为信开信用证和电开信用证。

信开信用证（mail credit）是指开证行用书信格式缮制，并通过航空邮寄送达通知行的信用证。目前，这种开证方式已较少使用。

电开信用证（teletransmission credit）是指用电讯方式开立和通知的信用证。SWIFT是环球银行金融电讯协会（Society for Worldwide Interbank Financial Telecommunication）的简称，通过SWIFT开立或通知的信用证称为SWIFT信用证，其具有标准化、固定化和格式化的特性。

电开信用证有全电本和简电本两类。全电本是以电文形式开出的完整信用证，可凭以交单议付，在SWIFT中，通常采用MT700/MT701格式（MT 700格式如表4-1所示）。简电本是将信用证金额、有效期等主要内容用电文预先通知受益人，并注明"随寄证实书"，即信开本信用证，目的是让受益人早日备货。

表 4-1 跟单信用证 MT700 格式

MT 700 Issue of Documentary Credit
跟 单 信 用 证 的 开 立

Tag 代号	Field Name 栏位名称	Directions 说明
*27	Sequence of Total 合计次序	显示这份信用证共有几页纸，目前这页所处的位置
*40A	Form of Documentary Credit 跟单信用证类别	显示信用证的性质
*20	Documentary Credit Number 信用证号码	显示该信用证的号码
23	Reference to Pre-Advice 预告的摘要	

(续表)

Tag 代号	Field Name 栏位名称	Directions 说明
31C	Date of Issue 开证日期	显示该信用证的开证日期
*31D	Date and Place of Expiry 到期日及地点	显示该信用证的到期日期和到期地点
51a	Applicant Bank 申请的开证银行	显示该信用证的申请银行
*50	Applicant 申请人	显示开证申请人的名称和地址
*59	Beneficiary 受益人	显示受益人的名称和地址
*32B	Currency Code, Amount 币别代号、金额	显示该信用证的币种和金额
39A	Percentage Credit Amount 信用证金额加减百分率	显示该信用证总金额允许上下浮动的比率
39B	Maximum Credit Amount Tolerance 最高信用证金额	
39C	Additional Amounts Covered 可附加金额	
*41a	Available With ... By ... 向……银行押汇, 押汇方式为……	显示该证在有效期内交付……银行, 使用……信用证
42C	Drafts at ... 汇票期限	显示该信用证中汇票的付款期限
42a	Drawee 付款人	显示该信用证的汇票付款人, 一般情况下是开证行, 但有时也会是偿付行
42M	Mixed Payment Details 混合付款指示	
42P	Deferred Payment Details 延迟付款指示	
43P	Partial Shipments 分批装船	显示该信用证中的货物是否允许分批出运
43T	Transshipment 转船	显示该信用证中的货物在运输中是否允许转运
44A	Place of Taking in charge at/from ... /Place of Receipt 接受监管地/发运地/收货地	显示该信用证装船、发运或接受监管的地点

(续表)

Tag 代号	Field Name 栏位名称	Directions 说明
44B	Place of Final Destination/For Transportation to ... /Place of Delivery 最终目的地/运往……/交货地	显示该信用证中的货物发送至最终目的地
44C	Last Date of Shipment 最后装运日	显示该信用证中的货物不能迟于此日期出运
44D	Shipment Period 装船期间	
44E	Port of Discharge/Airport of Destination 卸货港/目的地机场	显示该信用证中的货物发送至卸货港/目的地机场名称
45A	Description of Goods and/or Services 货物叙述与交易条件	显示对该信用证中的货物描述
46A	Documents Required 应具备单据	显示该信用证对单据制作的具体规定
47A	Additional Conditions 附加条件	显示对该信用证条款的补充说明,通常是对受益人的补充要求
71B	Charges 费用	显示该信用证业务由受益人承担的费用
48	Period for Presentation 提示时间	显示该证的交单期限;否则为提单签发日后第 21 天,但在信用证的有效期内
*49	Confirmation Instructions 保兑指示	显示该信用证被开证行要求加具保兑的指示
53a	Reimbursement Bank 清算银行	显示该信用证的偿付行
78	Instructions to the Paying/Accepting/Negotiation Bank 对付款/承兑/让购银行之指示	
57a	"Advice Through" Bank 收讯银行以外的通知银行	
72	Sender to Receiver Information 银行间的备注	

注:"*"表示必需填写的项目。

7) 循环信用证

循环信用证(revolving credit)是指受益人在信用证有效期内交货提款后,信用证金额又自动恢复到原金额,可再次使用此信用证,直至达到信用证规定的使用次数或总金额为止的信用证。循环信用证一般适用于定期分批、均衡供应、分批结汇的长期合同。其循环方式有三种:一是自动循环(automatic revolving),是指信用证金额在每次议付后,不必等待开证行通知即可自动恢复到原金额;二是半自动循环(semi-automatic revolving),是指信用证金额在每次议付后若干天内,未接到开证行停止恢复原金额的通知,方可自动循环;三是非自动循环(non-automatic revolving),是指信用证金额在每次议付后,须经开证行通知后才能恢复原金额的使用。

8) 对开信用证

对开信用证(reciprocal credit)是指两张信用证的开证申请人互以对方为受益人而开立的信用证。对开信用证多用于易货贸易、来料来件加工和补偿贸易,通常我方进口原料或配件先开立远期信用证,返销成品由对方开立即期信用证,用该货款支付到期原料或配件货款,其余额就是加工利润。对开信用证具有三个特点:一是第一张信用证的受益人和开证申请人就是第二张信用证的开证申请人和受益人;二是第一张信用证的开证行是第二张信用证的通知行,第二张信用证的开证行也是第一张信用证的通知行;三是两证金额可相等或不等,两证既可同时生效,也可先后生效。

3. 信用证业务流程

信用证一般业务流程(图4-4)如下。

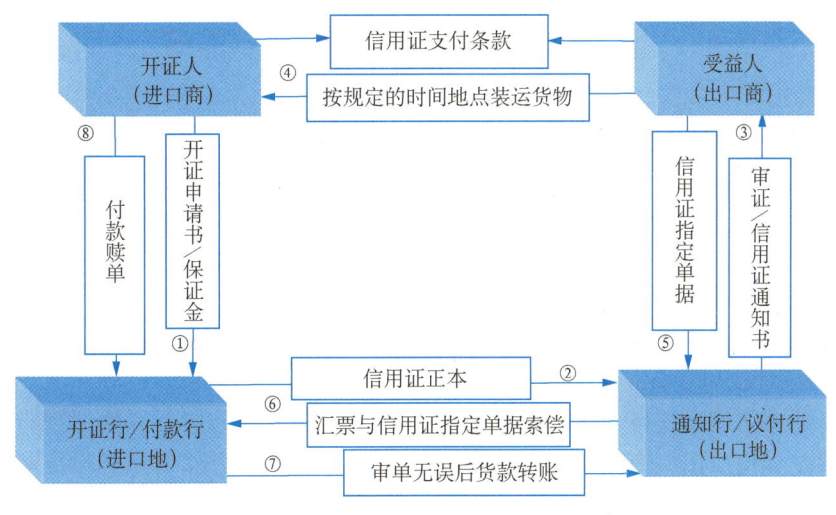

图 4-4 信用证一般业务流程

流程说明:

① 国际贸易合同支付条款规定信用证支付,进口商按约定时间向开户银行办理开证手续,缴纳押金和开证手续费;
② 开证银行按开证申请书中的指示开立信用证并向通知行/议付行发送信用证;
③ 通知行/议付行进行审证并向出口商发出信用证通知书;
④ 出口商进行审证,核准无误后进行备货并办理货运、保险和通关,出口货物装运;
⑤ 出口商持汇票、发票、装箱单、运输单据、保险单、检验检疫证书、装运通知等向通知行/议付行进行议付;
⑥ 通知行/议付行发送汇票、发票、装箱单、运输单据、保险单、检验检疫证书、装运通知等信用证指定单据向开证行/付款行索偿;
⑦ 开证行/付款行审单无误后货款转账;
⑧ 开证银行/付款行通知开证人转账,开证人付款赎单后凭相关单据提货并办理进口货物通关。

4. 信用证业务的特点

信用证业务具有以下三个主要特点。

1）开证行承担第一性付款责任

信用证支付方式是指开证银行以自己的信用作为付款保证并承担第一性付款责任，只要出口商提交单据表面上符合信用证的规定，银行不得拒付。

> **议题二**
>
> 某进出口贸易公司收到进口商开来的不可撤销即期议付信用证后，按信用证规定的交货期进行装运，通过有关渠道获悉，进口商正在申请公司倒闭。请分析：出口商是继续发货，还是不发货以避免损失，其依据有哪些？

2）信用证是一项独立文件

信用证虽是依据国际贸易合同开立的，但一经开立就成为独立于国际贸易合同以外的另一种契约，不受其约束。信用证各当事人的权力与责任完全以信用证所列条款为依据，如果出口商提交单据符合国际贸易合同的要求，但与信用证条款不一致，仍会遭开证银行拒付。

> **议题三**
>
> 某进出口贸易公司与外商签订一份出口销售合同，合同的标的是 APPLE WINE（苹果酒）。外商来证中描述的品名是 CIDER（苹果酒）。出口商按信用证规定如期装运并按合同的品名制作单据。由于当时苹果酒市场的价格一直走低，外商以单据与信用证规定的品名不同，不接受货物并拒绝付款。请分析：外商拒付有理吗？为什么？

3）信用证支付业务是纯单据业务

银行处理信用证支付业务是以单证表面相符原则来决定是否付款，而不管实际交的货物情况如何。出口商提交的单据只要符合信用证条款规定，并做到单证一致、单单一致，开证行就应承担付款责任，进口商也应向开证行付款赎单。

> **议题四**
>
> 某水产进出口公司出口一批冻对虾，在信用证规定的时间内，按信用证规定的每千克20～25只进行发货，并持全套单据进行了议付。货到后，外商经检验发现货物每千克为28～30只，于是向出口商提出索赔。请分析：外商的要求合理吗？为什么？

5. 拟定信用证支付条款

1）信用证支付条款的主要内容

信用证支付方条款通常对开证日期、开证银行、受益人、信用证的种类和金额等作出明确规定。

例1 即期信用证

买方应通过卖方所接受的银行于装运月份前45天开立并送达卖方不可撤销即期信用证,有效至装运月份后第15天在中国议付。

The buyer shall open through a bank acceptable to the sellers an Irrevocable Sight Letter of Credit to reach the sellers 45 days before the month of shipment, valid for negotiation in China until the 15th day after the month of shipment.

例2 远期信用证

买方应通过卖方所接受的银行于装运月份前60天开立并送达卖方不可撤销见票后30天付款的信用证,有效至装运月份后第15天在上海议付。

The buyer shall open through a bank acceptable to the seller an Irrevocable Letter of Credit at 30 days' sight to reach the seller 60 days before the month of shipment, valid for the negotiation in shanghai until the 15th day after the month of shipment.

2)拟定信用证支付条款应注意的问题

《UCP600》已被世界各国银行所采用,成为公认的、最重要的国际贸易惯例之一。但是,《UCP600》不是法律,只有在信用证中明确注明根据《UCP600》开立的文字,才受其约束。为此,由我国银行开立的信用证都加上这一句话。

 实例操作

> **业务情境**
>
> 上海商快进出口有限公司创业团队伙伴根据与日本高田商社就出口商品男式全棉长裤达成的即期信用证支付方式,在销售确认书的正文部分中用中文和英文两种文字拟定信用证支付方式条款。

上海商快进出口有限公司创业团队根据我国《民法典》的相关规定,参照其他进出口贸易公司的销售确认书的格式,用中文和英文两种文字拟定男式全棉长裤即期信用证支付方式条款(图4-5)。

```
                上海商快进出口有限公司
         SHANGHAI SK IMPORT & EXPORT CO. LTD.
             No. 1 RENMIN ROAD, SHANGHAI, CHINA

TEL: 021-65788811        销 售 确 认 书        S/C NO: 2021039
FAX: 021-65788812      SALES CONFIRMATION      DATE: OCT. 2, 2021
To Messrs:
         TKAMRA TRADE CORPORATION
         37 VICTORIA MACH, TOKYO, JAPAN
```

(续图)

签字双方同意按下列条款达成协议：
The undersigned sellers and buyers have agreed to close the following transaction as per terms and conditions stipulated below：

品名与规格 Commodity and Specification	数量 Quantity	单价 Unit price	金额 Amount
MEN'S 100% COTTON TROUSERS AS PER ORDER NO. 121	12 000PCS	USD6.50 CIF TOKYO	USD78 000.00

包装(PACKING)：每条装入一只纸盒，20条不同尺码与颜色装入一只出口纸箱/EACH PIECE IN A BOX, 20 PIECES INTO AN EXPORT CARTON, WITH ASSORTED SIZES AND COLORS；纸箱长宽尺寸不能超过 60CM、50CM/MAXIMUM SIZE OF EXPORT CARTONS：LENGTH 60CM WIDTH 50CM.

唛头(SHIPPING MARK)：主唛内容包括 TKAMRA、销售合同号、目的港和箱数/MAIN MARK INCLUDES TKAMRA S/C NO., PORT OF DESTINATION AND CARTON NO.；侧唛必须显示颜色、每箱件数、毛重和产地/SIDE MARK MUST SHOW THE COLOR, PIECES PER CARTON, GROSS WEIGHT AND COUNTRY OF ORIGIN.

付款条件(TERMS OF PAYMENT)：即期信用证/L/C AT SIGHT

一般条款(GENERAL TERMS)：
　　买方须于 __2021__ 年 __10__ 月 __10__ 日前开出本批交易的信用证，否则，售方有权不经过通知取消本合同书，或向买方提出索赔。The Buyer shall establish the covering Letter of Credit before Oct. 10, 2021, falling which the Seller reserves the right to rescind without further notice, or to accept whole or any part of this Sales Contractfulfilled by the Buyer, or, to lodge claim for direct losses sustained, if any.

图 4-5　销售确认书

体验活动

一、活动背景

上海三井进出口有限公司创业团队与德国 KKK IMPORT CO. LTD. 就达成的迷彩全棉帆布女式中裤所采取的支付方式，在销售确认书的正文部分中拟定支付方式条款。

二、活动资料

支付方式：即期信用证

开证要求：进口商须于 2021 年 10 月 12 日前开出本批交易的信用证

三、活动要求

上海三井进出口有限公司创业团队根据上述信息用中文和英文拟定支付方式条款，并派代表用 PPT 对体验活动的情况进行汇报。

上海三井进出口有限公司
SHANGHAI SJ IMPORT & EXPORT CO. LTD.
No. 1 PUDONG ROAD, SHANGHAI, CHINA

TEL：021-58343434
FAX：021-58343435

销 售 确 认 书
SALES CONFIRMATION

S/C NO：20211088
DATE：OCT. 5, 2021

To Messrs：
KKK IMPORT CO. LTD.
47 OSBLANCH, HAMBURG, GERMANY

签字双方同意按下列条款达成协议：
The undersigned sellers and buyers have agreed to close the following transaction as per terms and conditions stipulated below：

品名与规格 Commodity and Specification	数量 Quantity	单价 Unit price	金额 Amount
LADIES 7/8 TROUSERS AS PER ORDER NO. 121	45 500PCS	USD8.00 CIF HAMBURG	USD364 000.00

包装(PACKING)：每 1 条混码装入一个胶袋，21 个胶袋入一只出口纸箱/PLEASE PUT 1 PC INTO ONE POLYBAG, 21 POLYBAGS INTO ONE EXPORT CARTON.

唛头(SHIPPING MARK)：主唛内容包括 KKK、销售合同号、目的港和箱数/MAIN MARK INCLUDES KKK S/C NO., PORT OF DESTINATION AND CARTON NO.

付款条件(TERMS OF PAYMENT)：

一般条款(GENERAL TERMS)：

买方须于＿＿＿＿年＿＿＿月＿＿＿日前开出本批交易的信用证，否则，售方有权不经过通知取消本合同书，或向买方提出索赔。The Buyer shall establish the covering Letter of Credit before ＿＿＿＿＿＿, falling which the Seller reserves the right to rescind without further notice, or to accept whole or any part of this Sales Contractfulfilled by the Buyer, or, to lodge claim for direct losses sustained, if any.

团队活动评价表

测评内容	评判标准/分值	总分	团队自评（50%）	教师评价（50%）
实践活动情况	信用证支付方式/正确/40分	40		
	信用证支付方式/错1个/扣20分			
	信用证支付方式/不填/0分			
	开证日期/正确/20分	20		
	开证日期/错1个/扣10分			
	开证日期/不填/0分			
PPT汇报情况	PPT设计制作/好/10分	10		
	PPT设计制作/一般/5分			
	PPT设计制作/较差/2分			
	语言表达/好/10分	10		
	语言表达/一般/5分			
	语言表达/较差/2分			
合作完成质量	达到目标/好/10分	10		
	达到目标/一般/5分			
	达到目标/较差/2分			
团队协作精神	协作精神/好/10分	10		
	协作精神/一般/5分			
	协作精神/较差/2分			
计分				

 综合能力训练

一、单选题

1. 《2020年国际贸易术语解释通则》生效的时间是自（　　）。
   A. 2011年1月1日起　　　　　　B. 2012年1月1日起
   C. 2013年1月1日起　　　　　　D. 2014年1月1日起

2. 以下各项不属于国际贸易惯例的是（　　）。
   A. 1932年华沙—牛津规则
   B. 国际货物买卖合同公约
   C. 1941年美国对外贸易定义修正本
   D. 国际贸易术语解释通则

3. 《2020年通则》规定的国际贸易术语有( )。
   A. 13种　　　　　B. 12种　　　　　C. 11种　　　　　D. 10种
4. 装运港船上交货的英语译文是( )。
   A. Cost and Freight　　　　　　　B. Free on Board
   C. Cost, Insurance and Freight　　D. Insurance and Freigh
5. 在FOB条件下,以下各项不属于卖方义务的是( )。
   A. 按合同规定的时间与地点交货　　B. 按销售合同规定的品质交货
   C. 办理租船订舱手续　　　　　　　D. 按销售合同规定的数量交货
6. ( )是指卖方在指定装运港和装运期内交货并承担货物装上船之前的风险和费用。
   A. Free on Board　　　　　　　　B. Cost and Freight
   C. Cost, Insurance and Freight　　D. Insurance and Freigh
7. 在CFR条件下,以下各项不属于卖方义务的是( )。
   A. 按合同规定的时间与地点交货　　B. 按销售合同规定的品质交货
   C. 办理货运投保手续并支付保费　　D. 按销售合同规定的数量交货
8. ( )是指卖方在指定装运港和装运期内交货并办理货运输保险,承担货物装上船之前的风险和费用。
   A. Free on Board　　　　　　　　B. Cost and Freight
   C. Cost, Insurance and Freight　　D. Insurance and Freigh
9. ( )是指卖方在指定时间与地点将货物交给买方指定的承运人,即完成交货义务。
   A. Free Carrier　　　　　　　　　B. Carriage Paid to
   C. Carriage and Insurance Paid to　D. Insurance and Freigh
10. ( )是指卖方在指定时间与地点将货物交给买方指定的承运人并需支付货物自启运地至目的地的运费。
    A. Free Carrier　　　　　　　　　B. Carriage Paid to
    C. Carriage and Insurance Paid to　D. Insurance and Freigh
11. ( )是指卖方在指定时间与地点将货物交给买方指定的承运人并需支付货物自启运地至目的地的运费和保险费。
    A. Free Carrier　　　　　　　　　B. Carriage Paid to
    C. Carriage and Insurance Paid to　D. Insurance and Freigh
12. 买方承担责任、风险最小,费用最少的贸易术语是( )。
    A. FAS　　　　　B. EXW　　　　　C. DDP　　　　　D. CPT
13. 卖方承担责任、风险最大,费用最多的贸易术语是( )。
    A. FAS　　　　　B. EXW　　　　　C. DDP　　　　　D. CPT
14. 开证行是接受开证申请人的要求和指示开立信用证的银行,承担( )。
    A. 主要付款责任　　　　　　　　　B. 次要付款责任
    C. 其他付款责任　　　　　　　　　D. 第一性付款责任

15. 跟单信用证与光票信用证的不同之处在于是否随附( )。
   A. 报关单据　　　　　　　　　　B. 金融单据
   C. 报检单据　　　　　　　　　　D. 运输单据
16. 可转让信用证在受益人的要求下可转让( )。
   A. 1 次　　　B. 2 次　　　C. 3 次　　　D. 4 次
17. 以下各项不属于信用证业务的特点是( )。
   A. 信用证是银行信用　　　　　　B. 开证行承担第一性付款责任
   C. 信用证是一项独立文件　　　　D. 信用证方式是纯单据业务

二、多选题

1. 以下各项属于国际贸易惯例的有( )。
   A. 1932 年华沙—牛津规则　　　　B. 国际货物买卖合同公约
   C. 1941 年美国对外贸易定义修正本　D. 国际贸易术语解释通则
2. FOB 贸易术语仅适用的运输方式有( )。
   A. 公路运输方式　　　　　　　　B. 海运运输方式
   C. 内河运输方式　　　　　　　　D. 多式联运运输方式
3. 在 FOB 条件下,买方的基本义务有( )。
   A. 办理租船订舱手续并支付运费　B. 办理货运投保手续并支付保费
   C. 支付货款　　　　　　　　　　D. 受领单据
4. 在 CFR 条件下,买方的基本义务有( )。
   A. 办理租船订舱手续并支付运费
   B. 办理货运投保手续并支付保费
   C. 支付货款
   D. 受领单据
5. 在 CIF 条件下,买方的基本义务有( )。
   A. 办理租船订舱手续并支付运费　B. 办理货运投保手续并支付保费
   C. 支付货款　　　　　　　　　　D. 受领单据
6. 下列各项对 FOB、CFR、CIF 的表述正确的是( )。
   A. 均适用于海运或内河航运　　　B. 都在装运港完成交货
   C. 都以货装装运港船上为界　　　D. 价格构成都是一样的
7. CIF 与 CIP 贸易术语的区别有( )。
   A. 适用运输方式不同　　　　　　B. 获取的运输单据不同
   C. 风险转移的界线不同　　　　　D. 装卸费用承担不同
8. 在 CPT 条件下,买方的基本义务有( )。
   A. 承担货交承运人后的一切风险　B. 办理货运投保手续并支付保费
   C. 支付货款　　　　　　　　　　D. 受领单据
9. 在 CIP 条件下,买方的基本义务有( )。
   A. 承担货交承运人前的一切风险　B. 承担货交承运人后的一切费用
   C. 支付货款　　　　　　　　　　D. 受领单据

10. FCA、CPT 和 CIP 适用的运输方式包括（   ）。
   A. 铁路　　　　　B. 江河　　　　　C. 航空　　　　　D. 多式联运
11. 以下各项不属于卖方承担责任、风险最小、费用最少的贸易术语有（   ）。
   A. FAS　　　　　B. CFR　　　　　C. EXW　　　　　D. CPT
12. 佣金根据在贸易合同显示的方式不同分为（   ）。
   A. 明佣　　　　　B. 暗佣　　　　　C. 反佣　　　　　D. 折扣
13. 汇付基本当事人主要有（   ）。
   A. 汇款人　　　　B. 汇出行　　　　C. 汇入行　　　　D. 收款人
14. 电汇按支付的时间可分为（   ）。
   A. payment in advance　　　　B. deferred payment
   C. telegraphic transfer　　　　D. T/T
15. 汇付支付条款主要包括（   ）。
   A. 货款收付方式　B. 付款时间　　　C. 付款金额　　　D. 交货时间
16. 托收方式的基本当事人主要有（   ）。
   A. 委托人　　　　B. 托收行　　　　C. 代收行　　　　D. 付款人

三、判断题

1. 开证行与议付行不接受电子单证。（   ）
2. FCA、CPT 和 CIP 适用于任何的运输方式。（   ）
3. CPT 与 CFR 仅仅是适用的运输方式的不同。（   ）
4. 佣金必须在合同中明确表示。（   ）
5. 折扣只有明扣，没有暗扣。（   ）
6. 合同中的价格条款，一般包括单价和总值两部分内容。（   ）
7. 单价 USD100 per metric ton FOB Shanghai 的表述是正确的。（   ）
8. 总值的计算公式是"单价×包装数量"。（   ）
9. 托收业务属于银行信用。（   ）
10. 信用证业务属于商业信用。（   ）
11. 托收支付方式条款包括托收类型、单据名称、交单条件、支付时间等内容。（   ）
12. 开证申请人是向银行申请开立信用证的人，通常是出口商。（   ）
13. 通知行不仅要证明信用证的真实性，还要承担其他义务。（   ）
14. 受益人是指信用证上所指定的信用证金额的收款人，通常是进口商。（   ）
15. 保兑信用证与不保兑信用证的区别在于是否具有保兑银行。（   ）
16. 议付信用证与付款信用证不同之处是其可向任何银行交单议付。（   ）
17. 电开信用证具有标准化、固定化和格式化的特性。（   ）
18. 循环信用证一般不适用于定期分批、均衡供应、分批结汇的长期合同。（   ）
19. 对开信用证多用于易货贸易、来料来件加工和补偿贸易。（   ）
20. 信用证支付方式条款通常是对开证日期、开证银行、受益人、信用证种类和金额等作出明确规定。（   ）

四、业务流程题

1. 填写电汇业务流程。

流程环节	业务流程描述
第一步骤	
第二步骤	
第三步骤	
第四步骤	
第五步骤	

2. 填写托收即期付款业务流程。

流程环节	业务流程描述
第一步骤	
第二步骤	
第三步骤	
第四步骤	
第五步骤	
第六步骤	
第七步骤	

3. 填写信用证一般业务流程。

流程环节	业务流程描述
第一步骤	
第二步骤	
第三步骤	
第四步骤	
第五步骤	
第六步骤	
第七步骤	

五、简答题

1. 拟定商品价格条款应注意的问题。
2. 拟定托收支付条款应注意的问题。
3. 拟定信用证支付条款应注意的问题。

项目五　拟定货物运输和运输货物保险条款

学习目标

- 了解国际货物运输的方式及特点
- 熟悉国际货物运输条款的主要内容
- 明确对进出口货物办理运输货物保险的主要作用
- 掌握国际货物运输条款与国际运输货物保险条款的基本要求
- 具备拟定国际运输货物条款与国际运输货物保险条款的基本能力

学习情境

国际贸易合同的正文除了品质、数量、包装、价格和支付条款,还有货物运输和运输货物保险条款。在进出口货物运输中,企业根据交货的时间、运输成本及不同国家或地区的地理位置,可以选择海洋货物运输、航空货物运输、铁路货物运输、国际多式联运等运输方式。同时,为了减少货物在运输过程中受到自然灾害或各种意外事故所造成的损失,企业还必须办理运输货物保险,一旦发生货损可以向保险公司进行索赔,避免带来较大的经济损失。

项目五介绍了国际货物运输方式、托运流程、国际运输货物保险范围与国际运输货物保险险别、投保流程、国际货物运输条款与国际运输货物保险条款等方面的内容、方法和要求,并以实例予以展示。

任务一　拟定国际货物运输条款

学习指南

一、国际货物运输的方式

1. 海洋货物运输

海洋货物运输按照船舶的经营方式,可分为班轮运输(liner shipping)和租船运输,在实际业务中,企业采用班轮运输较多,所以在此仅介绍班轮运输。班轮运输是指按照固定航行时间表,沿着固定航线,停靠固定港口并收取固定运费的一种船舶运输方式。

2. 航空货物运输

航空货物运输是指利用国内航空公司和国际航空公司的飞行器运输进出口货物的一种方式。其从货物运输的特点来看,可分为以下几种形式。

1) 班机运输

班机运输(scheduled airliner)是指按固定时间、固定航线、固定始发站和固定目的站的航空货物运输。班机运输通常使用客货混合型飞机,一些大的航空公司也会开辟定期全货机航班。班机运输适用于运送急需物品、鲜活商品和节令性商品。

2) 包机运输

包机运输(chartered carrier)是指包租整架飞机或由几个发货人联合包租一架飞机来运送货物的运输方式。包机运输有两种形式:一是整架包机,适用于运送数量多的商品;二是部分包机,适用于运送数量较多及多个同一个目的地收货人的货物。

3) 集中托运

集中托运(consolidation)是指航空运输公司把若干单独发运的货物组成一整批货物,用一份总运单(附分运单)整批发运到预定目的地,由航空公司代理人在货物提供后分拨交给实际收货人的运输方式。

4) 航空急件运送

航空急件运送(air express service)即快件业务,是指专门经营该业务的航空运输代理公司设专人,用最快的速度在货主、机场、用户之间传送急件的服务项目。航空急件运送是国际航空运输中最快捷的运输方式,适用于急需的药品、医疗器械、贵重物品、图纸资料、货样及单证等的传送。航空急件运送有三种方式:一是机场到机场,发货人在飞机始发站将货物交给航空公司,收货人到目的地机场取货;二是门到门服务,快件公司派专人到发货人办公室取货,货到目的地后由专人送交收货人手中;三是专人随机送货,由快件公司派专人把货送到收货人手中。

3. 铁路货物运输

铁路货物运输是指利用铁路进行国际贸易货物运输的一种方式,在内陆接壤国家之间的国际贸易中占有着重要的地位。我国对外贸易铁路运输的运营方式有国际铁路货物联运和对港澳地区的铁路运输。

4. 国际多式联运

国际多式联运(international multimodal transport)是指按照多式联运合同,以至少两种不同的运输方式,由多式联运经营人将货物从一国境内接管货物的地点运至另一国境内指定交付货物地点的运输方式。

二、国际货物运输条款的拟定

1. 国际货物运输条款的主要内容

国际货物运输条款通常是指对装运时间、装运港（地）、目的港（地）、分批装运、转运、装运通知等内容作出具体规定。

1）装运时间

装运时间是指出口商将货物装上运输工具或交给承运人的期限。

2）装运港（地）

装运港（地）是指装运货物的港口、机场、车站。

3）目的港（地）

目的港（地）是指最终卸货的港口、机场、车站。

4）分批装运

分批装运是指在同一个国际贸易合同或信用证项下的进出口货物，分若干批装于不同航次的班轮或班机等运输工具进行的运输。

5）转运

转运是指在货物运输途中，将货物转载其他运输工具并运至目的港（地）。

6）装运通知

装运通知是指托运人在货物装船后将运输工具名称、航次或班次、时间、货物信息等内容通知收货人，以便其做好办理保险、入境通关及各项接受货物的准备工作。

> **议题一**
>
> 某进出口公司向外商出口一批服装，双方达成一致意见后确定了销售确认书。其主要条款有：每件100美元CFR蒙特利尔，运输方式为海运，装运时间为2月1日。由于外贸业务员的疏忽，货物在出运后2周才发出装船通知，导致外商未能及时办理货物运输保险。请分析：如果在这2周内出口货物发生货损，责任应由谁承担，为什么？

2. 拟定国际货物运输条款应注意的问题

拟定国际货物运输条款应注意三个方面问题：一是规定装运时间应考虑货源地与装运地在时空上的衔接，要避免某些国家或地区的冰冻期，还要考虑信用证支付条件下的装运时间与开证日期的衔接；二是规定装运时间要避免使用一些不确定的装运术语，如"迅速""立即""尽快"等；三是规定目的港（地）要明确具体，避免因目的港（地）的重名带来的经济损失。

> **议题二**
>
> 广州某进出口公司与加拿大客商洽谈一批食品销售，双方达成一致意见后由我方拟定销售确认书。其主要条款有：每袋50美元CIF魁北克，运输方式为海运，交货期为当年12月，投保一切险。请分析：该国际货物运输条款是否存在问题，为什么？

 **实例操作**

> **业务情境**
>
> 上海商快进出口有限公司创业团队伙伴根据与日本高田商社就出口商品男式全棉长裤达成的海洋货物运输方式,在销售确认书的正文部分中用中文和英文两种文字拟定货物运输条款。

上海商快进出口有限公司创业团队根据我国《民法典》的相关规定,参照其他进出口贸易公司的销售确认书的格式,用中文和英文两种文字拟定男式全棉长裤采用班轮运输方式的货物运输条款(图5-1)。

上海商快进出口有限公司
SHANGHAI SK IMPORT & EXPORT CO. LTD.
No.1 RENMIN ROAD, SHANGHAI, CHINA

TEL: 021-65788811　　销 售 确 认 书　　S/C NO: 2021039
FAX: 021-65788812　　SALES CONFIRMATION　　DATE: OCT.2, 2021
To Messrs:
TKAMRA TRADE CORPORATION
37 VICTORIA MACH, TOKYO, JAPAN

签字双方同意按下列条款达成协议:
The undersigned sellers and buyers have agreed to close the following transaction as per terms and conditions stipulated below:

品名与规格 Commodity and Specification	数量 Quantity	单价 Unit price	金额 Amount
MEN'S 100% COTTON TROUSERS AS PER ORDER NO.121	12 000PCS	USD6.50 CIF TOKYO	USD78 000.00

包装(PACKING):每条装入一只纸盒,20条不同尺码与颜色装入一只出口纸箱/EACH PIECE IN A BOX, 20 PIECES INTO AN EXPORT CARTON, WITH ASSORTED SIZES AND COLORS;纸箱长宽尺寸不能超过60CM,50CM/MAXIMUM SIZE OF EXPORT CARTONS: LENGTH 60CM WIDTH 50CM.

唛头(SHIPPING MARK):主唛内容包括TKAMRA、销售合同号、目的港和箱数/MAIN MARK INCLUDES TKAMRA S/C NO., PORT OF DESTINATION AND CARTON NO.;侧唛必须显示颜色、每箱件数、毛重和产地/SIDE MARK MUST SHOW THE COLOR, PIECES PER CARTON, GROSS WEIGHT AND COUNTRY OF ORIGIN.

(续图)

装运地(LOADING PORT)：上海/SHANGHAI
目的地(DESTINATION)：东京/TOKYO
装运期限(TIME OF SHIPMENT)：2021年11月30日前/BEFORE NOV. 30, 2021
分批装运(PARTIAL SHIPMENT)：不允许/NOT ALLOWED
转船(TRANSSHIPMENT)：不允许/NOT ALLOWED
付款条件(TERMS OF PAYMENT)：即期信用证/L/C AT SIGHT
一般条款(GENERAL TERMS)：
买方须于 2021 年 10 月 10 日前开出本批交易的信用证，否则，售方有权不经过通知取消本合同书，或向买方提出索赔。The Buyer shall establish the covering Letter of Credit before Oct. 10, 2021, falling which the Seller reserves the right to rescind without further notice, or to accept whole or any part of this Sales Contractfulfilled by the Buyer, or, to lodge claim for direct losses sustained, if any.

图 5-1　销售确认书

体验活动

一、活动背景

上海三井进出口有限公司创业团队与德国 KKK IMPORT CO. LTD. 就达成的迷彩全棉帆布女式中裤的运输方式，在销售确认书的正文部分中拟定航空货物班机运输条款。

二、活动资料

装运地：上海浦东机场
目的地：蒙特利尔机场
装运期限：2021年11月20日前装运

三、活动要求

上海三井进出口有限公司创业团队根据上述信息用中文和英文拟定国际货物运输方式条款，并派代表用PPT对体验活动的情况进行汇报。

上海三井进出口有限公司
SHANGHAI SJ IMPORT & EXPORT CO. LTD.
No. 1 PUDONG ROAD, SHANGHAI, CHINA
TEL：021-58343434　　销售确认书　　S/C NO：20211088
FAX：021-58343435　SALES CONFIRMATION　DATE：OCT. 5, 2021
To Messrs：
KKK IMPORT CO. LTD.
47 OSBLANCH, HAMBURG, GERMANY

(续表)

签字双方同意按下列条款达成协议：
The undersigned sellers and buyers have agreed to close the following transaction as per terms and conditions stipulated below：

品名与规格 Commodity and Specification	数量 Quantity	单价 Unit price	金额 Amount
LADIES 7/8 TROUSERS AS PER ORDER NO. 121	45 500PCS	USD40.00 CIF MONTREAL	USD800 000.00

包装(PACKING)：每1条混码装入一个胶袋，21个胶袋入一只出口纸箱/PLEASE PUT 1 PC INTO ONE POLYBAG, 21 POLYBAGS INTO ONE EXPORT CARTON.

唛头(SHIPPING MARK)：主唛内容包括KKK、销售合同号、目的港和箱数/MAIN MARK INCLUDES KKK S/C NO., PORT OF DESTINATION AND CARTON NO.

装运地(LOADING PORT)：

目的地(DESTINATION)：

装运期限(TIME OF SHIPMENT)：

付款条件(TERMS OF PAYMENT)：即期信用证/L/C AT SIGHT

一般条款(GENERAL TERMS)：

买方须于__2021__年__10__月__12__日前开出本批交易的信用证，否则，售方有权不经过通知取消本合同书，或向买方提出索赔。The Buyer shall establish the covering Letter of Credit before Oct. 12, 2021, falling which the Seller reserves the right to rescind without further notice, or to accept whole or any part of this Sales Contractfulfilled by the Buyer, or, to lodge claim for direct losses sustained, if any.

团队活动评价表

测评内容	评判标准/分值	总分	团队自评 （50%）	教师评价 （50%）
实践活动情况	装运地名称/正确/20分	20		
	装运地名称/单词错/扣10分			
	装运地名称/不填/0分			
	目的地名称/正确/20分	20		
	目的地名称/单词错/扣10分			
	目的地名称/不填/0分			
	装运期限/表述正确/20分	20		
	装运期限/表述不完整/扣10分			
	装运期限/不填/0分			

(续表)

测评内容	评判标准/分值	总分	团队自评（50%）	教师评价（50%）
PPT 汇报情况	PPT 设计制作/好/10 分	10		
	PPT 设计制作/一般/5 分			
	PPT 设计制作/较差/2 分			
	语言表达/好/10 分	10		
	语言表达/一般/5 分			
	语言表达/较差/2 分			
合作完成质量	达到目标/好/10 分	10		
	达到目标/一般/5 分			
	达到目标/较差/2 分			
团队协作精神	协作精神/好/10 分	10		
	协作精神/一般/5 分			
	协作精神/较差/2 分			
计分				

任务二　拟定国际运输货物保险条款

 学习指南

国际运输货物保险是指被保险人向保险人按一定金额对运输过程中的货物进行投保的并按投保险别交纳保险费，保险人根据保险条款的规定对被保险货物遭遇承保责任范围内的损失给予经济补偿。

一、国际运输货物保险的种类

中国保险条款（China Insurance Clause，C.I.C）是中国人民保险公司根据我国保险业务的实际需要，并参照国际惯例制定的保险条款，其分为《海洋运输货物保险条款》《陆运运输货物保险条款》《航空运输货物保险条款》《邮包运输货物保险条款》等。

1. 我国海洋运输货物保险

1981 年 1 月 1 日修订的《海洋运输货物保险条款》，对承保的范围、险别、保险人和被保险人的权利与义务等内容作了如下明确具体的规定。

1）海洋运输货物保险承保的范围

进出口货物在海上运输及其交接过程中，可能会遭受各种各样的风险和损失，对此

《海洋运输货物保险条款》对承保的范围作了明确规定。保险人承保的风险有以下两个方面：

一是海上风险(perils of the sea)，是指货物在海上运输中发生的风险，包括自然灾害和意外事故。自然灾害是仅指因恶劣气候、雷电、海啸、地震、洪水、火山爆发等原因所引起的人力不可抗拒的灾害。意外事故是指承运货物的运输工具在运输过程中遭受搁浅、触礁、沉没、互撞、失踪、失火、爆炸等意外原因所造成的事故。

二是外来风险(extraneous risks)，是指由于海上风险以外的其他外来原因引起的一般外来风险和特殊外来风险。一般外来风险是指被保险货物在运输途中由于一般外来原因造成的损失，如偷窃、雨淋、短量、沾污、渗漏、破碎、串味、受潮、锈损、钩损等。特殊外来风险是指由于国家的政策、法令、行政措施、军事等特殊外来原因所造成的风险与损失。

2) 保险人承保的损失

保险人承保的损失是指被保险货物在海洋运输中因海上风险所造成的损坏或灭失，也包括与海陆连接的陆上和内河运输中所发生的损坏或灭失。其按照货物的损失程度可分为以下两种：

一是全部损失(total loss)，是指在运输中的整批货物，或不可分割的一批货物的全部损失。全部损失分为实际全损和推定全损。实际全损是指被保险货物在运输途中完全损毁和灭失；推定全损是指被保险货物在海运途中遭遇承保风险后，实际全损已不可避免，或为了避免发生实际全损所需支付的费用与继续运至目的地的费用之和将超过保险价值。

知识链接

委 付 通 知

当发生推定全损的情况时，被保险人可以要求保险人按部分损失赔偿或全部损失赔偿。如按全部损失赔偿，被保险人必须向保险人发出委付通知。委付是指被保险人表示愿意将保险标的的一切权利和义务移交给保险人，并要求保险人按全部损失赔偿的一种做法。委付必须经保险人同意后，方能生效。

二是部分损失(partial loss)，是指被保险货物没有达到全损程度的损失。其按照部分损失的性质分为共同海损和单独海损。共同海损是指载货船舶在航行中遭遇自然灾害或意外事故并威胁到船、货等共同安全时，船方为了解除这种威胁，有意识地采取了合理措施所做出的某些特殊的牺牲或支出额外的费用。单独海损是指共同海损以外的，仅由各受损者单独负担的部分损失。

议题三

承载出口货物的船舶在运行中，A舱因雷击起火，船长下令灌水灭火。A舱火虽被扑灭，但某货主的所有货物被烧毁。同时由于灌水，B舱货物受损。请分析：A舱货物损失是何损失？B舱货物受损属于哪种损失？

3) 保险人承保的费用

被保险货物遭遇保险责任范围内的风险,不仅会遭受货物本身的损失,还会产生因营救而支出的施救费用和救助费用。施救费用(sue and labour expenses)是指被保险货物在遭遇保险责任范围内的自然灾害和意外事故时,被保险人或其他代理人为抢救被保险货物,防止损失继续扩大所支出的合理费用;救助费用(salvage charges)是指被保险货物遭受承保范围内的灾害事故时,由保险人和被保险人以外的无契约关系的第三者采取救助措施并且获救成功,被救方向施救者支付的费用。

4) 海洋运输货物保险的险别

险别是保险人的承保责任和被保险人缴纳保险费的依据。我国海洋运输货物保险的险别分为以下两种:

(1) 基本险。基本险可单独投保。根据《海洋运输货物保险条款》的规定,海洋运输货物保险的基本险别分为平安险(free from particular average,FPA)、水渍险(with particular average,WPA)和一切险(all risks)三种。其中平安险的责任范围最小,水渍险比平安险的责任范围大,一切险的责任范围最大。

(2) 附加险。附加险是不能单独投保的,必须在投保基本险的基础上才能加保。附加险分为两种类型:一是一般附加险(general additional risks)承保因一般外来风险所造成的全部或部分损失,包括偷窃提货不着险、淡水雨淋险、短量险、混杂沾污险、渗漏险、碰损破碎险、串味险、受热受潮险、钩损险、包装破裂险和锈损险;二是特殊附加险(special additional risks)承保由于特殊外来风险所造成的全部或部分损失,包括战争险、罢工险、交货不到险、进口关税险、舱面险、黄曲霉素险、货物出口到中国香港(包括九龙半岛)或中国澳门存仓火险责任扩展条款。

5) 保险的除外责任

除外责任是指保险人不承担赔偿的范围。其主要包括五个方面:其一,被保险人的故意行为或过失所造成的损失;其二,属于发货人责任所引起的损失;其三,在保险责任开始前,被保险货物已存在的品质不良或数量短差的损失;其四,被保险货物的自然损耗、本质缺陷、特性,以及市价跌落、运输延迟引起的损失或费用;其五,海洋运输货物战争险和罢工险所规定的除外责任。

> **议题四**
> 某进出口贸易公司在7月间向外商出口巧克力一批,并向中国人民保险公司投保了一切险。由于航程太长,1个月到达目的港后发现巧克力软化难以销售,于是进口商向保险公司提出索赔。请分析:保险公司是否给予理赔,为什么?

2. 航空运输货物保险

1) 基本险

《航空运输货物保险条款》的基本险有两种:一是航空运输险(air transportation risks),是指保险公司对承保险货物在运输途中遭受雷电、水灾、爆炸,或由于飞机遭受恶劣气候,或其他危难事故所造成的全部或部分损失,并包括对保险责任范围的货所采取的抢救而支付的合理费用,但以不超过被救货物的保险金额为限的保险;二是航空运输一切险(air transportation all risks),是指承保航空运输险的全部责任外,还对被保险货物在运输途中由于一般外来原因所造成的全部或部分损失的保险。

2) 附加险

《航空运输货物保险条款》的附加险主要有两种:一是航空运输货物战争险,是指由保险公司负责赔偿因战争、类似战争行为、敌对行为或武装冲突,以及各种常规武器和炸弹所造成的货物损失的保险;二是航空运输货物罢工险,与海洋运输罢工险的责任范围相同。投保人在投保了航空运输险或航空运输一切险的基础上,才可加保附加险。

> **议题五**
>
> 某水产品进出口公司通过航空运输向日本出口一批鲜活大闸蟹,投保了航空运输一切险并加保战争险和罢工险。飞机抵达目的地机场恰遇机场工人罢工,无人卸货,复工后发现该批大闸蟹已死一半,于是向保险公司提出索赔。请分析:保险公司能否给予理赔,为什么?

3) 除外责任

航空运输险和航空运输一切险的除外责任与海洋运输货物基本险的除外责任大致相同。

3. 陆上运输货物保险

1) 基本险

《陆运运输货物保险条款》的基本险有两种:一是陆运险(overland transportation risks),是指承保货物在运输途中遭受暴风、雷电、洪水、地震等自然灾害,或由于陆上运输工具遭受碰撞、倾覆、出轨,或在驳运过程中因驳运工具遭受搁浅、触礁、沉没、碰撞,或由于隧道坍塌、崖崩、火灾、爆炸等意外事故所造成的全部或部分损失,并包括被保险人对遭受承保责任范围内风险的货物采取抢救措施而支付的合理费用,由保险公司负责赔偿,但以不超过该批被救货物的保险金额为限的保险;二是陆运一切险(overland transportation all risks),是指承保陆运险的全部责任外,还负责赔偿承保货物在运输途中因外来原因所造成的短少、短量、偷窃、渗漏、碰损、破碎、钩损、雨淋、生锈、受潮、受热、发霉、串味、沾污等全部或部分损失的保险。

2) 专门险

陆上运输冷藏货物险(overland transportation insurance frozen products risks)是指除了陆运险的承保范围,保险公司还负责赔偿由于冷藏机器或隔温设备在运输途中损坏所造成的承保货物解冻而腐坏的损失的保险。陆上运输冷藏货物险具有基本险的性质。

3) 附加险

《陆运运输货物保险条款》的附加险有两种:一是陆上运输货物战争险(火车),是指承保在火车运输途中,因战争、类似战争行为、敌对行为、武装冲突所致的损失,以及各种常规武器所致的货物损失的保险;二是陆上运输货物罢工险,其承保范围与海洋运输货物罢工险的责任范围相同。

4）除外责任

陆运险和陆运一切险的除外责任与海洋运输货物保险的除外责任相同。陆上运输冷藏货物险因战争、罢工、运输延迟，或在保险责任开始时，因包装不妥、冷冻不合格导致承保货物的腐坏或损失，保险公司不予负责。

4. 邮政运输货物保险

1）基本险

《邮包保险条款》的基本险有两种：一是邮包险(parcel post risks)，是指保险公司对承保的邮包在运输途中，由于遭受恶劣气候、雷电、海啸、地震、洪水等自然灾害，或由于运输工具搁浅、触礁、沉没、碰撞、出轨、坠落、失踪，或由于失火和爆炸等意外事故所造成的全部或部分损失负责理赔，并包括对遭受承保责任内风险的邮包所采取的抢救措施而支付的合理费用，但以不超过该批邮包的保险金额为限的保险；二是邮包一切险(parcel post all risks)，除了上述邮包险的全部责任，保险公司还负责赔偿被保险的邮包在运输途中因外来原因造成的全部或部分损失的保险。

2）附加险

《邮包保险条款》的附加险有两种：一是邮包战争险，是指保险公司承保在邮包运输途中，因战争、类似战争和敌对行为、武装冲突所致的损失，以及各种常规武器所致的货物损失的保险；二是邮包罢工险，其责任范围与海洋运输货物罢工险的责任范围相同。

3）除外责任

邮包险和邮包一切险的除外责任范围包括对因战争、敌对行为、武装冲突和罢工所致的损失，以及由于运输延迟导致货物缺陷，或由被保险人的故意、过失所造成的损失不负责赔偿。

二、国际运输货物保险条款的拟定

1. 国际运输货物保险条款的主要内容

国际运输货物保险条款通常是对投保金额、投保险别、保险费、保险单证、保险适用的条款等内容作出具体规定。

1）FOB、FCA、CFR、CPT贸易条件下的保险条款

如果是按FOB、FCA、CFR、CPT贸易条件签订的国际贸易合同，则买方应办理保险手续，并支付保险费。在此情况下，合同中的保险条款比较简单，只需明确保险责任，如"保险由买方负责办理"(insurance to be covered by the buyers)。

2）CIF、CIP贸易条件下的保险条款

如果是按CIF或CIP贸易条件签订的买卖合同，应由卖方负责办理货运保险并缴纳保险费。此时，保险涉及买卖双方的利益，买卖合同中的保险条款应订得明确具体，一般包括投保责任、保险金额、投保险别、适用的条款等内容。例如，"保险由卖方按发票金额____%投保____险和____险，按1981年1月1日中国人民保险公司海洋运输货物保险条款负责"(Insurance is to be covered by Sellers for ____% of total invoice value against ____ and ____, as per Ocean Marine Cargo Clause of The People's Insurance Company of China, dated on January 1, 1981.）

2. 拟定国际运输货物保险条款应注意的问题

拟定国际运输货物保险条款应注意事项主要有五个方面：一是应确定按中国保险条款进行投保；二是应根据进出口货物的性质和特点选择不同的基本险或附加险；三是要确定投保加成率，如超过按发票金额10%的加成，要说明由此而产生的保险费由买方负担；四是应按合同或信用证规定获取保险单或保险凭证；五是保险单所采用的币种通常应与发票币种一致。

实例操作

> **业务情境**
>
> 上海商快进出口有限公司创业团队伙伴根据与日本高田商社就出口商品男式全棉长裤达成的按海洋运输货物保险进行投保，在销售确认书的正文部分中用中文和英文两种文字拟定国际运输货物保险条款。

上海商快进出口有限公司创业团队根据我国《民法典》的相关规定，参照其他进出口贸易公司的销售确认书的格式，用中文和英文两种文字拟定男式全棉长裤国际运输货物保险条款（图5-2）。

上海商快进出口有限公司
SHANGHAI SK IMPORT & EXPORT CO. LTD.
No. 1 RENMIN ROAD, SHANGHAI, CHINA

TEL: 021-65788811
FAX: 021-65788812

销售确认书
SALES CONFIRMATION

S/C NO: 2021039
DATE: OCT. 2, 2021

To Messrs:
TKAMRA TRADE CORPORATION
37 VICTORIA MACH, TOKYO, JAPAN

签字双方同意按下列条款达成协议：
The undersigned sellers and buyers have agreed to close the following transaction as per terms and conditions stipulated below:

品名与规格 Commodity and Specification	数量 Quantity	单价 Unit price	金额 Amount
MEN'S 100% COTTON TROUSERS AS PER ORDER NO. 121	12 000PCS	USD6.50 CIF TOKYO	USD78 000.00

(续图)

包装(PACKING)：每条装入一只纸盒，20条不同尺码与颜色装入一只出口纸箱/EACH PIECE IN A BOX，20 PIECES INTO AN EXPORT CARTON，WITH ASSORTED SIZES AND COLORS；纸箱长宽尺寸不能超过60CM、50CM/MAXIMUM SIZE OF EXPORT CARTONS：LENGTH 60CM WIDTH 50CM.
唛头(SHIPPING MARK)：主唛内容包括TKAMRA、销售合同号、目的港和箱数/MAIN MARK INCLUDES TKAMRA S/C NO.，PORT OF DESTINATION AND CARTON NO.；侧唛必须显示颜色、每箱件数、毛重和产地/SIDE MARK MUST SHOW THE COLOR, PIECES PER CARTON, GROSS WEIGHT AND COUNTRY OF ORIGIN.
装运地(LOADING PORT)：上海/SHANGHAI
目的地(DESTINATION)：东京/TOKYO
装运期限(TIME OF SHIPMENT)：2021年11月30日前/BEFORE NOV. 30, 2021
分批装运(PARTIAL SHIPMENT)：不允许/NOT ALLOWED
转船(TRANSHIPMENT)：不允许/NOT ALLOWED
保险(INSURANCE)：按发票金额110%投保1981年1月1日《海洋运输货物保险条款》一切险/FOR 110 PERSENT OF INVOICE VALUE COVERING ALL RISKS AS PER OCEAN MARINE CARGO CLAUSES OF THE DATED 1/1, 1981.
付款条件(TERMS OF PAYMENT)：即期信用证/L/C AT SIGHT
一般条款(GENERALl TERMS)： 　　买方须于__2021__年__10__月__10__日前开出本批交易的信用证，否则，售方有权不经过通知取消本合同书，或向买方提出索赔。The Buyer shall establish the covering Letter of Credit before Oct. 10, 2021, falling which the Seller reserves the right to rescind without further notice, or to accept whole or any part of this Sales Contractfulfilled by the Buyer, or, to lodge claim for direct losses sustained, if any. 　　凡以CIF条件成交的业务，保额为发票价的110%，投保险别以售货合同书中所开列的为限，买方如果要求增加保额或保险范围，应于装船前经卖方同意，因此而增加的保险费由买方负责。For transactions conclude on CIF basis, it is understood that the insurance amount will be for 110% of the invoice value against the risks specified in Sales Confirmation. If additional insurance amount or coverage is required, the buyer must have consent of the Seller before Shipment, and the additional premium is to be borne by the Buyer.

图5-2　销售确认书

体验活动

一、活动背景

上海三井进出口有限公司创业团队与德国KKK IMPORT CO. LTD.就达成的迷彩全棉帆布女式中裤投保的险别，在销售确认书的正文部分中拟定航空运输货物保险条款。

二、活动资料

投保金额:按发票110%投保
保险条款:航空运输货物保险
保险险别:航空运输一切险

三、活动要求

上海三井进出口有限公司创业团队根据上述信息用中文和英文拟定国际运输货物保险条款,并派代表用PPT对体验活动的情况进行汇报。

上海三井进出口有限公司
SHANGHAI SJ IMPORT & EXPORT CO. LTD.
No.1 PUDONG ROAD, SHANGHAI, CHINA

TEL:021-58343434
FAX:021-58343435

销 售 确 认 书
SALES CONFIRMATION

S/C NO:20211088
DATE:OCT.5,2018

To Messrs:
KKK IMPORT CO. LTD.
47 OSBLANCH, HAMBURG, GERMANY

签字双方同意按下列条款达成协议:
The undersigned sellers and buyers have agreed to close the following transaction as per terms and conditions stipulated below:

品名与规格 Commodity and Specification	数量 Quantity	单价 Unit price	金额 Amount
LADIES 7/8 TROUSERS AS PER ORDER NO. 121	45 500PCS	USD8.00 CIF HAMBURG	USD364 000.00

包装(PACKING):每1条混码装入一个胶袋,21个胶袋入一只出口纸箱/PLEASE PUT 1 PC INTO ONE POLYBAG, 21 POLYBAGS INTO ONE EXPORT CARTON.

唛头(SHIPPING MARK):主唛内容包括 KKK、销售合同号、目的港和箱数/MAIN MARK INCLUDES KKK S/C NO., PORT OF DESTINATION AND CARTON NO.

装运地(LOADING PORT):上海/SHANGHAI
目的地(DESTINATION):汉堡/HAMBURG
装运期限(TIME OF SHIPMENT):2021年11月30日前/BEFORE NOV.30, 2021
保险(INSURANCE):

付款条件(TERMS OF PAYMENT):装运前电汇支付/BY T/T IN ADVANCE SHIPMENT
一般条款(GENERAL TERMS):

团队活动评价表

测评内容	评判标准/分值	总分	团队自评（50%）	教师评价（50%）
实践活动情况	投保加成率与文字表达/正确/20 分	20		
	投保加成率与文字表达/错 1 个/扣 10 分			
	投保加成率与文字表达/不填/0 分			
	保险条款/表述正确/20 分	20		
	保险条款/表述不完整/扣 10 分			
	保险条款/不填/0 分			
	投保险别/表述正确/20 分	20		
	投保险别/表述不完整/扣 10 分			
	投保险别/不填/0 分			
PPT 汇报情况	PPT 设计制作/好/10 分	10		
	PPT 设计制作/一般/5 分			
	PPT 设计制作/较差/2 分			
	语言表达/好/10 分	10		
	语言表达/一般/5 分			
	语言表达/较差/2 分			
合作完成质量	达到目标/好/10 分	10		
	达到目标/一般/5 分			
	达到目标/较差/2 分			
团队协作精神	协作精神/好/10 分	10		
	协作精神/一般/5 分			
	协作精神/较差/2 分			
	计分			

综合能力训练

一、单选题

1. 运送急需物品、鲜活商品和节令性商品通常选择（　　）。
   A. 班机货物运输　　　　　　　　B. 包机货物运输
   C. 集中托运　　　　　　　　　　D. 航空急件运送

2. 急需药品、医疗器械、贵重物品、图纸资料、货样及单证等通常选择（　　）。
   A. 班机货物运输　　　　　　　　B. 包机货物运输
   C. 集中托运　　　　　　　　　　D. 航空急件运送

3. 办理国际运输货物保险后遭遇承保责任范围内的损失,保险公司给予( )。
   A. 相应补偿　　B. 精神补偿　　C. 经济补偿　　D. 物质补偿
4. 装运港船上交货的英语译文是( )。
   A. Cost and Freight　　　　　　　B. Free on Board
   C. Cost，Insurance and Freight　　D. Insurance and Freigh
5. 现行实施的《海洋运输货物保险条款》修订时间为( )。
   A. 1980 年 1 月 1 日　　　　　　　B. 1981 年 1 月 1 日
   C. 1982 年 1 月 1 日　　　　　　　D. 1983 年 1 月 1 日
6. 以下各项不属于意外事故的现象是( )。
   A. 搁浅、沉没　　B. 触礁、互撞　　C. 失火、爆炸　　D. 雷电、海啸
7. 以下不属于一般外来风险的现象是( )。
   A. 偷窃、短量　　　　　　　　　　B. 雨淋、渗漏、受潮
   C. 罢工、战争　　　　　　　　　　D. 锈损、钩损
8. ( )是指被保险货物在运输途中完全损毁和灭失。
   A. 推定全损　　B. 认定全损　　C. 实际全损　　D. 鉴定全损
9. 以下各项不属于一般附加险的范围是( )。
   A. 战争险、罢工险　　　　　　　　B. 偷窃提货不着险
   C. 淡水雨淋险、渗漏险　　　　　　D. 碰损破碎险、包装破裂险、锈损险
10. 以下各项不属于特别附加险的范围是( )。
    A. 舱面货物险　　　　　　　　　　B. 提货不着险
    C. 交货不到险　　　　　　　　　　D. 进口关税险
11. 具有陆运运输货物保险基本险性质的是( ),它是指卖方在指定时间与地点将货物交给买方指定的承运人并需支付货物自启运地至目的地的运费和保险费。
    A. 陆运险　　　　　　　　　　　　B. 陆运一切险
    C. 陆上运输冷藏货物险　　　　　　D. 陆上运输货物罢工险
12. 在 CIF 和 CFR 的条件下,海运费付款的方式是( )。
    A. 预付　　　　　　　　　　　　　B. 到付
    C. 预付或到付　　　　　　　　　　D. 以上都不正确
13. 在( )贸易术语的条件下,海运费的付款方式是到付。
    A. FOB　　B. CIF　　C. CFR　　D. CIP
14. 保险金额是按 CIF 发票总值( )的金额填写。
    A. 110%　　B. 100%　　C. 90%　　D. 120%

二、多选题

1. 海洋货物运输方式有( )。
   A. 航空运输　　B. 公路运输　　C. 班轮运输　　D. 租船运输
2. 航空货物运输方式有( )。
   A. 班机货物运输　　　　　　　　　B. 包机货物运输
   C. 集中托运　　　　　　　　　　　D. 航空急件运送

3. 航空急件运送方式有( )。
A. 机场到机场	B. 门到门
C. 专人随机送货	D. 机场到门

4. 我国对外贸易铁路运输的运营方式有( )。
A. 集装箱铁路货运	B. 国际铁路货物联运
C. 对港澳地区的铁路运输	D. 班车铁路货运

5. 国际货物运输条款通常包括( )。
A. 装运时间	B. 装运港(地)与目的港(地)
C. 分批装运与转运	D. 装运通知

6. 中国保险条款分为( )。
A. 海洋运输货物保险条款	B. 陆运运输货物保险条款
C. 航空运输货物保险条款	D. 邮包运输货物保险条款

7. 海上风险包括( )。
A. 自然灾害	B. 意外事故
C. 一般外来风险	D. 特殊外来风险

8. 保险人承保的损失根据其损失程度可分为( )。
A. 实际全损	B. 推定全损	C. 全部损失	D. 部分损失

9. 部分损失是指被保险货物没有达到全损程度的损失,按其性质可分为( )。
A. 实际海损	B. 共同海损	C. 单独海损	D. 推定海损

10. 海洋运输保险基本险别包括( )。
A. 平安险	B. 水渍险	C. 一切险	D. 附加险

11. 航空运输货物保险基本险包括( )。
A. 航空运输险	B. 航空运输一切险
C. 航空运输货物战争险	D. 航空运输货物罢工险

12. 陆上运输货物保险基本险包括( )。
A. 陆运险	B. 陆运一切险
C. 陆上运输冷藏货物险	D. 陆上运输货物罢工险

13. 国际运输货物保险条款通常包括( )等内容。
A. 投保金额	B. 投保险别	C. 保险费	D. 保险单证

三、判断题

1. 保险人承保的损失是指被保险货物在海洋运输中因海上风险所造成的损坏或灭失,不包括海陆连接的陆上的损坏或灭失。( )
2. 国际多式联运必须是两种不同以上的运输方式。( )
3. 全部损失是指在运输中的整批货物的灭失。( )
4. 单独海损是指除共同海损以外的部分损失。( )
5. 保险公司对被保险货物遭遇保险责任范围内的损失及因营救而支出的施救费用和救助费用给予理赔。( )
6. 基本险可单独投保。( )

7. 附加险不能单独投保。   (   )
8. 投保航空运输险的基础上可加保航空运输货物罢工险。   (   )
9. 投保水渍险的基础上可加平安险。   (   )
10. 投保航空运输一切险的基础上可加保航空运输险。   (   )
11. 投保邮包一切险的基础上可加保邮包战争险。   (   )
12. 投保邮包一切险的基础上可加保邮包险。   (   )
13. 保险公司赔偿被保险邮包的金额以保险金额为限。   (   )

四、简答题

1. 简述保险除外责任的范围。
2. 拟定国际运输货物保险条款应注意的问题。

项目六　拟定检验、不可抗力和仲裁条款

 学习目标

- 了解出入境商品法定检验检疫与鉴定的范围
- 熟悉不可抗力事件的认定、处理方法和性质
- 明确商品检验检疫证书的种类及主要作用
- 掌握商品检验检疫、不可抗力和仲裁条款的基本内容及要求
- 具备拟定商品检验检疫条款、不可抗力条款、仲裁条款的基本能力

 学习情境

国际贸易合同除了品质、数量、包装、价格、支付、货物运输和货物运输保险条款,还有商品检验检疫、不可抗力和仲裁条款。进出口商品能否避免因自然灾害与意外事故导致货损的责任,能否顺利地按贸易合同规定时间交货履约,能否有效解决双方对交货的品质、数量、包装等方面的争议,这些都与签订商品检验条款、不可抗力条款和仲裁条款密切相关。

项目六主要介绍了商品检验检疫机构职责、检验检疫时间与地点,不可抗力的认定与处理,仲裁机构与程序,以及商品检验检疫、不可抗力和仲裁条款的内容、方法和要求等方面的知识,并以实例予以展示。

任务一　拟定商品检验检疫条款

 学习指南

一、出入境商品检验检疫

1. 出入境商品检验检疫机构

出入境商品检验检疫机构有三种类型:一是政府设立的检验检疫机构,如美国食品药物管理局(FDA)、我国的国家出入境检验检疫局;二是民间检验检疫机构,如英国利

物浦棉花协会、日本海事鉴定会、瑞士通用公证行等；三是生产企业或贸易部门的检验检疫机构。

2. 出入境商品检验检疫机构的职责

根据我国《出入境商品检验检疫法》的规定，出入境检验检疫机构职责有以下三个方面。

1）实施法定检验

实施法定检验的出入境商品范围主要有六个方面：一是列入《出入境检验检疫机构实施检验检疫的进出境商品目录》的进出口商品的检验；二是出口食品的卫生检验；三是出口危险货物包装容器的性能鉴定和使用鉴定；四是装运出口易腐烂变质食品、冷冻品的船舱、集装箱等运载工具的适载检验；五是有关国际条约规定须经商检机构检验的出入境商品的检验；六是其他法律、行政法规规定须经商检机构检验的进出口商品的检验。

2）办理公证鉴定业务

进出口商品鉴定业务是指根据国际贸易当事人的申请或外国检验检疫机构的委托，以第三者公证人的身份对进出口商品或运载技术条件等进行检验鉴定，签发鉴定证书，作为有关各方当事人维护其利益的有效法律文件的鉴定业务。进出口商品鉴定业务主要包括进出口商品的质量、数量、重量和包装鉴定，以及集装箱货物鉴定等。

3）实施监督管理

监督管理是指海关依据国家的法律与行政法规，运用行政管理手段对进出口商品的收货人、发货人，生产、经营、储运单位，以及海关总署指定认可的检验检疫机构和认可的检验检疫人员的检验检疫工作实施监督管理，以保证进出口商品的检验检疫质量，进而维护国家的经济利益和信誉。

3. 检验检疫时间与地点

1）出口国装船前检验检疫

出口国装船前检验检疫是指属地海关在出口货物装运前进行检验检疫，合格后出具检验检疫证书并作为有效的凭证，进口商无复验权。

2）进口国卸货后检验检疫

进口国卸货后检验检疫是指属地海关对卸货后的进口货物进行检验检疫，合格后出具检验检疫证书并作为有效凭证，如果检验检疫证书证明货物与合同规定不符合，则出口商应承担相应责任。

3）出口国装运前检验检疫与进口国卸货后复验

出口国装运前检验检疫与进口国卸货后复验是指货物通过装运前的检验检疫后获得的检验检疫证书，作为卖方向银行议付货款的一种凭证，而进口商仍有权对进口商品进行复验和提出索赔。

4. 商品检验检疫证书

商品检验检疫证书是指海关对进出口货物进行检验检疫或鉴定后出具的证明检验结果的书面文件。其主要有以下10种：

（1）品质检验证书，是对进出口商品的质量、规格、等级进行检验合格后出具的书面证明。

(2) 重量检验证书,是对进出口商品的重量进行鉴定后出具的书面证明。

(3) 数量检验证书,是对进出口商品的数量进行鉴定后出具的书面证明。

(4) 兽医检验证书,是证明动物产品在出口前经过兽医检验并符合检疫要求而出具的书面证书。

(5) 卫生健康检验证书,是对进出口食用的动物产品、食品经卫生检验检疫合格后出具的书面证书。

(6) 熏蒸/消毒检验证书,是对出口木质包装或动物产品及食品经过高温或消毒处理后出具的书面证书。

(7) 产地检验证书,是证明出口商品原产地的证书。

(8) 价值检验证书,是证明出口商品价值或发货人提供的发票上的价值完全相符的证书。

(9) 残损检验证书,是证明进口商品残损情况,估计残损贬值程度,判断致损原因,供索赔时使用的证书。

(10) 温度检验证书,是证明出口冷冻商品温度的证书。

> **议题一**
> 某进出口公司向外商出口货物一批,在装运前经口岸出境地检验检疫机构检验合格,并出具品质和数量检验检疫证书。货到目的地后,进口商通过复验发现货物数量短缺,凭当地检验检疫机构出具的短缺证明向我方提出索赔。请分析:我方是否能予以拒绝,为什么?

二、商品检验检疫条款的拟定

1. 商品检验检疫条款的主要内容

商品检验检疫条款主要是对检验检疫机构、检验检疫时间、检验检疫地点、检验检疫证书及索赔时效作出的具体规定。

2. 拟定商品检验检疫条款应注意的问题

拟定商品检验检疫条款应关注三个方面:一是根据需求明确出具的检验检疫证书的正本与副本份数;二是复验地点一般为目的地,机器设备可在目的地;三是复验时间不宜过长,通常视商品性质而言,一般为出口货物到达目的地后的30天至180天。

实例操作

> **业 务 情 境**
> 上海商快进出口有限公司创业团队伙伴根据与日本高田商社达成的男式全棉长裤的检验检疫机构、检验检疫时间、检验检疫地点和复验期限,在销售确认书的正文部分中用中文和英文两种文字拟定商品检验检疫条款。

上海商快进出口有限公司创业团队根据我国《民法典》的相关规定,参照其他进出口贸易公司的销售确认书的格式,用中文和英文两种文字拟定男式全棉长裤检验检疫条款(图6-1)。

上海商快进出口有限公司
SHANGHAI SK IMPORT & EXPORT CO. LTD.
No.1 RENMIN ROAD, SHANGHAI, CHINA

TEL：021-65788811
FAX：021-65788812

销售确认书
SALES CONFIRMATION

S/C NO：2021039
DATE：OCT. 2, 2021

To Messrs：
TKAMRA TRADE CORPORATION
37 VICTORIA MACH, TOKYO, JAPAN

签字双方同意按下列条款达成协议：
The undersigned sellers and buyers have agreed to close the following transaction as per terms and conditions stipulated below：

品名与规格 Commodity and Specification	数量 Quantity	单价 Unit price	金额 Amount
MEN'S 100% COTTON TROUSERS AS PER ORDER NO. 121	12 000PCS	USD6.50 CIF TOKYO	USD78 000.00

包装(PACKING)：每条装入一只纸盒,20条不同尺码与颜色装入一只出口纸箱/EACH PIECE IN A BOX, 20 PIECES INTO AN EXPORT CARTON, WITH ASSORTED SIZES AND COLORS；纸箱长宽尺寸不能超过60CM、50CM/MAXIMUM SIZE OF EXPORT CARTONS：LENGTH 60CM WIDTH 50CM。

唛头(SHIPPING MARK)：主唛内容包括 TKAMRA、销售合同号、目的港和箱数/MAIN MARK INCLUDES TKAMRA S/C NO., PORT OF DESTINATION AND CARTON NO.；侧唛必须显示颜色、每箱件数、毛重和产地/SIDE MARK MUST SHOW THE COLOR, PIECES PER CARTON, GROSS WEIGHT AND COUNTRY OF ORIGIN。

装运地(LOADING PORT)：上海/SHANGHAI
目的地(DESTINATION)：东京/TOKYO
装运期限(TIME OF SHIPMENT)：2021年11月30日前/BEFORE NOV. 30, 2021
分批装运(PARTIAL SHIPMENT)：不允许/NOT ALLOWED
转船(TRANSSHIPMEN)：不允许/NOT ALLOWED
保险(INSURANCE)：按发票金额110%投保1981年1月1日《海洋运输货物保险条款》一切险/FOR 110 PERSENT OF INVOICE VALUE COVERING ALL RISKS AS PER OCEAN MARINE CARGO CLAUSES OF THE DATED 1/1, 1981.
付款条件(TERMS OF PAYMENT)：即期信用证/L/C AT SIGHT
一般条款(GENERAL TERMS)：
　　买方须于___2021__年__10__月__10__日前开出本批交易的信用证,否则,售方有权不经过通知取消本合同书,或向买方提出索赔。The Buyer shall establish the covering Letter of Credit beforeOct. 10, 2021, falling which the Seller reserves the right to rescind without further notice, or to accept whole or any part of this Sales Contractfulfilled by the Buyer, or, to lodge claim for direct losses sustained, if any.

(续图)

> 凡以 CIF 条件成交的业务，保额为发票价的 110%，投保险别以售货合同书中所开列的为限，买方如果要求增加保额或保险范围，应于装船前经卖方同意，因此而增加的保险费由买方负责。For transactions conclude on CIF basis, it is understood that the insurance amount will be for 110% of the invoice value against the risks specified in Sales Confirmation. If additional insurance amount or coverage is required, the buyer must have consent of the Seller before Shipment, and the additional premium is to be borne by the Buyer.
>
> 由装运地中国出入境检验检疫局签发的质量检验检疫证书作为信用证项下议付所提交的单据的一部分，买方有权对货物的质量进行复验，复验费由买方负担。但若发现质量与合同规定不符时，买方有权向卖方索赔，并提供经卖方同意的公证机构出具的检验检疫报告。索赔期限为货物到达目的港后 60 天内。It's mutually agreed that the Custom issued by the China Exit and Entry Inspection and Quarantine Bureau at the port of shipment shall be part of the documents to be presented for negotiation under the relevant L/C. The buyers shall have the right to reinspect the quality of the cargo. The reinspection fee shall be borne by the Buyers. Should the quality be found not in conformity with of the contract, the Buyers are entitled to lodge with the Sellers a claim which should be supported by survey reports issued by a recognized surveyor approved by the Sellers. The claim, if any, shall be lodged within 60 days after arrival of the goods at the port of destination.

图 6-1　销售确认书

 **体验活动**

一、活动背景

上海三井进出口有限公司创业团队根据与德国 KKK IMPORT CO. LTD. 达成的迷彩全棉帆布女式中裤的检验检疫机构、检验检疫时间、检验检疫地点和复验期限，在销售确认书的正文部分中拟定商品检验检疫条款。

二、活动资料

检验检疫机构：装运港口岸海关

检验检疫时间：出口货物装运前

检验检疫地点：装运地

检验检疫证书：质量检验证书

复验权与费用：进口商有复验权并承担复验费

商品索赔期限：货物到达目的港后 60 天内

三、活动要求

上海三井进出口有限公司创业团队根据上述信息用中文和英文拟定商品检验检疫条款，并派代表用 PPT 对体验活动的情况进行汇报。

上海三井进出口有限公司
SHANGHAI SJ IMPORT & EXPORT CO. LTD.
No. 1 PUDONG ROAD, SHANGHAI, CHINA

TEL：021-58343434

销售确认书

S/C NO：20211088

FAX：021-58343435

SALES CONFIRMATION

DATE：OCT. 5, 2021

To Messrs：
KKK IMPORT CO. LTD.
47 OSBLANCH, HAMBURG, GERMANY

签字双方同意按下列条款达成协议：
The undersigned sellers and buyers have agreed to close the following transaction as per terms and conditions stipulated below：

品名与规格 Commodity and Specification	数量 Quantity	单价 Unit price	金额 Amount
LADIES 7/8 TROUSERS AS PER ORDER NO. 121	45 500PCS	USD8.00 CIF HAMBURG	USD364 000.00

包装(PACKING)：每1条混码装入一个胶袋，21个胶袋入一只出口纸箱/PLEASE PUT 1 PC INTO ONE POLYBAG, 21 POLYBAGS INTO ONE EXPORT CARTON.

唛头(SHIPPING MARK)：主唛内容包括 KKK、销售合同号、目的港和箱数/MAIN MARK INCLUDES KKK S/C NO., PORT OF DESTINATION AND CARTON NO.

装运地(LOADING PORT)：上海机场/SHANGHAI AIRPORT

目的地(DESTINATION)：汉堡机场/HAMBURG AIRPORT

装运期限(TIME OF SHIPMENT)：2021年11月30日前/BEFORE NOV. 30, 2021

保险(INSURANCE)：卖方按发票金额110%投保1981年1月1日中国保险《航空运输货物保险条款》航空运输一切险/TO BE COVERED BY THE SELLERS FOR 110% OF THE INVOICE VALUE AGAINST AIR TRANSPORTATION ALL RISKS AS PER AIR TRANSPORTATION CARGO INSURANCE CLAUSE OF THE P. I. C. C. DATED ON 1/1, 1981.

付款条件(TERMS OF PAYMENT)：即期信用证/L/C AT SIGHT

一般条款(GENERAL TERMS)：

买方须于__2021__年__10__月__12__日前开出本批交易的信用证，否则，售方有权不经过通知取消本合同书，或向买方提出索赔。The Buyer shall establish the covering Letter of Credit before Oct. 12, 2021, falling which the Seller reserves the right to rescind without further notice, or to accept whole or any part of this Sales Contractfulfilled by the Buyer, or, to lodge claim for direct losses sustained, if any.

凡以 CIF 条件成交的业务，保额为发票价的110%，投保险别以售货合同书中所开列的为限，买方如果要求增加保额或保险范围，应于装船前经卖方同意，因此而增加的保险费由买方负责。For transactions conclude on CIF basis, it is understood that the insurance amount will be for 110% of the invoice value against the risks specified in Sales Confirmation. If additional insurance amount or coverage is required, the buyer must have consent of the Seller before Shipment, and the additional premium is to be borne by the Buyer.

团队活动评价表

测评内容	评判标准/分值	总分	团队自评（50%）	教师评价（50%）
实践活动情况	检验检疫机构与证书名称/正确/20 分	20		
	检验检疫机构与证书名称/错 1 个/扣 10 分			
	检验检疫机构与证书名称/不填/0 分			
	检验检疫时间与地点/正确/20 分	20		
	检验检疫时间与地点/错 1 个/扣 10 分			
	检验检疫时间与地点/不填/0 分			
实践活动情况	复验权、费用、索赔期/正确/20 分	20		
	复验权、费用、索赔期/错 1 个/扣 10 分			
	复验权、费用、索赔期/不填/0 分			
PPT 汇报情况	PPT 设计制作/好/10 分	10		
	PPT 设计制作/一般/5 分			
	PPT 设计制作/较差/2 分			
	语言表达/好/10 分	10		
	语言表达/一般/5 分			
	语言表达/较差/2 分			
合作完成质量	达到目标/好/10 分	10		
	达到目标/一般/5 分			
	达到目标/较差/2 分			
团队协作精神	协作精神/好/10 分	10		
	协作精神/一般/5 分			
	协作精神/较差/2 分			
计分				

任务二　拟定不可抗力条款

 学习指南

一、不可抗力的认定

1. 不可抗力的含义

不可抗力（force majeure）又称人力不可抗拒，是指当事人在合同签订后，发生无法预见、避免和控制的事件,致使合同当事人不能履行或不能全部履行合同的客观情况。

2. 不可抗力条款的含义

不可抗力条款是指在合同中说明如当事人一方因不可抗力事件而不能履行合同的全部或部分义务的,免除其责任,另一方当事人不得对此要求损害赔偿。

3. 不可抗力的原因

引起不可抗力事件的原因主要有两种情况:一是自然原因引起的,如洪水、火灾、暴风雨、大雪、地震等自然灾害;二是社会原因引起的,如战争、罢工、政府禁令等社会异常事件。值得注意的是,并非所有的自然原因和社会原因引起的事件都属于不可抗力。

4. 构成不可抗力事件的条件

构成不可抗力事件的主要依据表现为三个方面:一是事件是在签订合同后发生的;二是事件的发生不是由于任何一方当事人的故意或过失所造成的;三是事件的发生及其造成的结果是当事人不能预见、不能避免和不能克服的。

5. 不可抗力事件的处理

1) 变更合同

变更合同是指对原确立的合同条款进行部分变更,使遭受不可抗力事件的当事人免除履行部分合同责任,或延期履行合同责任。

2) 解除合同

解除合同是指当事人在发生不可抗力事件后使合同不再可能履行时,可以解除合同,不承担责任。

在国际贸易合同履行的过程中,如果发生了不可抗力事件致使合同无法得到全部或部分履行,有关当事人可依据法律或合同的规定免除其相应的责任,即解除合同或变更合同。但发生不可抗力的一方必须采取合理的措施,减轻给对方造成的损失,及时通知对方,提出处理意见,并向对方提供不可抗力的证明。在我国出具该证明的机构,一般是中国国际贸易促进委员会;在国外则由当地的商会或登记注册的公证行出具。

在不可抗力事件发生后,接到关于不可抗力事件的通知或证明文件的一方,无论同意与否,都必须立即予以答复,否则按有些国家的法律规定,将被视作默认。

> **议题二**
>
> 某进出口企业与外商签订一份家具销售合同,成交数量为1 000套,交货期限为当年9月30日前。由于夏季雷电多,我方在8月1日厂房遭到电击引起火灾,部分车间及设备损坏严重,延误了生产。对此,我方以不可抗力事件免责为由,要求解除国际贸易合同。请分析:我方提出的要求是否合理,为什么?

二、合同不可抗力条款的拟定

1. 不可抗力条款的主要内容

不可抗力条款是指对不可抗力事件的范围、处理方法、通知期限、通知方式、出具证明的机构等内容作出明确规定。

2. 拟定不可抗力条款应注意的问题

拟定不可抗力条款应注意三个方面：一是在订立合同时，明确不可抗力的认定条件，避免因理解不同而产生争议；二是明确规定不可抗力事件的通知，由中国国际经济贸易仲裁委员会出具；三是明确规定遭受不可抗力事件一方享有免责的权利。

实例操作

业务情境

上海商快进出口有限公司创业团队伙伴根据与日本高田商社达成的男式全棉长裤不可抗力事件的认定、处理方法、通知期限、证明出具机构等内容，在销售确认书的正文部分用中文和英文两种文字拟定不可抗力条款。

上海商快进出口有限公司创业团队根据我国《民法典》的相关规定，参照其他进出口贸易公司的销售确认书的格式，用中文和英文两种文字拟定不可抗力条款（图6-2）。

上海商快进出口有限公司
SHANGHAI SK IMPORT & EXPORT CO. LTD.
No.1 RENMIN ROAD, SHANGHAI, CHINA

TEL：021-65788811
FAX：021-65788812

销售确认书
SALES CONFIRMATION

S/C NO：2021039
DATE：OCT.2,2021

To Messrs：
TKAMRA TRADE CORPORATION
37 VICTORIA MACH, TOKYO, JAPAN

签字双方同意按下列条款达成协议：
The undersigned sellers and buyers have agreed to close the following transaction as per terms and conditions stipulated below：

品名与规格 Commodity and Specification	数量 Quantity	单价 Unit price	金额 Amount
MEN'S 100% COTTON TROUSERS AS PER ORDER NO.121	12 000PCS	USD6.50 CIF TOKYO	USD78 000.00

包装（PACKING）：每条装入一只纸盒，20条不同尺码与颜色装入一只出口纸箱/EACH PIECE IN A BOX, 20 PIECES INTO AN EXPORT CARTON, WITH ASSORTED SIZES AND COLORS；纸箱长宽尺寸不能超过60CM、50CM/MAXIMUM SIZE OF EXPORT CARTONS：LENGTH 60CM WIDTH 50CM。

唛头（SHIPPING MARK）：主唛内容包括 TKAMRA、销售合同号、目的港和箱数/MAIN MARK INCLUDES TKAMRA S/C NO., PORT OF DESTINATION AND CARTON NO.；侧唛必须显示颜色、每箱件数、毛重和产地/SIDE MARK

(续图)

> MUST SHOW THE COLOR, PIECES PER CARTON, GROSS WEIGHT AND COUNTRY OF ORIGIN.
>
> 装运地(LOADING PORT):上海/SHANGHAI
>
> 目的地(DESTINATION):东京/TOKYO
>
> 装运期限(TIME OF SHIPMENT):2021年11月30日前/BEFORE NOV. 30, 2021
>
> 分批装运(PARTIAL SHIPMENT):不允许/NOT ALLOWED
>
> 转船(TRANSHIPMENT):不允许/NOT ALLOWED
>
> 保险(INSURANCE):按发票金额110%投保1981年1月1日海洋货物运输保险条款一切险/FOR 110 PERSENT OF INVOICE VALUE COVERING ALL RISKS AS PER OCEAN MARINE CARGO CLAUSES OF THE DATED 1/1, 1981.
>
> 付款条件(TERMS OF PAYMENT):即期信用证/L/C AT SIGHT
>
> 一般条款(GENERAL TERMS):
>
>   买方须于__2021__年__10__月__10__日前开出本批交易的信用证,否则,售方有权不经过通知取消本合同书,或向买方提出索赔。The Buyer shall establish the covering Letter of Credit before Oct. 10, 2021, falling which the Seller reserves the right to rescind without further notice, or to accept whole or any part of this Sales Contractfulfilled by the Buyer, or, to lodge claim for direct losses sustained, if any.
>
>   凡以CIF条件成交的业务,保额为发票价的110%,投保险别以售货合同书中所开列的为限,买方如果要求增加保额或保险范围,应于装船前经卖方同意,因此而增加的保险费由买方负责。For transactions conclude on CIF basis, it is understood that the insurance amount will be for 110% of the invoice value against the risks specified in Sales Confirmation. If additional insurance amount or coverage is required, the buyer must have consent of the Seller before Shipment, and the additional premium is to be borne by the Buyer.
>
>   由装运地中国出入境检验检疫局签发的质量检验检疫证书作为信用证项下议付所提交的单据的一部分,买方有权对货物的质量进行复验,复验费由买方负担。但若发现质量与合同规定不符时,买方有权向卖方索赔,并提供经卖方同意的公证机构出具的检验报告。索赔期限为货物到达目的港后60天内。It's mutually agreed that the Custom issued by the China Exit and Entry Inspection and Quarantine Bureau at the port of shipment shall be part of the documents to be presented for negotiation under the relevant L/C. The buyers shall have the right to reinspect the quality of the cargo. The reinspection fee shall be borne by the Buyers. Should the quality be found not in conformity with of the contract, the Buyers are entitled to lodge with the Sellers a claim which should be supported by survey reports issued by a recognized surveyor approved by the Sellers. The claim, if any, shall be lodged within 60 days after arrival of the goods at the port of destination.
>
>   如由于战争、地震或其他不可抗力的原因致使卖方对本合同项下的货物不能装运或迟延装运,卖方对此不负任何责任。但卖方应立即通知买方并出具由中国国际贸易促进委员会出具的证明书,以证明该不可抗力事件的发生。If the shipment of the contracted goods is prevented or delayed in whole or in part by reason of war, earthquake or other causes of Force Majeure, the Seller shall not be liable. However, the Seller shall notify the Buyer a certificate issued by the China Council for the Promotion of International Trade attesting such event or events.

图 6-2 销售确认书

 ## 体验活动

一、活动背景

上海三井进出口有限公司创业团队根据与德国 KKK IMPORT CO. LTD. 达成的不可抗力条件、不可抗力性质、通知方式与时间、出证机构，在销售确认书的正文部分中拟定不可抗力条款。

二、活动资料

不可抗力条件：战争、地震或其他不可抗力的原因
不可抗力性质：卖方对此不负任何责任
通知方式与时间：航空挂号函件/3 天内
出证机构名称：中国国际贸易促进委员会

三、活动要求

上海三井进出口有限公司创业团队根据上述信息用中文和英文拟定不可抗力条款，并派代表用PPT对体验活动的情况进行汇报。

上海三井进出口有限公司
SHANGHAI SJ IMPORT & EXPORT CO. LTD.
No. 1 PUDONG ROAD, SHANGHAI, CHINA

TEL：021-58343434
FAX：021-58343435

销售确认书
SALES CONFIRMATION

S/C NO：20211088
DATE：OCT. 5, 2021

To Messrs：
KKK IMPORT CO. LTD.
47 OSBLANCH, HAMBURG, GERMANY

签字双方同意按下列条款达成协议：
The undersigned sellers and buyers have agreed to close the following transaction as per terms and conditions stipulated below：

品名与规格 Commodity and Specification	数量 Quantity	单价 Unit price	金额 Amount
LADIES 7/8 TROUSERS AS PER ORDER NO. 121	45 500PCS	USD8.00 CIF HAMBURG	USD364 000.00

包装(PACKING)：每1条混码装入一个胶袋，21个胶袋装入一只出口纸箱/PLEASE PUT 1 PC INTO ONE POLYBAG, 21 POLYBAGS INTO ONE EXPORT CARTON.

唛头(SHIPPING MARK)：主唛内容包括 KKK、销售合同号、目的港和箱数/MAIN MARK INCLUDES KKK S/C NO., PORT OF DESTINATION AND CARTON NO.

装运地(LOADING PORT)：上海机场/SHANGHAI AIRPORT

（续表）

目的地(DESTINATION)：汉堡机场/HAMBURG AIRPORT
装运期限(TIME OF SHIPMENT)：2021年11月30日前/BEFORE NOV. 30, 2021
保险(INSURANCE)：卖方按发票金额110%投保1981年1月1日中国保险《航空运输货物保险条款》航空运输一切险/TO BE COVERED BY THE SELLERS FOR 110% OF THE INVOICE VALUE AGAINST AIR TRANSPORTATION ALL RISKS AS PER AIR TRANSPORTATION CARGO INSURANCE CLAUSE OF THE P. I. C. C. DATED ON 1/1, 1981.
付款条件(TERMS OF PAYMENT)：即期信用证/L/C AT SIGHT
一般条款(GENERAL TERMS)：

  买方须于__2021__年__10__月__12__日前开出本批交易的信用证，否则，售方有权不经过通知取消本合同书，或向买方提出索赔。The Buyer shall establish the covering Letter of Credit before Oct. 12, 2021, falling which the Seller reserves the right to rescind without further notice, or to accept whole or any part of this Sales Contract fulfilled by the Buyer, or, to lodge claim for direct losses sustained, if any.

  凡以CIF条件成交的业务，保额为发票价的110%，投保险别以售货合同书中所开列的为限，买方如果要求增加保额或保险范围，应于装船前经卖方同意，因此而增加的保险费由买方负责。For transactions conclude on CIF basis, it is understood that the insurance amount will be for 110% of the invoice value against the risks specified in Sales Confirmation. If additional insurance amount or coverage is required, the buyer must have consent of the Seller before Shipment, and the additional premium is to be borne by the Buyer.

  由装运地中国出入境检验检疫局签发的质量检验检疫证书作为信用证项下议付所提交的单据的一部分，买方有权对货物的质量进行复验，复验费由买方负担。但若发现质量与合同规定不符时，买方有权向卖方索赔，并提供经卖方同意的公证机构出具的检验报告。索赔期限为货物到达目的港后60天内。It's mutually agreed that the Custom issued by the China Exit and Entry Inspection and Quarantine Bureau at the port of shipment shall be part of the documents to be presented for negotiation under the relevant L/C. The buyers shall have the right to reinspect the quality of the cargo. The reinspection fee shall be borne by the Buyers. Should the quality be found not in conformity with of the contract, the Buyers are entitled to lodge with the Sellers a claim which should be supported by survey reports issued by a recognized surveyor approved by the Sellers. The claim, if any, shall be lodged within 60 days after arrival of the goods at the port of destination.

 团队活动评价表

测评内容	评判标准/分值	总分	团队自评（50%）	教师评价（50%）
实践活动情况	不可抗力条件/正确/20分	20		
	不可抗力条件/不准确/扣10分			
	不可抗力条件/不填/0分			

(续表)

测评内容	评判标准/分值	总分	团队自评（50%）	教师评价（50%）
实践活动情况	通知方式与时间/正确/20 分	20		
	通知方式与时间/错 1 个/扣 10 分			
	通知方式与时间/不填/0 分			
	性质与通知机构/正确/20 分	20		
	性质与通知机构/错 1 个/扣 10 分			
	性质与通知机构/不填/0 分			
PPT 汇报情况	PPT 设计制作/好/10 分	10		
	PPT 设计制作/一般/5 分			
	PPT 设计制作/较差/2 分			
	语言表达/好/10 分	10		
	语言表达/一般/5 分			
	语言表达/较差/2 分			
合作完成质量	达到目标/好/10 分	10		
	达到目标/一般/5 分			
	达到目标/较差/2 分			
团队协作精神	协作精神/好/10 分	10		
	协作精神/一般/5 分			
	协作精神/较差/2 分			
计分				

任务三　拟定争议与仲裁条款

学习指南

一、争议与索赔

1. 争议的原因

争议(disputes)是指交易的一方认为对方未能部分或全部履行合同规定的责任和义务而引起的纠纷。交易中引起争议的原因，一般有三种情况：一是出口方违约，如出口方不能按时、按质、按量交货，致使进口方受损；二是进口方违约，如进口方不按合同规定日期开信用证或不开证,及不按期接货或无理拒付货款,致使出口方受损;三是进出口双方共同违约,如合同条款订立不明确,致使双方的理解产生分歧,从而引起双方都有违约行为。

2. 违约的性质

违约(breach of contract)是指交易双方中的任何一方违反合同义务的行为。我国《民法典》规定,当事人一方不履行合同义务或者履行合同义务不符合约定的,应当承担继续履行、采取补救措施或者赔偿损失等违约责任。违约的性质分为以下两种。

1) 根本性违约

根本性违约(fundamental breach)是指一方当事人违反合同,致使另一方当事人被剥夺了他根据合同规定有权期待得到的东西的违约行为。这时,受损方可宣告合同无效,并可向违约方要求损害赔偿。

2) 非根本性违约

非根本性违约(non-fundamental breach)是指违约未达到根本性违约程度的违约行为,对此受损方只能要求损害赔偿而不能解除合同。

我国《民法典》规定,合同当事人一方违约后,另一方当事人可以要求违约方承担"继续履行、采取补救措施或者赔偿损失等违约责任",也可以提出"解除合同"。其中违约方承担的违约责任可分为继续履行、补救措施、违约金、赔偿损失和定金五种形式,各类责任有各自适用的条件。

3. 索赔与理赔

1) 索赔的含义

索赔(claim)是指交易一方不履行合同义务或不完全履行合同义务,致使另一方遭受损失时,受损方向违约方提出要求给予损害赔偿的行为。

2) 理赔的含义

理赔(settlement)是指违约方对受损方所提出的赔偿要求进行处理的行为。

索赔和理赔是一个问题的两个方面,对受损方而言是索赔,对违约方而言是理赔。

4. 仲裁

1) 仲裁的含义

仲裁(arbitration)是指贸易双方在发生争议之前或争议之后,签订书面协议,自愿将有关争议交给双方所同意的仲裁机构进行裁决的一种争议解决方式。该裁决是终局性的,对双方都有约束力,双方都必须遵照执行。

2) 仲裁条款的含义

仲裁条款(arbitration clause)是指争议尚未发生,交易双方在签订贸易合同时,就将可能发生的争议采取仲裁解决的内容进行规定的合同条款。

3) 仲裁的程序

仲裁程序主要有四个环节:一是仲裁申请,申请人提交双方当事人签订的仲裁协议和一方当事人的申诉书并附上事实依据和证明文件;二是仲裁员指定,我国《仲裁法》规定,仲裁庭可以由3名或1名仲裁员组成,如由3名仲裁员组成的,设首席仲裁员;三是仲裁审理,一般包括开庭、收集和审查证据或询问证人;四是仲裁裁决,仲裁庭经过审理后对争议案件作出处理,裁决是终局性的。

二、仲裁条款的拟定

1. 仲裁条款的主要内容
仲裁条款是指对仲裁地点、仲裁机构、裁决效力、仲裁费等内容作出明确规定。

2. 拟定仲裁条款应注意的问题
拟定仲裁条款应注意三个方面:一是多数国家法律规定,在哪个国家仲裁就使用哪个国家的仲裁法规,所以企业最好力争在中国仲裁;二是仲裁机构通常选择中国国际贸易促进委员会附设的中国国际经济贸易仲裁委员会;三是裁决费用一般由败诉方负担,也可由仲裁庭决定。

> **议题三**
>
> 　　某进出口公司向美商出口一批货物,国际贸易合同约定如发生争议,需提交中国国际经济贸易仲裁委员会进行仲裁。事后,进出口双方就商品的品质引起争议,美商就在当地仲裁机构进行仲裁,凭该仲裁裁决向我方提出索赔。请分析:该仲裁裁决是否有效,为什么?

实例操作

> **业务情境**
>
> 　　上海商快进出口有限公司创业团队伙伴根据与日本高田商社达成的仲裁地点、仲裁机构、裁决效力、仲裁费等内容,在销售确认书的正文部分中用中文和英文两种文字拟定仲裁条款。

上海商快进出口有限公司创业团队根据我国《民法典》的相关规定,参照其他进出口贸易公司的销售确认书的格式,用中文和英文两种文字拟定仲裁条款(图6-3)。

```
                    上海商快进出口有限公司
             SHANGHAI SK IMPORT & EXPORT CO. LTD.
                No. 1 RENMIN ROAD, SHANGHAI, CHINA
TEL: 021-65788811        销 售 确 认 书        S/C NO: 2021039
FAX: 021-65788812       SALES CONFIRMATION    DATE: OCT. 2, 2021
To Messrs:
    TKAMRA TRADE CORPORATION
    37 VICTORIA MACH, TOKYO, JAPAN
签字双方同意按下列条款达成协议:
The undersigned sellers and buyers have agreed to close the following transaction as per terms
and conditions stipulated below:
```

(续图)

品名与规格 Commodity and Specification	数量 Quantity	单价 Unit price	金额 Amount
MEN'S 100% COTTON TROUSERS AS PER ORDER NO. 121	12 000PCS	USD6.50 CIF TOKYO	USD78 000.00

包装(PACKING):每条装入一只纸盒,20条不同尺码与颜色装入一只出口纸箱/EACH PIECE IN A BOX, 20 PIECES INTO AN EXPORT CARTON, WITH ASSORTED SIZES AND COLORS;纸箱长宽尺寸不能超过60CM,50CM/MAXIMUM SIZE OF EXPORT CARTONS: LENGTH 60CM WIDTH 50CM.

唛头(SHIPPING MARK):主唛内容包括 TKAMRA、销售合同号、目的港和箱数/MAIN MARK INCLUDES TKAMRA S/C NO., PORT OF DESTINATION AND CARTON NO.;侧唛必须显示颜色、每箱件数、毛重和产地/SIDE MARK MUST SHOW THE COLOR, PIECES PER CARTON, GROSS WEIGHT AND COUNTRY OF ORIGIN.

装运地(LOADING PORT):上海/SHANGHAI

目的地(DESTINATION):东京/TOKYO

装运期限(TIME OF SHIPMENT):2021年11月30日前/BEFORE NOV. 30, 2021

分批装运(PARTIAL SHIPMENT):不允许/NOT ALLOWED

转船(TRANSSHIPMENT):不允许/NOT ALLOWED

保险(INSURANCE):按发票金额110%投保1981年1月1日海洋货物运输保险条款一切险/FOR 110 PERSENT OF INVOICE VALUE COVERING ALL RISKS AS PER OCEAN MARINE CARGO CLAUSES OF THE DATED 1/1, 1981.

付款条件(TERMS OF PAYMENT):即期信用证/L/C AT SIGHT

一般条款(GENERAL TERMS):

  买方须于__2021__年__10__月__10__日前开出本批交易的信用证,否则,售方有权不经过通知取消本合同书,或向买方提出索赔。The Buyer shall establish the covering Letter of Credit before Oct. 10, 2021, falling which the Seller reserves the right to rescind without further notice, or to accept whole or any part of this Sales Contractfulfilled by the Buyer, or, to lodge claim for direct losses sustained, if any.

  凡以 CIF 条件成交的业务,保额为发票价的110%,投保险别以售货合同书中所列列的为限,买方如果要求增加保额或保险范围,应于装船前经卖方同意,因此而增加的保险费由买方负责。For transactions conclude on CIF basis, it is understood that the insurance amount will be for 110% of the invoice value against the risks specified in Sales Confirmation. If additional insurance amount or coverage is required, the buyer must have consent of the Seller before Shipment, and the additional premium is to be borne by the Buyer.

  由装运地中国出入境检验检疫局签发的质量检验检疫证书作为信用证项下议付所提交的单据的一部分,买方有权对货物的质量进行复验,复验费由买方负担。但若发现质量与合同规定不符时,买方有权向卖方索赔,并提供经卖方同意的公证机构出具的检验报告。索赔期限为货物到达目的港后60天内。It's mutually agreed that the Custom issued by the China Exit and Entry Inspection and Quarantine Bureau at the port of shipment shall be part of the documents to be presented for negotiation under the relevant L/C. The buyers shall have the right to reinspect the

(续图)

> quality of the cargo. The reinspection fee shall be borne by the Buyers. Should the quality be found not in conformity with of the contract, the Buyers are entitled to lodge with the Sellers a claim which should be supported by survey reports issued by a recognized surveyor approved by the Sellers. The claim, if any, shall be lodged within 60 days after arrival of the goods at the port of destination.
>
> 如由于战争、地震或其他不可抗力的原因致使卖方对本合同项下的货物不能装运或迟延装运,卖方对此不负任何责任。但卖方应立即通知买方并出具由中国国际贸易促进委员会出具的证明书,以证明该不可抗力事件的发生。If the shipment of the contracted goods is prevented or delayed in whole or in part by reason of war, earthquake or other causes of Force Majeure, the Seller shall not be liable. However, the Seller shall notify the Buyer a certificate issued by the China Council for the Promotion of International Trade attesting such event or events.
>
> 凡因执行本合同所发生的或与本合同有关的一切争议,双方应通过友好协商解决;如果协商不能解决,应提交上海中国国际经济贸易仲裁委员会,根据该会的仲裁规则进行仲裁。仲裁裁决是终局的,对双方都有约束力。仲裁费用除仲裁庭另有规定外,均由败诉方负担。All disputes in connection with this contract or arising from the execution of there, shall be amicably settled through negotiation in case no settlement can be reached between the two parties, the case under disputes shall be submitted to China International Economic and Trade Arbitration Commission, Shanghai, for arbirarion in accordance with its Rules of Arbitration. The arbitral award is final and binding upon both parties. The arbitration fee shall be borne by the losing party unless otherwise awarded by the arbitration court.

图 6-3 销售确认书

体验活动

一、活动背景

上海三井进出口有限公司创业团队根据与德国 KKK IMPORT CO. LTD. 达成的仲裁地点、仲裁机构、裁决效力和仲裁费,在销售确认书的正文部分中拟定仲裁条款。

二、活动资料

仲裁地点:中国

仲裁机构:中国国际经济贸易仲裁委员会

仲裁费用:败诉方承担

三、活动要求

上海三井进出口有限公司创业团队根据上述信息用中文和英文拟定仲裁条款,并派代表用PPT对体验活动的情况进行汇报。

上海三井进出口有限公司
SHANGHAI SJ IMPORT & EXPORT CO. LTD.
No.1 PUDONG ROAD, SHANGHAI, CHINA

TEL：021-58343434
FAX：021-58343435

销售确认书
SALES CONFIRMATION

S/C NO：20211088
DATE：OCT.5，2021

To Messrs：
KKK IMPORT CO. LTD.
47 OSBLANCH，HAMBURG，GERMANY

签字双方同意按下列条款达成协议：
The undersigned sellers and buyers have agreed to close the following transaction as per terms and conditions stipulated below：

品名与规格 Commodity and Specification	数量 Quantity	单价 Unit price	金额 Amount
LADIES 7/8 TROUSERS AS PER ORDER NO. 121	45 500PCS	USD8.00 CIF HAMBURG	USD364 000.00

包装(PACKING)：每1条混码装入一个胶袋，21个胶袋入一只出口纸箱/PLEASE PUT 1 PC INTO ONE POLYBAG, 21 POLYBAGS INTO ONE EXPORT CARTON.

唛头(SHIPPING MARK)：主唛内容包括 KKK、销售合同号、目的港和箱数/MAIN MARK INCLUDES KKK S/C NO., PORT OF DESTINATION AND CARTON NO.

装运地(LOADING PORT)：上海/SHANGHAI

目的地(DESTINATION)：汉堡/HAMBURG

装运期限(TIME OF SHIPMENT)：2021年11月30日前/BEFORE NOV.30，2021

保险(INSURANCE)：卖方按发票金额110％投保1981年1月1日中国保险《航空运输货物保险条款》航空运输一切险/TO BE COVERED BY THE SELLERS FOR 110％ OF THE INVOICE VALUE AGAINST AIR TRANSPORTATION ALL RISKS AS PER AIR TRANSPORTATION CARGO INSURANCE CLAUSE OF THE P.I.C.C. DATED ON 1/1, 1981.

付款条件(TERMS OF PAYMENT)：即期信用证/L/C AT SIGHT

一般条款(GENERAL TERMS)：

买方须于__2021__年__10__月__12__日前开出本批交易的信用证，否则，售方有权不经过通知取消本合同书，或向买方提出索赔。The Buyer shall establish the covering Letter of Credit before Oct. 12, 2021, falling which the Seller reserves the right to rescind without further notice, or to accept whole or any part of this Sales Contractfulfilled by the Buyer，or，to lodge claim for direct losses sustained，if any.

凡以 CIF 条件成交的业务，保额为发票价的110％，投保险别以售货合同书中所开列的为限，买方如果要求增加保额或保险范围，应于装船前经卖方同意，因此而增加的保险费由买方负责。For transactions conclude on CIF basis, it is understood that the insurance amount will be for 110％ of the invoice value against the risks specified in Sales Confirmation. If additional insurance amount or coverage is required, the buyer must have consent of the Seller before Shipment，and the additional premium is to be borne by the Buyer.

（续图）

　　由装运地中国出入境检验检疫局签发的质量检验检疫证书作为信用证项下议付所提交的单据的一部分，买方有权对货物的质量进行复验，复验费由买方负担。但若发现质量与合同规定不符时，买方有权向卖方索赔，并提供经卖方同意的公证机构出具的检验报告。索赔期限为货物到达目的港后60天内。It's mutually agreed that the Custom issued by the China Exit and Entry Inspection and Quarantine Bureau at the port of shipment shall be part of the documents to be presented for negotiation under the relevant L/C. The buyers shall have the right to reinspect the quality of the cargo. The reinspection fee shall be borne by the Buyers. Should the quality be found not in conformity with of the contract, the Buyers are entitled to lodge with the Sellers a claim which should be supported by survey reports issued by a recognized surveyor approved by the Sellers. The claim, if any, shall be lodged within 60 days after arrival of the goods at the port of destination.

　　如由于战争、地震或其他不可抗力的原因致使卖方对本合同项下的货物不能装运或迟延装运，卖方对此不负任何责任。但卖方应立即通知买方并出具由中国国际贸易促进委员会出具的证明书，以证明该不可抗力事件的发生。If the shipment of the contracted goods is prevented or delayed in whole or in part by reason of war, earthquake or other causes of Force Majeure, the Seller shall not be liable. However, the Seller shall notify the Buyer a certificate issued by the China Council for the Promotion of International Trade attesting such event or events.

 团队活动评价表

测评内容	评判标准/分值	总分	团队自评（50%）	教师评价（50%）
实践活动情况	仲裁地点/正确/20分	20		
	仲裁地点/不准确/扣10分			
	仲裁地点/不填/0分			
实践活动情况	仲裁机构/正确/20分	20		
	仲裁机构/不准确/扣10分			
	仲裁机构/不填/0分			
实践活动情况	仲裁费用/正确/20分	20		
	仲裁费用/不准确/扣10分			
	仲裁费用/不填/0分			

(续表)

测评内容	评判标准/分值	总分	团队自评（50%）	教师评价（50%）
PPT汇报情况	PPT设计制作/好/10分	10		
	PPT设计制作/一般/5分			
	PPT设计制作/较差/2分			
	语言表达/好/10分	10		
	语言表达/一般/5分			
	语言表达/较差/2分			
合作完成质量	达到目标/好/10分	10		
	达到目标/一般/5分			
	达到目标/较差/2分			
团队协作精神	协作精神/好/10分	10		
	协作精神/一般/5分			
	协作精神/较差/2分			
计分				

 综合能力训练

一、单选题

1. 检验检疫证书是由（　　）对进口货物进行检验检疫合格后出具的。
   A. 海关　　　　　　　　　　B. 检验检疫机构
   C. 商务部　　　　　　　　　D. 质量检验检疫局

2. （　　）是对进出口商品的质量、规格、等级进行检验合格后出具的书面证明。
   A. 品质检验证书　　　　　　B. 重量检验证书
   C. 数量检验证书　　　　　　D. 熏蒸/消毒检验证书

3. （　　）是对进出口商品的重量进行鉴定后出具的书面证明。
   A. 兽医检验证书　　　　　　B. 重量检验证书
   C. 数量检验证书　　　　　　D. 价值检验证书

4. （　　）是对出口木质包装或动物产品及食品经过高温或消毒处理后出具的书面证书。
   A. 残损检验证书　　　　　　B. 产地检验证书
   C. 价值检验证书　　　　　　D. 熏蒸/消毒检验证书

5. （　　）是指对原合同条款做部分的变更，使遭受不可抗力事件的当事人免除履行部分合同责任，或延期履行合同责任。
   A. 重新订立合同　　　　　　B. 订立补充合同

C. 变更合同　　　　　　　　　　D. 解除合同
6. 我国提供不可抗力证明的机构是（　　）。
A. 中国外贸协会　　　　　　　　B. 中国商务部
C. 中国各地法院　　　　　　　　D. 中国国际贸易促进委员会
7. （　　）是指一方违反合同致使另一方被剥夺了合同规定有权期待得到的东西。
A. 违约　　　　　　　　　　　　B. 非根本性违约
C. 根本性违约　　　　　　　　　D. 共同性违约
8. 非根本性违约的救济方法是（　　）。
A. 实物修理　　B. 实物替换　　C. 解除合同　　D. 损害赔偿
9. （　　）是指违约方对受损方所提出的赔偿要求进行处理的行为。
A. 理赔　　　　B. 索赔　　　　C. 赔偿　　　　D. 解决方法

二、多选题

1. 检验检疫时间与地点的规定方法有（　　）。
A. 出口国装船前检验检疫
B. 进口国卸货后检验检疫
C. 运输中检验检疫
D. 出口国装运前检验检疫与进口国卸货后复验
2. 商品检验检疫条款主要包括（　　）等内容。
A. 检验检疫机构　　　　　　　　B. 检验检疫时间
C. 检验检疫地点　　　　　　　　D. 检验检疫证书
3. 引起不可抗力事件原因主要有（　　）等现象。
A. 洪水、火灾　　　　　　　　　B. 暴风雨、大雪
C. 地震　　　　　　　　　　　　D. 战争、罢工
4. 构成不可抗力事件的条件有（　　）。
A. 在签订合同后发生的
B. 不是由于当事人故意或过失所造成的
C. 需要当事人共同处理的
D. 结果是当事人不能预见、避免和克服的
5. 不可抗力事件的处理方式有（　　）。
A. 重新订立合同　　　　　　　　B. 订立补充合同
C. 变更合同　　　　　　　　　　D. 解除合同
6. 不可抗力条款主要包括（　　）等内容。
A. 不可抗力事件范围
B. 不可抗力事件通知期限与方式
C. 不可抗力事件处理方法
D. 出具证明的机构
7. 在交易中引起争议的原因有（　　）。
A. 出口方违约　　　　　　　　　B. 进口方违约

C. 进出口双方都有违约　　　　　D. 第三方违约
8. 根本性违约的救济方法有（　　）。
A. 实物修理　　B. 实物替换　　C. 解除合同　　D. 损害赔偿
9. 我国《仲裁法》规定，仲裁庭可以由（　　）仲裁员组成。
A. 1名　　　　B. 2名　　　　C. 3名　　　　D. 4名
10. 仲裁条款包括（　　）等内容。
A. 仲裁地点　　B. 仲裁机构　　C. 裁决效力　　D. 仲裁费

三、判断题

1. 出入境商品检验检疫机构必须是政府设立的，这样才具有公正性。（　　）
2. 海关实施的检验检疫范围仅仅是商品。（　　）
3. 为了保障我国卫生安全，海关必须对所有进口商品实施法定检验检疫。（　　）
4. 海关可以以第三者公证人身份对进出口商品等进行检验鉴定。（　　）
5. 海关依法对进出口商品的收发货人和生产、经营、储运单位实施监督管理。（　　）
6. 不可抗力条款是指在合同中订明如当事人一方因不可抗力事件而不能履行合同义务的，免除其责任，另一方当事人不得对此要求损害赔偿。（　　）
7. 发生不可抗力事件的一方未采取合理措施给对方造成的损失，应承担相应责任。（　　）
8. 发生不可抗力事件时，必须及时通知对方。（　　）
9. 索赔是指受损方向违约方提出要求给予损害赔偿的行为。（　　）
10. 仲裁机构的裁决因当事人的异议可以再审。（　　）
11. 仲裁条款是指争议发生后签订的。（　　）
12. 由3名仲裁员组成的仲裁庭，设首席仲裁员。（　　）

四、业务流程题

填写仲裁的程序。

流程环节	业务流程描述
第一步骤	
第二步骤	
第三步骤	
第四步骤	
第五步骤	

五、简答题

1. 简述拟定商品检验检疫条款应注意的问题。
2. 简述拟定不可抗力条款应注意的问题。
3. 简述拟定仲裁条款应注意的问题。

模块三
贸易合同的签订与履行

项目七　签订出口贸易合同与信用证审核

 **学习目标**

- 了解出口贸易合同的成立条件、形式及内容
- 熟悉信用证主要条款的基本内容
- 明确信用证审核工作的主要作用
- 掌握信用证审核的方法、内容和要求
- 具备信用证审核的基本能力

 **学习情境**

进出口双方根据交易磋商达成一致意见拟定出口贸易合同后,要按我国《民法典》的规定订立书面合同,一式两份经进出口双方签章后生效。在信用证支付方式条件下,在出口贸易合同签订后,按合同规定的开证时间通过自己公司的开户银行开出信用证。出口商收到通知行发出的信用证通知书后领取信用证正本,并依据出口贸易合同进行审证,核准无误后进行备货和发货。

项目七介绍了出口贸易合同的形式与成立条件、电开信用证格式与内容、审核信用证内容与要求等方面的主要知识与技能,并以实例予以展示。

任务一　签订出口贸易合同

 学习指南

一、出口贸易合同成立的条件

根据我国《民法典》的规定,合同是否具有法律效力,还要视其是否具备了一定的条

件,不具备法律效力的合同是不受法律保护的。一项有法律效力的合同必须同时具备下列五个条件。

1. 当事人必须具有订立合同的行为能力

合同双方当事人必须具有法律行为的能力,没有法律行为能力的人或限制法律行为能力的人,都被视为没有签订合同能力的人,其所订立的合同视情况予以撤销或宣布无效。

2. 当事人必须在自愿和真实的基础上达成协议

我国《民法典》明确规定,当事人依法享有自愿订立合同的权利,任何单位和个人不得非法干预。违背自愿和真实原则所达成的出口贸易合同在法律上是无效的。

3. 合同必须有对价

对价是指当事人为了取得合同利益所付出的代价,如买方得到卖方提供的货物须支付货款,而卖方取得买方支付的货款必须交货,买方支付和卖方交货就是买卖合同的对价。没有对价的合同在法律上是无效的。

4. 合同标的必须合法

合同标的是指合同当事人双方权利和义务共同指向的对象,如货物、劳务、工程项目等。我国《民法典》规定,当事人订立、履行合同,应当遵守法律、行政法规,尊重社会公德,不得扰乱社会经济秩序,损害社会公共利益。凡是违反法律、公共秩序或公共政策,以及违反善良风俗或道德的合同,不具有法律的效力。

5. 合同必须符合法律规定的形式

我国《民法典》规定,当事人订立合同,有书面形式、口头形式和其他形式,但法律、行政法规规定采用书面形式的,应当采用书面形式。当事人约定采用书面形式的,应当采用书面形式。违反法律规定的合同形式,不具有法律的效力。

二、出口贸易合同的生效

通常,已生效合同就等同于宣告合同成立,这是多数国家合同法的规定。但是有两种特定情况例外:一是在交易磋商时,买卖双方曾声明合同的成立以双方签订合同书之日起,在这种情况下,即使双方已对交易条件全部达成一致意见,合同生效的日期仍然是签章的日期;二是国家法律法规规定的,必须经政府部门审核批准的合同,批准之日是其生效时间。

实例操作

业 务 情 境

上海商快进出口有限公司王祥经理与创业团队伙伴,根据与日本高田商社达成的男式全棉长裤各项交易条件,用中文和英文两种文字拟定销售确认书一式两份,签章后扫描发送至日本高田商社。日本高田商社社长将收到的文件打印出来进行审核并签章,然后扫描发送给上海商快进出口有限公司。进出口双方各持一份销售确认书,并作为合同履行的依据。

上海商快进出口有限公司王祥经理与创业团队伙伴依据我国《民法典》的相关规定,根据与日本高田商社达成的男式全棉长裤交易条件,参照其他进出口贸易公司的销售确认书的格式,用中文和英文两种文字拟定销售确认书(图7-1)。

上海商快进出口有限公司
SHANGHAI SK IMPORT & EXPORT CO. LTD.
No.1 RENMIN ROAD, SHANGHAI, CHINA

TEL: 021-65788811
FAX: 021-65788812

销售确认书
SALES CONFIRMATION

S/C NO: 2021039
DATE: OCT. 2, 2021

To Messrs:
TKAMRA TRADE CORPORATION
37 VICTORIA MACH, TOKYO, JAPAN

签字双方同意按下列条款达成协议:
The undersigned sellers and buyers have agreed to close the following transaction as per terms and conditions stipulated below:

品名与规格 Commodity and Specification	数量 Quantity	单价 Unit price	金额 Amount
MEN'S 100% COTTON TROUSERS AS PER ORDER NO. 121	12 000PCS	USD6.50 CIF TOKYO	USD78 000.00

包装(PACKING):每条装入一只纸盒,20条不同尺码与颜色装入一只出口纸箱/EACH PIECE IN A BOX, 20 PIECES INTO AN EXPORT CARTON, WITH ASSORTED SIZES AND COLORS;纸箱长宽尺寸不能超过60CM、50CM/MAXIMUM SIZE OF EXPORT CARTONS: LENGTH 60CM WIDTH 50CM.

唛头(SHIPPING MARK):主唛内容包括TKAMRA、销售合同号、目的港和箱数/MAIN MARK INCLUDES TKAMRA S/C NO., PORT OF DESTINATION AND CARTON NO.;侧唛必须显示颜色、每箱件数、毛重和产地/SIDE MARK MUST SHOW THE COLOR, PIECES PER CARTON, GROSS WEIGHT AND COUNTRY OF ORIGIN.

装运地(LOADING PORT):上海/SHANGHAI
目的地(DESTINATION):东京/TOKYO
装运期限(TIME OF SHIPMENT):2021年11月30日前/BEFORE NOV.30, 2021
分批装运(PARTIAL SHIPMENT):不允许/NOT ALLOWED
转船(TRANSSHIPMENT):不允许/NOT ALLOWED
保险(INSURANCE):卖方按发票金额110%投保1981年1月1日中国保险《海洋运输货物保险条款》一切险/TO BE COVERED BY THE SELLERS FOR 110% OF THE INVOICE VALUE AGAINST ALL RISKS AS PER OCEAN MARINE CARGO INSURANCE CLAUSE OF THE P.I.C.C. DATED ON 1/1, 1981.
付款条件(TERMS OF PAYMENT):即期信用证/L/C AT SIGHT
一般条款(GENERAL TERMS):
买方须于___2021___年___10___月___10___日前开出本批交易的信用证,否则,售方有权不经过通

(续图)

知取消本合同书，或向买方提出索赔。The Buyer shall establish the covering Letter of Credit before Oct. 10, 2021, falling which the Seller reserves the right to rescind without further notice, or to accept whole or any part of this Sales Contractfulfilled by the Buyer, or, to lodge claim for direct losses sustained, if any.

凡以 CIF 条件成交的业务，保额为发票价的 110%，投保险别以售货合同书中所开列的为限，买方如果要求增加保额或保险范围，应于装船前经卖方同意，因此而增加的保险费由买方负责。For transactions conclude on CIF basis, it is understood that the insurance amount will be for 110% of the invoice value against the risks specified in Sales Confirmation. If additional insurance amount or coverage is required, the buyer must have consent of the Seller before Shipment, and the additional premium is to be borne by the Buyer.

由装运地中国出入境检验检疫局签发的质量检验检疫证书作为信用证项下议付所提交的单据的一部分，买方有权对货物的质量进行复验，复验费由买方负担。但若发现质量与合同规定不符时，买方有权向卖方索赔，并提供经卖方同意的公证机构出具的检验报告。索赔期限为货物到达目的港后 60 天内。

It's mutually agreed that the Custom issued by the China Exit and Entry Inspection and Quarantine Bureau at the port of shipment shall be part of the documents to be presented for negotiation under the relevant L/C. The buyers shall have the right to reinspect the quality of the cargo. The reinspection fee shall be borne by the Buyers. Should the quality be found not in conformity with of the contract, the Buyers are entitled to lodge with the Sellers a claim which should be supported by survey reports issued by a recognized surveyor approved by the Sellers. The claim, if any, shall be lodged within 60 days after arrival of the goods at the port of destination.

如由于战争、地震或其他不可抗力的原因致使卖方对本合同项下的货物不能装运或迟延装运，卖方对此不负任何责任。但卖方应立即通知买方并出具由中国国际贸易促进委员会出具的证明书，以证明该不可抗力事件的发生。If the shipment of the contracted goods is prevented or delayed in whole or in part by reason of war, earthquake or other causes of Force Majeure, the Seller shall not be liable. However, the Seller shall notify the Buyer a certificate issued by the China Council for the Promotion of International Trade attesting such event or events.

凡因执行本合同所发生的或与本合同有关的一切争议，双方应通过友好协商解决；如果协商不能解决，应提交上海中国国际经济贸易仲裁委员会，根据该会的仲裁规则进行仲裁。仲裁裁决是终局的，对双方都有约束力。仲裁费用除仲裁庭另有规定外，均由败诉方负担。All disputes in connection with this contract or arising from the execution of there shall be amicably settled through negotiation in case no settlement can be reached between the two parties, the case under disputes shall be submitted to China International Economic and Trade Arbitration Commission, Shanghai, for arbirarion in accordance with its Rules of Arbitration. The arbitral award is final and binding upon both parties. The arbitration fee shall be borne by the losing party unless otherwise awarded by the arbitration court.

买方在开给卖方的信用证上请填注本合同书号码。The Buyer is requested always to quote THE NUMBER OF THIS SALES CONTRACT in the Letter of Credit to be opened in favour of the Seller

买方收到本售货合同书后请立即签回一份，如买方对本合同书有异议，应于收到后 5 天内提出，否则认为买方已同意接受本合同书所规定的各项条款。The buyer is requested to sign and return one copy of the Sales Contract immediately after the receipt of same, Objection, if any, should

(续图)

be raised by the Buyer within 5 days after the receipt of this Sales Contract, in the absence of which it is understood that the Buyer has accepted the terms and condition of the sales Contract.

买方： 日本高田商社合用专用章 卖方： 上海商快进出口有限公司 合同专用章

THE BUYER： 高田　　　　　　THE SELLER： 王祥

图 7-1　销售确认书

体验活动

一、活动背景

上海三井进出口有限公司创业团队根据与德国 KKK IMPORT CO. LTD. 就迷彩全棉帆布女式中裤进行磋商所达成的各项交易条件拟定销售确认书一式两份，签章后扫描发送至进口商。KKK IMPORT CO. LTD. 将收到的文件打印出来进行审核签章，然后扫描发送给上海三井进出口有限公司，作为合同履行的依据。

二、活动资料

进口商名称/地址：KKK IMPORT CO. LTD. /47 OSBLANCH，HAMBURG，GERMANY

销售合同号：20211088

签约日期：2021 年 10 月 5 日

商品品名：女式中裤/LADIES 7/8 TROUSERS

商品款式：按样品号 211151

商品面料：全棉帆布

商品颜色：迷彩

商品尺码：36 码、38 码、40 码、42 码、44 码

商品数量：45 000 条

商品包装：每条混码装入一个胶袋，21 个胶袋装入一只出口纸箱

唛　头：收货人简称（KKK）、销售合同号、目的港和箱数

商品单价：每条 8 美元 CIF 汉堡

支付方式：100％保兑不可撤销即期信用证

开证日期：进口商须于 2021 年 10 月 12 日前开出本批交易的信用证

装运地：上海浦东机场

目的地：蒙特利尔机场

装运期限:2021年11月20日前装运
投保金额:按发票110%投保
保险条款:航空运输货物保险
保险险别:航空运输一切险
检验检疫机构:装运地口岸检验检疫机构
检验检疫时间:出口货物装运前
检验检疫地点:装运地
检验检疫证书:质量检验证书
复验权与费用:进口商有复验权并承担复验费
商品索赔期限:货物到达目的港后60天内
不可抗力条件:战争、地震或其他不可抗力的原因
不可抗力性质:卖方对此不负任何责任
通知方式与时间:航空挂号函件/3天内
出证机构名称:中国国际贸易促进委员会
仲裁地点:中国
仲裁机构:中国国际经济贸易仲裁委员会
仲裁费用:败诉方承担

三、活动要求

上海三井进出口有限公司创业团队根据上述信息用中文和英语拟定销售确认书,并派代表用PPT对体验活动的情况进行汇报。

上海三井进出口有限公司
SHANGHAI SJ IMPORT & EXPORT CO. LTD.
No.1 PUDONG ROAD, SHANGHAI, CHINA

TEL:021-58343434
FAX:021-58343435

销售确认书
SALES CONFIRMATION

S/C NO:
DATE:

To Messrs:
　　KKK IMPORT CO. LTD.
　　47 OSBLANCH, HAMBURG, GERMANY

签字双方同意按下列条款达成协议:
The undersigned sellers and buyers have agreed to close the following transaction as per terms and conditions stipulated below:

品名与规格 Commodity and Specification	数量 Quantity	单价 Unit price	金额 Amount

包装(PACKING):
唛头(SHIPPING MARK):
装运地(LOADING PORT):

(续图)

目的地(DESTINATION)：
装运期限(TIME OF SHIPMENT)：
保险(INSURANCE)：
付款条件(TERMS OF PAYMENT)：
一般条款(GENERAL TERMS)：

买方须于＿＿＿年＿＿月＿＿日前开出本批交易的信用证，否则，售方有权不经过通知取消 GENERALl TERMS;本合同书，或向买方提出索赔。The Buyer shall establish the covering Letter of Credit before ＿＿＿＿＿, falling which the Seller reserves the right to rescind without further notice, or to accept whole or any part of this Sales Contractfulfilled by the Buyer, or, to lodge claim for direct losses sustained, if any.

凡以 CIF 条件成交的业务，保额为发票价的 110％，投保险别以售货合同书中所开列的为限，买方如果要求增加保额或保险范围，应于装船前经卖方同意，因此而增加的保险费由买方负责。For transactions conclude on CIF basis, it is understood that the insurance amount will be for 110％ of the invoice value against the risks specified in Sales Confirmation. If additional insurance amount or coverage is required, the buyer must have consent of the Seller before Shipment, and the additional premium is to be borne by the Buyer.

由装运地中国出入境检验检疫局签发的质量检验检疫证书作为信用证项下议付所提交的单据的一部分，买方有权对货物的质量进行复验，复验费由买方负担。但若发现质量与合同规定不符时，买方有权向卖方索赔，并提供经卖方同意的公证机构出具的检验报告。索赔期限为货物到达目的港后 60 天内。It's mutually agreed that the Custom issued by the China Exit and Entry Inspection and Quarantine Bureau at the port of shipment shall be part of the documents to be presented for negotiation under the relevant L/C. The buyers shall have the right to reinspect the quality of the cargo. The reinspection fee shall be borne by the Buyers. Should the quality be found not in conformity with of the contract, the Buyers are entitled to lodge with the Sellers a claim which should be supported by survey reports issued by a recognized surveyor approved by the Sellers. The claim, if any, shall be lodged within 60 days after arrival of the goods at the port of destination.

如由于战争、地震或其他不可抗力的原因致使卖方对本合同项下的货物不能装运或迟延装运，卖方对此不负任何责任。但卖方应立即通知买方并出具由中国国际贸易促进委员会出具的证明书，以证明该不可抗力事件的发生。If the shipment of the contracted goods is prevented or delayed in whole or in part by reason of war, earthquake or other causes of Force Majeure, the Seller shall not be liable. However, the Seller shall notify the Buyer a certificate issued by the China Council for the Promotion of International Trade attesting such event or events.

凡因执行本合同所发生的或与本合同有关的一切争议，双方应通过友好协商解决；如果协商不能解决，应提交上海中国国际经济贸易仲裁委员会，根据该会的仲裁规则进行仲裁。仲裁裁决是终局的，对双方都有约束力。仲裁费用除仲裁庭另有规定外，均由败诉方负担。All disputes in connection with this contract or arising from the execution of there, shall be amicably settled through negotiation in case no settlement can be reached between the two parties, the case under disputes shall be submitted to China International Economic and Trade Arbitration Commission, Shanghai, for arbirarion in accordance with its Rules of Arbitration. The arbitral award is final and binding upon both parties. The arbitration fee shall be borne by the losing party unless otherwise awarded by the arbitration court.

买方在开给卖方的信用证上请填注本合同书号码。The Buyer is requested always to quote THE NUMBER OF THIS SALES CONTRACT in the Letter of Credit to be opened in favour of the Seller.

买方收到本售货合同书后请立即签回一份,如买方对本合同书有异议,应于收到后5天内提出,否则认为买方已同意接受本合同书所规定的各项条款。The buyer is requested to sign and return one copy of the Sales Contract immediately after the receipt of same, Objection, if any, should be raised by the Buyer within 5 days after the receipt of this Sales Contract, in the absence of which it is understood that the Buyer has accepted the terms and condition of the sales Contract.

买方:　　　　　　　　　　　　　　　　卖方:
THE BUYER:　　　　　　　　　　　　　THE SELLER:

 团队活动评价表

测评内容	评判标准/分值	总分	团队自评（50%）	教师评价（50%）
实践活动情况	销售确认书约首/准确/10分	10		
	销售确认书约首/错1处/扣5分			
	销售确认书约首/不填/0分			
	销售确认书正文/准确/45分	45		
	销售确认书正文/错1处/扣5分			
	销售确认书正文/不填/0分			
	销售确认书约尾/准确/5分	5		
	销售确认书约尾/错1处/扣2分			
	销售确认书约尾/不填/0分			
PPT汇报情况	PPT设计制作/好/10分	10		
	PPT设计制作/一般/5分			
	PPT设计制作/较差/2分			
	语言表达/好/10分	10		
	语言表达/一般/5分			
	语言表达/较差/2分			
合作完成质量	达到目标/好/10分	10		
	达到目标/一般/5分			
	达到目标/较差/2分			
团队协作精神	协作精神/好/10分	10		
	协作精神/一般/5分			
	协作精神/较差/2分			
	计分			

任务二　审核信用证

学习指南

一、审核信用证业务的程序

1. 领取信用证

在信用证支付方式条件下,通知行收到来自开证行开出的信用证后,审查该银行资信能力、付款责任和索汇路线,并鉴别信用证的真伪,核准无误后在信用证正本上加盖"证实书"戳印,然后向出口商寄送《信用证通知书》。出口商收到《信用证通知书》后,携带公司证明、个人身份证明、《信用证通知书》等指定材料到通知行领取信用证。通知行柜台业务人员核对领证人的各种信息后,交付信用证。

2. 审核信用证

出口商根据销售合同书或销售确认书的内容,结合国际贸易惯例、《UCP600》和进口国有关法律的规定,逐项审核信用证的相关信息和各项条款的内容。如果出口商发现信用证有错误信息或不可接受的内容,应向进口商提出修改信用证的要求。进口商对改证内容确认无误后向开证行申请改证,由开证行出具修改信用证通知书。修改信用证通知书构成信用证的一部分,可作为议付结算的依据。

二、审核信用证的主要内容

1. 商品名称、品质、数量、包装

信用证就商品名称、品质、数量、包装的规定须与合同一致,如发现与合同规定不符,我方又不能接受的,应要求买方改证。

2. 受益人、开证申请人的名称和地址

信用证中的受益人和开证申请人的名称和地址应与合同的有关内容一致。

3. 金额、货币

信用证金额与货币应与合同金额一致,如合同订有溢短装条款,信用证金额也应有相应的增减。

4. 运输条款

审核信用证规定的装运港、目的港、装运期、分批装运和转运是否与合同的规定相符。

5. 单据条款

对信用证中所要求提供的单据种类、填写内容、文字说明、文件份数、填写方法等都要认真审核,凡是信用证要求的单据与我国政策相抵触或根本办不到的,应及时与对方联系修改。

6. 信用证装运期、有效期、到期地点

信用证装运期必须与合同规定的时间相一致。如因来证太晚或发生意外情况而不能按时装运，应及时电请买方展延装运期限；如信用证仅规定有效期而未规定装运期时，信用证的有效期可视为装运期或有效期与装运期是同一个时期，这需依据我方装运情况来决定是否修改，通常信用证的有效期与装运期都有一定合理时间的间隔，以便装运货物后有充足的时间办理制单、结汇工作。到期地点一般都要求在我国境内，如规定在国外到期地点，则不好把握寄单的时间。

实例操作

业务情境

日本高田商社根据销售确认书的开证时间，在2021年10月10日前通过FUJI BANK开出信用证。中国银行上海分行收到信用证后进行审核，核准无误向上海商快进出口有限公司发出信用证通知书。王祥经理携带公司证明、个人身份证明前往通知行领取信用证正本并组织创业团队一起根据销售确认书审核信用证的相关信息和内容。

一、上海商快进出口有限公司收到信用证通知书

上海商快进出口有限公司近日收到中国银行上海分行发出的信用证通知书（图7-2）。

BANK OF CHINA SHANGHAI BRANCH
信用证通知书
Notification of Documentary Credit

To 致: SHANGHAI SK IMPORT & EXPORT CO. LTD. No. 1 RENMIN ROAD, SHANGHAI, CHINA	WHEN CORRESPONDING PLEASE QUOTE OUR REF NO.	W556678
Issuing Bank 开证行: FUJI BANK	Transmitted to us through 转递行/转让行	
L/C No. 信用证号: XT211073	Dated 开证日期: 20211009	Amount 金额: USD 78 000.00

Dear Sirs,
谨启者：
We advise you that we have received from the A/M bank a(n) Letter of Credit, contents of which are as per attached sheet(s).
兹通知贵司，我行收自上述银行信用证一份，现随附通知。

(续图)

```
This advice and the attached sheet(s) must accompany the relative documents when presented for negotiation.
贵司交单时,请将本通知书及信用证一并提示。
This advice does not convey any engagement or obligation on our part unless we have added our confirmation.
本通知书不构成我行对此信用证的任何责任和义务,但本行对本证加具保兑的除外。
If you find any terms and conditions in the L/C which you are unable to comply with and or any error(s), it is suggested that you contact applicant directly for necessary amendment(s) so as to avoid any difficulties which may arise when documents are presented.
如本信用证中有无法办到的条款及/或错误,请径与开证申请人联系,进行必要的修改,以排除交单时可能发生的问题。
THIS L/C IS ADVISE SUBJECT TO ICC UCP PUBLICATION NO. 600.
本信用证之通知系遵循国际商会跟单信用证统一惯例第 600 号出版物办理。

This L/C consists of 1 sheet(s), including the covering letter and attachment(s).
本信用证连同面函及附件共 1 纸。
Remarks:
备注:
                                                            Yours faithfully
                                                        For   BANK OF CHINA
```

图 7-2　信用证通知书

二、上海商快进出口有限公司领取信用证

上海商快进出口有限公司王祥经理携带公司证明、个人身份证明和《信用证通知书》前往中国银行上海分行领取信用证(图 7-3)。

```
                    IRREVOCABLE DOCUMENTARY CREDIT

SEQUENCE OF TOTAL            *27:1 / 1
FORM OF DOC, CREDIT          *40 A:IRREVOCABLE
DOC. CREDIT NUMBER           *20:XT211073
DATE OF ISSUE                 31C:211009
APPLICABLE RULES              40E:UCP LATEST VERSION
DATE AND PLACE OF EXPIRY     *31D:DATE 211231 AT BENEFICIARY'S COUNTER
APPLICANT                    *50:TKAMLA TRADE CORPORATION
                                  6-7, KAWARA MACH, TOKYO, JAPAN
ISSUING BANK                  52A:FUJI BANK
                                  13, SAKULA OTOLI MACHI, OSAKA, JAPAN
BENEFICIARY                  *59:SHANGHAI SK IMPORT & EXPORT CO. LTD.
                                  No. 1 RENMIN ROAD, SHANGHAI, CHINA
```

(续图)

```
AMOUNT                          *32 B:CURRENCY USD AMOUNT 78 000.00
AVAILABLE WITH / BY             *41 D:BANK OF CHINA BRANCH BY NEGOTIATION
DRAFTS AT ...                    42 C: DRAFTS AT SIGHT FOR FULL INVOICE COST
DRAWEE                           42 A:FUJI BANK
PARTIAL SHIPMENTS                43 P:ALLOWED
TRANSSHIPMENT                    43 T:NOT ALLOWED
LOADING ON BOARD                 44 A:SHANGHAI PORT
FOR TRANSPORTATION TO ...        44 B:TOKYO PORT
LATEST DATE OF SHIPMENT          44 C:211130
DESCRIPT OF GOODS                45 A:MEN'S 100% COTTON TROUSERS AS PER
                                        ORDER NO. 120. CIF TOKYO
DOCUMENTS REQUIRED               46 A:
+ SIGNED COMMERCIAL INVOICE 4 COPIES.
+ FULL SET OF B/L CLEAN ON BOARD, MADE OUT TO ORDER OF SHIPPER AND
BLANK ENDORSED AND MARKED "FREIGHT PREPAID" AND NOTIFY APPLICANT.
+ PACKING LIST 4 COPIES.
+ CERTIFICATE OF ORIGIN GSP CHINA FORM A AND EEC, ISSUED BY THE CHAMBER OF
COMMERCE OR OTHER AUTHORITY DULY ENTITLED FOR THIS PURPOSE.
+ FULL SET OF NEGOTIABLE INSURANCE POLICY OR CERTIFICATE BLANK
ENDORSED FOR 110 PERCENT OF THE INVOICE VALUE COVERING ALL RISKS
PERIOD FOR PRESENTATION    48:DOCUMENTS MUST BE PRESENTED WITHIN
                                 15 DAYS AFTER THE DATE OF SHIPMENT
```

图 7-3 信用证

三、上海商快进出口有限公司审核信用证

上海商快进出口有限公司王祥经理与创业团队一起根据销售确认书审核信用证，列出了改证的内容（表 7-1）。

表 7-1 修改信用证的内容

序号	信用证错误内容	拟改证内容
1	50: TKAMLA TRADE CORPORATION 6-7, KAWARA MACH, TOKYO JAPAN	50: TKAMLA TRADE CORPORATION 37 VICTORIA MACH, TOKYO, JAPAN
2	43 P: ALLOWED	43 P: NOT ALLOWED
3	45 A: ORDER NO. 120	45 A: ORDER NO. 121

体验活动

一、活动背景

德国 KKK IMPORT CO. LTD. 根据销售确认书的开证时间,在 2021 年 10 月 12 日前通过法兰克福银行开出信用证。中国银行上海分行收到信用证后进行审核,核准无误向上海三井进出口有限公司发出信用证通知书。财务负责人携带公司证明、个人身份证明前往通知行领取信用证正本并组织创业团队一起根据销售确认书审核信用证的相关信息和内容。

二、活动资料

1. 销售确认书

上海三井进出口有限公司
SHANGHAI SJ IMPORT & EXPORT CO. LTD.
No. 1 PUDONG ROAD, SHANGHAI, CHINA

TEL:021-58343434
FAX:021-58343435

销 售 确 认 书
SALES CONFIRMATION

S/C NO:20211088
DATE:OCT. 5,2021

To Messrs:
　　KKK IMPORT CO. LTD.
　　47 OSBLANCH,HAMBURG,GERMANY
签字双方同意按下列条款达成协议:
The undersigned sellers and buyers have agreed to close the following transaction as per terms and conditions stipulated below:

品名与规格 Commodity and Specification	数量 Quantity	单价 Unit price	金额 Amount
LADIES 7/8 TROUSERS AS PER ORDER NO. 121	45 500PCS	USD8.00 CIF HAMBURG	USD364 000.00

包装(PACKING):每 1 条混码装入一个胶袋,21 个胶袋入一只出口纸箱 PLEASE PUT 1 PC INTO ONE POLYBAG, 21 POLYBAGS INTO ONE EXPORT CARTON.
唛头(SHIPPING MARK):主唛内容包括 KKK、销售合同号、目的港和箱数/MAIN MARK INCLUDES KKK S/C NO., PORT OF DESTINATION AND CARTON NO.
装运地(LOADING PORT):上海/SHANGHAI
目的地(DESTINATION):汉堡/HAMBURG
装运期限(TIME OF SHIPMENT):2021 年 11 月 30 日前/BEFORE NOV. 30,2021
保险(INSURANCE):卖方按发票金额110%投保1981年1月1日中国保险《航空运输货物保险条款》航空运输一切险/TO BE COVERED BY THE SELLERS FOR 110% OF THE INVOICE VALUE AGAINST AIR TRANSPORTATION ALL

(续图)

RISKS AS PER AIR TRANSPORTATION CARGO INSURANCE CLAUSE OF THE P. I. C. C. DATED ON 1/1, 1981.

付款条件(TERMS OF PAYMENT):即期信用证/L/C AT SIGHT

一般条款(GENERAL TERMS):

买方须于 2021 年 10 月 12 日前开出本批交易的信用证,否则,售方有权不经过通知取消本合同书,或向买方提出索赔。The Buyer shall establish the covering Letter of Credit before Oct. 12, 2021, falling which the Seller reserves the right to rescind without further notice, or to accept whole or any part of this Sales Contractfulfilled by the Buyer, or, to lodge claim for direct losses sustained, if any.

凡以 CIF 条件成交的业务,保额为发票价的 110%,投保险别以售货合同书中所开列的为限,买方如果要求增加保额或保险范围,应于装船前经卖方同意,因此而增加的保险费由买方负责。For transactions conclude on CIF basis, it is understood that the insurance amount will be for 110% of the invoice value against the risks specified in Sales Confirmation. If additional insurance amount or coverage is required, the buyer must have consent of the Seller before Shipment, and the additional premium is to be borne by the Buyer.

由装运地中国出入境检验检疫局签发的质量检验检疫证书作为信用证项下议付所提交的单据的一部分,买方有权对货物的质量进行复验,复验费由买方负担。但若发现质量与合同规定不符时,买方有权向卖方索赔,并提供经卖方同意的公证机构出具的检验报告。索赔期限为货物到达目的港后 60 天内。It's mutually agreed that the Custom issued by the China Exit and Entry Inspection and Quarantine Bureau at the port of shipment shall be part of the documents to be presented for negotiation under the relevant L/C. The buyers shall have the right to reinspect the quality of the cargo. The reinspection fee shall be borne by the Buyers. Should the quality be found not in conformity with of the contract, the Buyers are entitled to lodge with the Sellers a claim which should be supported by survey reports issued by a recognized surveyor approved by the Sellers. The claim, if any, shall be lodged within 60 days after arrival of the goods at the port of destination.

如由于战争、地震或其他不可抗力的原因致使卖方对本合同项下的货物不能装运或迟延装运,卖方对此不负任何责任。但卖方应立即通知买方并出具由中国国际贸易促进委员会出具的证明书,以证明该不可抗力事件的发生。If the shipment of the contracted goods is prevented or delayed in whole or in part by reason of war, earthquake or other causes of Force Majeure, the Seller shall not be liable. However, the Seller shall notify the Buyer a certificate issued by the China Council for the Promotion of International Trade attesting such event or events.

凡因执行本合同所发生的或与本合同有关的一切争议,双方应通过友好协商解决;如果协商不能解决,应提交上海中国国际经济贸易仲裁委员会,根据该会的仲裁规则进行仲裁。仲裁裁决是终局的,对双方都有约束力。仲裁费用除仲裁庭另有规定外,均由败诉方负担。All disputes in connection with this contract or arising from the execution of there, shall be amicably settled through negotiation in case no settlement can be reached between the two parties, the case under disputes shall be submitted to China International Economic and Trade Arbitration. Commission. , Shanghai, for arbirarion in accordance with its Rules of Arbitration. The arbitral award is final and binding upon both parties. The arbitration fee shall be borne by the losing party unless otherwise awarded by the arbitration court.

买方在开给卖方的信用证上请填注本合同书号码。The Buyer is requested always to quote THE NUMBER OF THIS SALES CONTRACT in the Letter of Credit to be opened in favour of the Seller.

(续图)

买方收到本售货合同书后请立即签回一份,如买方对本合同书有异议,应于收到后 5 天内提出,否则认为买方已同意接受本合同书所规定的各项条款。The buyer is requested to sign and return one copy of the Sales Contract immediately after the receipt of same, Objection, if any, should be raised by the Buyer within 5 days after the receipt of this Sales Contract, in the absence of which it is understood that the Buyer has accepted the terms and condition of the sales Contract.

买方: 卖方:
THE BUYER: THE SELLER:

2. 信用证正本

IRREVOCABLE DOCUMENTARY CREDIT

SEQUENCE OF TOTAL	*27:1 / 1
FORM OF DOC, CREDIT	*40 A:IRREVOCABLE
DOC. CREDIT NUMBER	*20:XT211018
DATE OF ISSUE	31C:211012
APPLICABLE RULES	40E:UCP LATEST VERSION
DATE AND PLACE OF EXPIRY	*31D:DATE 211230 AT BENEFICIARY'S COUNTER
APPLICANT	*50:KKK IMPORT CO. LTD.
	47 OSBLANCH, HAMBURG, GERMANY
ISSUING BANK	52A:FRANKFURT BANK
	No. 165 OSBLANCH, HAMBURG GERMANY
BENEFICIARY	*59:SHANGHAI SJ IMPORT & EXPORT CO. LTD.
	No. 1 RENMIN ROAD, SHANGHAI, CHINA
AMOUNT	*32 B:CURRENCY USD AMOUNT 36 400.00
AVAILABLE WITH / BY	*41 D:BANK OF CHINA BRANCH BY NEGOTIATION
DRAFTS AT ...	42 C: DRAFTS AT SIGHT FOR FULL INVOICE COST
DRAWEE	42 A:FRANKFURT BANK
PARTIAL SHIPMENTS	43 P:ALLOWED
TRANSSHIPMENT	43 T:NOT ALLOWED
PLACE OF LOADING	44 A:SHANGHAI AIRPORT
DESTINATION	44 B:HAMBURG AIRPORT
LATEST DATE OF SHIPMENT	44 C:211130
DESCRIPT OF GOODS	45 A:LADIES 7/8 TROUSERS WITH CAMOUFLAGE
	PRINT AS PER ORDER NO. 202108. CFR TMBURG
DOCUMENTS REQUIRED	46 A:

+ SIGNED COMMERCIAL INVOICE 4 COPIES.
+ FULL SET OF AIR WAYBILL AND NOTIFY APPLICANT.
+ PACKING LIST 4 COPIES.
+ CERTIFICATE OF ORIGIN GSP CHINA FORM A AND EEC, ISSUED BY THE CHAMBER OF COMMERCE OR OTHER AUTHORITY DULY ENTITLED FOR THIS PURPOSE.

（续表）

+ FULL SET OF NEGOTIABLE INSURANCE POLICY OR CERTIFICATE BLANK ENDORSED FOR 110 PERCENT OF THE INVOICE VALUE COVERING AIR TRANSPORTATION ALL RISKS PERIOD FOR PRESENTATION 48：DOCUMENTS MUST BE PRESENTED WITHIN 15 DAYS AFTER THE DATE OF SHIPMENT

三、活动要求

上海三井进出口有限公司创业团队根据上述信息审核信用证内容，列出信用证错误和拟改证的内容，并派代表用PPT对体验活动的情况进行汇报。

序号	信用证错误内容	拟改证内容
1		
2		
3		
4		

团队活动评价表

测评内容	评判标准/分值	总分	团队自评（50%）	教师评价（50%）
实践活动情况	审核信用证/正确/60分	60		
	审核信用证/错1处/扣15分			
	审核信用证/不填/0分			
PPT汇报情况	PPT设计制作/好/10分	10		
	PPT设计制作/一般/5分			
	PPT设计制作/较差/2分			
	语言表达/好/10分	10		
	语言表达/一般/5分			
	语言表达/较差/2分			
合作完成质量	达到目标/好/10分	10		
	达到目标/一般/5分			
	达到目标/较差/2分			

(续表)

测评内容	评判标准/分值	总分	团队自评（50%）	教师评价（50%）
团队协作精神	协作精神/好/10 分	10		
	协作精神/一般/5 分			
	协作精神/较差/2 分			
计分				

 综合能力训练

一、单选题

1. 国家法律法规规定必须经政府部门审核批准的合同，其生效时间是（   ）。
   A. 批准之日起   B. 签订合同之日起
   C. 接受之日起   D. 发盘之日起

2. 信用证到期地点一般都要求在（   ）。
   A. 外国境内   B. 中国境内   C. 进口国境内   D. 第三方境内

3. 开证行同意修改信用证，出具（   ）。
   A. 信用证   B. 修改信用证通知书
   C. 信用证复印件   D. 新的信用证

4. 出口商收到通知行发出的（   ）去领取信用证。
   A. 信用证告知书   B. 通知书
   C. 银行通知书   D. 信用证通知书

二、多选题

1. 一份有法律效力的合同需要具备的条件有（   ）。
   A. 当事人必须具有订立合同行为能力
   B. 当事人须在自愿和真实的基础上达成协议
   C. 合同必须有对价
   D. 合同的标的与形式必须合法

2. 审核信用证的主要依据有（   ）等内容。
   A. 销售确认书   B. 国际贸易惯例
   C. UCP600   D. 进口国有关法律

3. 信用证的有效期可视为与（   ）同一个时期。
   A. 发货期   B. 出口期   C. 装运期   D. 有效期

4. 通知行收到来自开证行的信用证后审查其（   ）。
   A. 银行资信能力   B. 付款责任
   C. 索汇路线   D. 鉴别信用证的真伪

三、判断题

1. 国际贸易合同只要进出口双方签章，就具有法律效力。 （   ）

2. 没有对价的合同在法律上是无效的。（　）
3. 违背自愿和真实原则所达成的国际贸易合同在法律上是无效的。（　）
4. 进出口双方中只要有1位当事人不具有订立合同行为能力的,其所签订的国际贸易合同仍然无效。（　）
5. 不违反法律但违反公共秩序的合同同样具有法律效力。（　）
6. 修改信用证通知书构成信用证的一部分,可作为议付结算的依据。（　）
7. 凡是信用证要求单据与我国政策相抵触或根本办不到的,应及时改证。（　）

四、电开信用证代码识别

代码	代码名称	识别内容
*27		
*40A		
*20		
31C		
*31D		
51a		
*50		
*59		
*32B		
*41a		
42C		
42a		
43P		
44A		
44B		
44C		
44E		
45A		
46A		

五、简答题

简述审核信用证的主要内容。

项目八　出口贸易合同履行

学习目标

- 了解出口贸易合同履行的基本环节
- 熟悉出口贸易合同履行的基本内容及相关单证
- 明确出口贸易合同履行工作的基本要求
- 掌握托运单证、报关报检单证、结汇单证的缮制方法
- 具备出口贸易合同履行操作的基本技能与素养

学习情境

当出口贸易合同签订后,进出口双方有义务按照出口贸易合同的规定履行各自的义务。出口商的义务就是及时交货,按时交单,所以要进行备货,并办理出口货物托运手续、货运保险手续、出口报关报检手续,办理交单结汇手续;进口商的义务就是支付货款,接受单据,因此要根据出口贸易合同规定的开证时间及时开立信用证或汇款,并接受全套单据,在办理进口货物报关报检手续后提货。

项目八介绍了海洋货物运输与航空货物运输的托运流程、原产地证明书的申请程序、出口运输货物保险投保手续、出口货物报关报检环节等方面的主要知识与单证缮制方法,并以实例予以展示。

任务一　办理出口货物托运手续

学习指南

一、班轮货物运输托运的办理

1. 班轮运费

1) 班轮运费的构成

班轮运费是由基本运费和附加运费两部分构成的。基本运费是指货物从装运港到

卸货港所应收取的基本运费,是构成全程运费的主要部分。附加运费是对一些需要特殊处理的货物,或者由于突然事件的发生或客观情况变化等原因而需要另外加收的费用。其主要有十种类型:①超重附加费,是因货物单件重量超过一定限度而加收的费用;②超长附加费,是因单件货物长度超过一定限度而加收的费用;③直航附加费,是指货物达到一定数量可直航到非班轮停挂的港口而加收的费用;④转船附加费,是因中途转船需运至指定目的港而向货主加收的费用;⑤港口拥挤费,是因卸货港拥挤导致等待卸货需延长船期而向货主收取的费用;⑥港口附加费,是因港口装卸条件差、速度慢或港口费用高而向货主收取的费用;⑦燃料附加费,是因原油价格上涨增加船舶开支而向货主收取的费用;⑧选港附加费,是因预先指定卸货港中进行选择而向货主收取的费用;⑨变更卸货港附加费,是因变更原卸货港而向货主收取的费用;⑩绕航附加费,是因正常航道受阻需绕道航行而向货主收取的费用。

2) 基本运费的计算标准

基本运费的计算标准因各船公司费率表的不同而不同,中国远洋运输有限公司仅采用中国远洋运输集团公司第一号运价表,运费以美元计收。中国远洋运输有限公司第一号运价表基本运费的计算标准主要有七种:①按货物毛重计收运费,在运价表中用"W"表示,以1公吨、1长吨或1短吨收取费用;②按货物体积计收运费,运价表中用"M"表示,一般以1立方米或40立方英尺(合1.132 8立方米)收取费用;③按货物毛重或体积从高计收运费,运价表中用"W/M"表示,在两种计费标准中从高收费;④按商品价格计收运费,运价表中以"A. V."表示,一般按货物的FOB价格的3%～5%收取;⑤按货物重量、尺码和价格三者从高计收运费,运价表中用"W/M or A. V."表示;⑥按货物的件数计收运费,通常是按大型货物的计量单位计收;⑦临时议定运费,通常是大宗低值货物。

3) 班轮运费的计算

首先,根据货物的英文名称在运价表的货物分级表中,查出该货物应属等级和计费标准;其次,从航线费率表中查出该货物的基本费率和所经航线和港口的有关附加费率;最后,根据运费吨计算出该批货物的运费总额。

班轮运费的计算公式如下:

$$F = f \cdot (1 + \sum S) \cdot Q$$

式中:F 为总运费;f 为基本费率;S 为附加运费;$\sum S$ 为附加运费率之和;Q 为货运量。

例 某公司出口100箱洗衣粉到西非某港口城市,每箱100袋,每袋1磅,外包装纸箱尺寸为长47厘米、宽39厘米、高36厘米。计算该批货物运费为多少美元?

解:先按洗衣粉的英文名字Detergents的字母顺序从运价表中查出其属于5级货,按"M"标准计算。然后按航线查去西非航线的5级货每尺码吨基本运费为367美元,另加转船费15%、燃油费33%、港口拥挤费5%。

将数据代入公式:

$$\begin{aligned} F &= f \cdot (1 + \sum S) \cdot Q \\ &= 367 \times [1 + (15\% + 33\% + 5\%)] \times (0.47 \times 0.39 \times 0.26) \times 100 \\ &= 2\ 676.04 (美元) \end{aligned}$$

2. 班轮货物运输单据

班轮货物运输单据有海运提单和海运单两种形式，因船公司而异，有着不同的格式与内容，事先由船运公司印制。

1）海运提单

海运提单(bill of loading, B/L)简称提单，是货物的承运人或其代理人收到货物后，签发给托运人的一种证件，用以说明货物运输有关当事人之间的权利与义务(图 8-1)。

Shipper	B/L NO. PIL PACIFIC INTERNATION LINES (PTE) LTD (Incorporated in Singapore) COMBINED TRANSPORT BILL OF LADING
Consignee	Received in apparent good order and condition except as otherwise noted the total number of container or other packages or units enumerated below for transportation from the place of receipt to the place of delivery subject to the terms hereof. One of the signed Bills of Lading must be surrendered duly endorsed in exchange for the Goods or delivery order. On presentation of this document (duly) Endorsed to the Carrier by or on behalf of the Holder, the rights and liabilities arising in accordance with the terms hereof shall (without prejudice to any rule of common law or statute rendering them binding on the Merchant) become binding in all respects between the Carrier and the Holder as though the contract evidenced hereby had been made between them.
Notify Party	SEE TERMS ON ORIGINAL B/L

Vessel and Voyage Number	Port of Loading	Port of Discharge
Place of Receipt	Place of Delivery	Number of Original Bs/L

PARTICULARS AS DECLARED BY SHIPPER – CARRIER NOT RESPONSIBLE

Container Nos/Seal Nos. Marks and/Numbers	No. of Container / Packages / Description of Goods	Gross Weight (Kilos)	Measurement (cu-metres)

FREIGHT & CHARGES	Number of Containers/Packages (in words)
	Shipped on Board Date:
	Place and Date of Issue:
	In Witness Whereof this number of Original Bills of Lading stated Above all of the tenor and date one of which being accomplished the others to stand void. for PACIFIC INTERNATIONAL LINES (PIL) LTD as Carrier

图 8-1　海运提单

海运提单有三个方面的作用：一是提单是承运人或其代理人签发的货物收据，证明其已按提单所列的内容收到货物；二是提单是货物所有权的凭证，提单的合法持有人凭提单可在目的港向船运公司提取货物，也可在载货船舶到达目的港之前，通过对提单的背书转让该货物所有权，或凭以向银行办理押汇货款；三是提单是承运人与托运人之间订立的运输契约的证明，在提单背面印就的运输条款中，明确规定了承运人与托运人双方之间的权利、义务、责任和豁免，是处理承运人和托运人之间争议的法律依据。

> **知识链接**

海运提单的种类

1. 已装船提单和备运提单

已装船提单是指承运人将货物装上指定船只后签发的,并注明载货船舶名称和装货日期的提单;备运提单是指承运人收到托运货物后在待装船期间签发给托运人的,未注明装船日期和载货船名的提单。

2. 清洁提单和不清洁提单

清洁提单是指承运人在签发提单上未加任何货损、包装不良或其他有碍结汇的批注的提单;不清洁提单是指承运人在签发提单上注明货物或包装有缺陷等批注的提单。

3. 记名提单、不记名提单和指示提单

记名提单是指提单收货人栏中注明收货人的具体名称,其不能通过背书进行转让的提单;不记名提单是指提单收货栏内留空,其不需任何背书即可转让的提单;指示提单是指提单收货人栏中注明"凭指定""凭发货人指定"等字样,可通过空白背书或记名背书转让的提单。

4. 直达提单、转船提单和联运提单

直达提单是指装载出口货物船只直接驶往目的港所签发的提单;转船提单是指承运人在装运港签发的全程提单,并注明转船船名和"在某港转船"字样的提单;联运提单是指货物需要经过海运与其他运输方式联合运输才能到达目的港(地),由第一承运人签发的,可在目的港或目的地凭以提货的提单。

5. 全式提单和略式提单

全式提单是指提单背面列有承运人、托运人权利和义务的详细提单;略式提单是指背面无条款,而只列出正面内容的提单,与全式提单具有同样效力。

6. 正本提单和副本提单

正本提单是指提单上标有"正本"字样,由承运人、船长或其代理人签名盖章,并注明签发日期的提单;副本提单是指提单上没有"正本"字样,也没有承运人、船长或其代理人的签字盖章的提单。

7. 电子提单

电子提单是将纸面提单的全部内容,以电子形式进行传递的提单。

2)海运单

海运单(sea waybill, ocean waybill)是指证明海上货物运输合同和承运人接收货物或者已将货物装船的不可转让的单证(图8-2),通常印有"不可转让"的字样。海运单是承运人与托运人之间订立海上货物运输合同的证明,也是承运人接管货物或货物已装船的货物收据。

海运单的使用范围主要有五个方面:一是跨国公司的总分公司或相关的子公司之间的业务往来;二是在赊销或买方付款的情形下作为转移货物所有权的前提条件,提单已失去其使用意义,宜采用海运单;三是往来已久、充分信任、关系密切的伙伴贸易间的业务;四是无资金风险的家用的私人物品和具有商业价值的样品;五是在短途海运的情况下，往往是货物先到而提单未到，宜采用海运单。

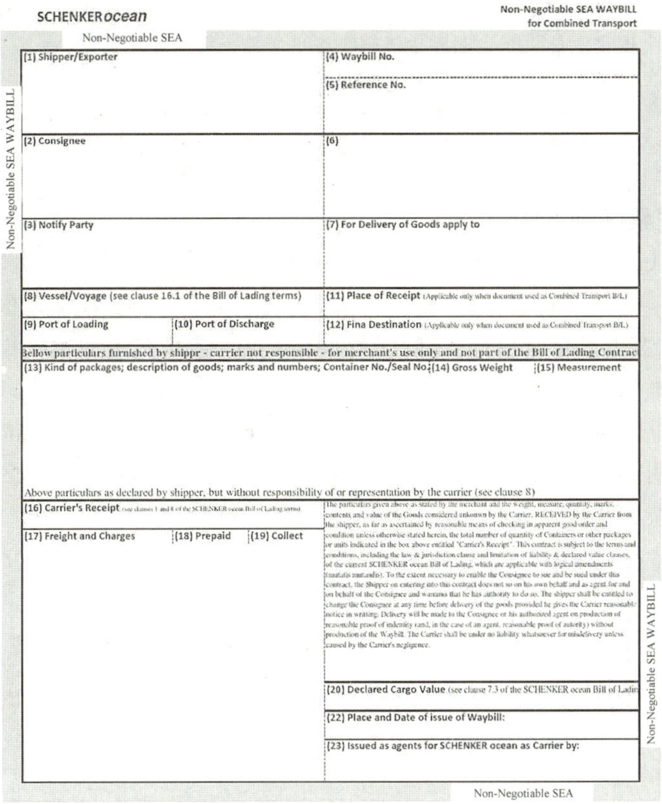

图 8-2　海运单

3. 班轮货物运输托运的办理

托运人办理班轮货物运输的托运流程（图8-3）如下。

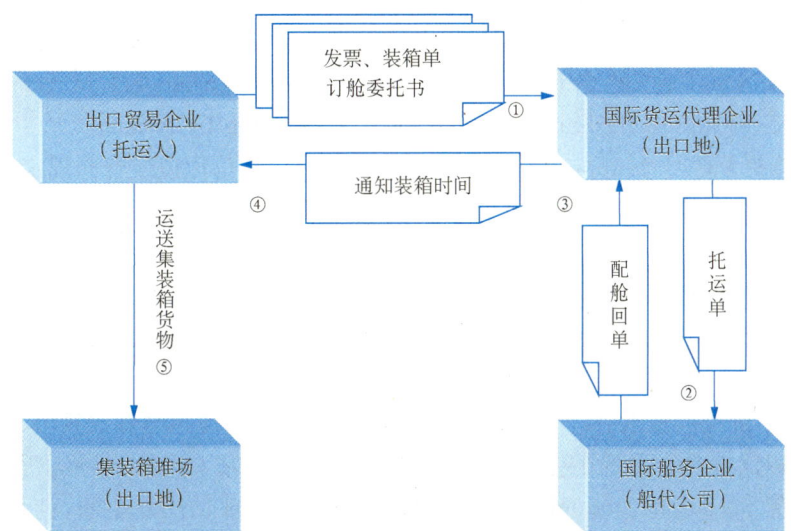

图 8-3　班轮货物运输的托运流程

流程说明：

① 出口贸易企业缮制商业发票、装箱单和订舱委托书，委托国际货运代理企业办理订舱手续。
② 国际货运代理企业接收托运业务后缮制托运单向船务公司代办订舱。
③ 国际船务企业进行舱位登记，向国际货运代理企业发送配舱回单。
④ 国际货运代理企业将订舱信息告知出口贸易企业，通知其装箱时间。
⑤ 出口贸易企业装箱将集装箱货物送到指定集装箱堆场，如为散货则送至货运站装箱。

4. 商业发票缮制方法

商业发票(Commercial Invoice)是指出口商向进口商签发的载明货物的品质、数量、包装和价格，并凭以索取货物的凭证。商业发票通常一式四联（存根联、发票联、记账联、退税联），由出口企业自行拟制，无统一格式，但必须在税务机构指定的印刷厂进行印刷。其基本内容和缮制方法如下：

(1) 出票的名称、地址与税务登记号(Exporter's Name Address and No.)：应与合同或信用证注明的相同，税务登记号还应与出口企业的税务登记证编号一致，通常事先印刷的空白发票的正上方。

(2) 发票名称(Name of Document)：应用英文粗体注明"Commercial Invoice"或"Invoice"字样。

(3) 发票代码(No.)：由税务机关提供流水号，事先印在空白发票的右上方。

(4) 发票编号、日期(No.、Date)：由出口商根据本公司的实际情况自行编制，是全套结汇单据的中心编号。

(5) 信用证编号(L/C No.)：信用证项下的发票必须填入信用证号码，其他支付方式可不填。

(6) 合同编号(Contract No.)：应与信用证的列明一致，信用证未规定合同编号，可不填。其他支付方式下，此项必需填写。

(7) 收货人(Messrs)：信用证方式下须按信用证规定的填写，一般是开证申请人，其他支付方式下通常是买方。收货人名称与地址不应同行放置，应分行表明。

(8) 航线(from ... to ...)：填写货物实际的起运港(地)、目的港(地)，如货物需经转运，应把转运港(地)的名称表示出来。例如：From Shanghai to London W/T Rotterdam. From Guangzhou to Piraeus W/T Hongkong by steamer.

(9) 唛头及件号(Shipping Mark and Number)：应按信用证或合同规定的填制，通常包括收货人简称、参考号码、目的地和货物总件数。如未作具体的规定，则缮制N/M。

(10) 货物描述(Description of Goods)：通常填写品名、品质、数量、包装等内容。信用证方式下必须与信用证的描述不相矛盾，其他支付方式应与合同规定的内容相符。

(11) 单价及价格术语(Unit Price and Trade Terms)：应填写计价货币、单位价格、计量单位和贸易术语四部分内容。例如：USD100 Per DOZ CIF London。

(12) 总值(Total Amount)：发票总额不能超过合同或信用证金额，对于佣金和折扣应按合同或信用证规定的处理。如果来证要求分别列出运费、保险费和FOB价格，必须照办。

（13）声明文句及其他内容(Declaration and Other Contents)：根据信用证的规定或特别需要在发票上注明的内容。

（14）出票人签章(Signature)：在发票的右下角打上出口公司的名称，并由经办人签名或盖章。

5. 装箱单缮制方法

装箱单(Packing List or Packing Specification)又称包装单、码单，是指用以说明货物包装细节的清单。装箱单无统一格式，各出口企业制作的装箱单大致相同。其主要内容和缮制方法主要如下：

（1）出口企业名称和地址(Exporter's Name and Address)：与发票同项内容一致，缮制方法相同。

（2）单据名称(Name of Document)：用英文粗体标出Packing List (Note)字样，或Packing Specifications或Specifications。

（3）装箱单编号(NO.)：通常填写发票号码，也可填写合同号。

（4）出单日期(Date)：通常填写发票签发日，不得早于发票日期，但可晚于发票日期一两天。

（5）唛头(Shipping Mark)：按发票唛头填写。

（6）品名和规格(Name of Commodity and Specifications)：填写商品规格和包装规格，与信用证的描述相符。例如：Packed in polythene bags of 3kgs each, and then in inner box, 20 boxes to a carton.（每3千克装一个塑料袋，每袋装一盒，20盒装一个纸箱）。

（7）数量(Quantity)：填写实际件数，如品质规格不同应分别列出，并累计其总数。

（8）单位(Unit)：填写外包装的单位，如箱、包、桶等。

（9）毛重(Gross Weight)：填写外包装每件重量，规格不同要分别列出，并累计其总量。

（10）净重(Net Weight)：填写每件货物的实际重量并计其总量。

（11）尺码(Measurement)：填写每件包装的体积，并表明总尺码。

（12）签章(Signature)：出单人签章应与商业发票相符，如果信用证规定中性包装，此栏可不填。

6. 订舱委托书缮制方法

订舱委托书无统一格式，各货运代理公司制作的内容大致相同。其主要内容的缮制方法如下：

（1）经营单位：通常填写出口商名称，并与发票同项内容一致。

（2）编号：订舱委托书编号由货运代理公司提供，并由其填写。

（3）发货人：填写实际发货人的名称。

（4）收货人：根据信用证的规定填写，其他支付方式填写进口商名称。

（5）通知人：通常填写进口商名称，并注明地址和通信号码。

（6）海洋运费：如是CIF和CIF则选择预付，如是FOB则选择到付。

(7) 毛重:填写本批货物总的毛重数量,并与装箱单毛重数量一致。
(8) 尺码:填写本批货物总的体积数,并与装箱单毛重数量一致。

二、班机货物运输托运的办理

1. 班机航空货物运费

班机航空货物运输通常使用客货混合型飞机和定期全货机航班。班机航空货物运费是指航空承运人将一票货物自始发地机场运至目的地机场所收取的运输费用,即运价×计费重量,不包括接交、仓储、制单等产生的费用。

1) 运价

运价又称费率,是指承运人对所运输的每一重量单位(KG 或 LB)的货物收取自始发地机场运至目的地机场的航空费用。班机航空货物运价有四类:一是一般货物运价,二是特种货物运价或指定商品运价,三是货物等级运价,四是集装箱货物运价。

2) 计费重量

班机航空货物计费重量有三个标准:一是按货物实际毛重计收运费,0.5 千克是最小计费单位,重量尾数不足 0.5 千克的按 0.5 千克计算,0.5 千克以上且不足 1 千克的按 1 千克来计算。二是按货物体积、重量计收运费,即每 6 000 立方厘米折合成 1 千克,由此得出 1 立方米体积的货物要按照 167 千克计算运费。三是按货物毛重或体积从高计收运费,即按货物的密度分为重货与轻货,重货是指 6 000 立方厘米重量超过 1 千克的货物,则每按毛重计收,轻货是指 6 000 立方厘米重量不足 1 千克的货物,则按体积计收。

2. 航空货运单

航空货运单(air waybill)是承运人和托运人之间签订的运输契约,也是承运人或其代理人签发的货运收据(图 8-4)。航空运单不是物权凭证,收货人提货不是凭航空运单,而是凭航空公司的提货通知单。因此,航空运单不能背书转让。

航空货运单依签发人的不同,可分为总运单(master air waybill)和分运单(house air waybill)两种形式。总运单是由航空公司签发给集中托运商(航空货运代理公司)的单据。分运单则由航空货运代理公司签发给托运人的单据,在内容上基本相同,并具有同样的法律效力。航空货运单的正面载有航线、日期、货物名称、数量、包装、价值、收货人名称与地址、发货人名称与地址、运杂费等项目,背面则印有托运人和承运人双方各自的责任、权利和义务等内容的条款。

3. 班机航空货物运输托运的办理

1) 班机航空货物运输托运流程

托运人办理班机航空货物运输托运流程(图 8-5)如下。

项目八　出口贸易合同履行

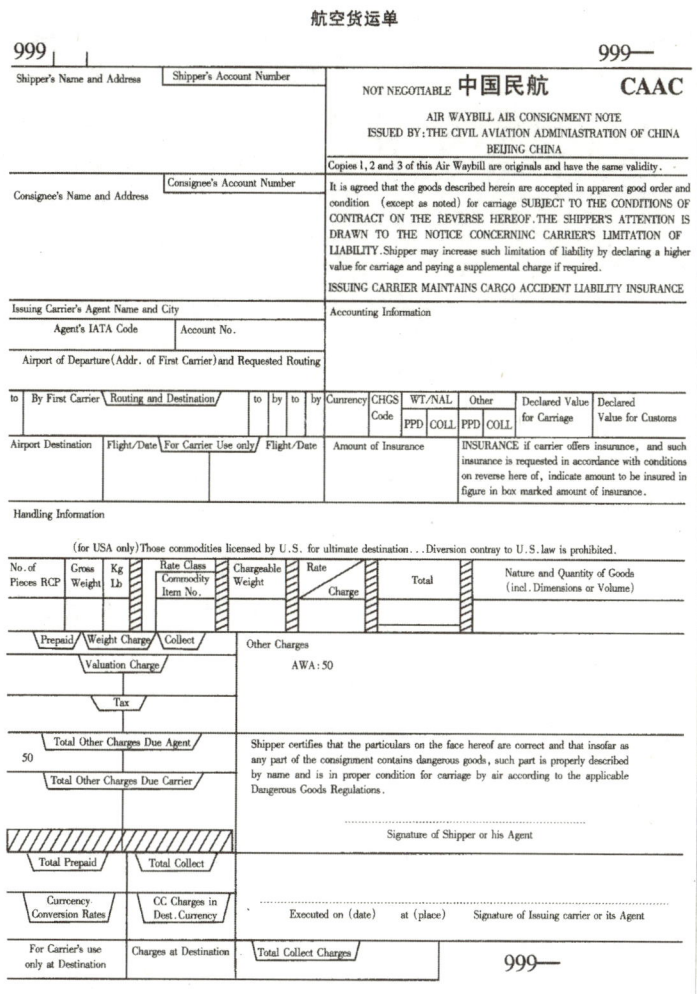

图 8-4　航空货运单

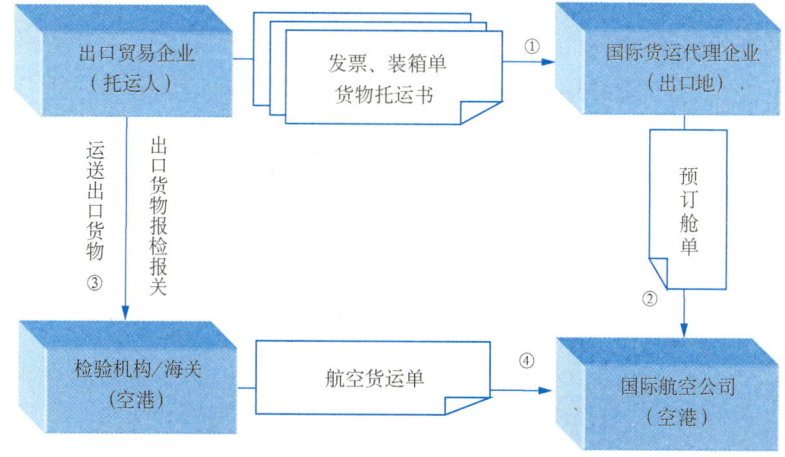

图 8-5　班机航空货物运输托运流程

流程说明：
① 托运人选择国际货运代理企业，填写货物托运书并随附发票与装箱单办理托运手续。
② 国际货运代理企业根据客户要求制定预配舱方案，为每票货物配上运单号并向国际航空公司预订舱。
③ 托运人或委托国际货运代理企业向指定空港仓库发货并办理报关报检手续。
④ 国际航空公司制作交接单，按货物托运书缮制航空货运单并凭盖有放行章的航空货运单在指定时间内装货。

2）班机航空货物运输托运单证

班机航空货物运输托运单证主要包括商业发票、装箱单、托运委托书、航空货运单等。

 实例操作

> **业务情境**
>
> 上海商快进出口有限公司王祥经理与创业团队伙伴根据销售确认书和信用证的相关规定，在装运期内完成备货，并缮制托运单据委托上海金发国际货运代理有限公司办理海洋货物运输托运手续，确保出口货物按时到达指定目的地港。男式全棉长裤装运后，上海商快进出口有限公司及时向日本高田商社发出装运通知，告知相关装运信息，做好入境报关报检等准备工作。

上海商快进出口有限公司根据销售确认书和信用证的相关规定缮制商业发票（表8-1）、装箱单（表8-2）、货物托运书（表8-3），委托上海金发国际货运代理有限公司办理班轮货物运输托运手续，确保出口货物按时到达指定目的地港。男式全棉长裤装运后，上海商快进出口有限公司及时向日本高田商社发出装运通知。

表8-1 商业发票

```
                         上海商快进出口有限公司                    出口专用
TEL：021-65788811    SHANGHAI SK IMPORT & EXPORT CO. LTD.    发票代码：3108204229
FAX：021-65788812      No.1 RENMIN ROAD, SHANGHAI, CHINA      INV NO：SK211107
                         税务登记号：310928374655                DATE：OCT.2, 2021
                           COMMERCIAL INVOICE                   S/C NO：2021039
        TO：M/S                                                  L/C NO：XT211073
        TKAMRA TRADE CORPORATION
        37 VICTORIA MACH, TOKYO, JAPAN

            FROM   SHANGHAI PORT        TO   TOKYO PORT
```

(续表)

SHIPPING MARK & NO.	DESCRIPTIONS OF GOODS	QUANTITY	U/PRICE	AMOUNT
KKK 2021039 TOKYO C/NO. 1-600	MEN'S 100% COTTON TROUSERS AS PER SAMPLE NO. 121 EACH PIECE IN A BOX, 20 PIECES INTO AN EXPORT CARTON	12 000PCS	USD6.50 CIF TOKYO	USD78 000.00
TOTAL				USD78 000.00

TOTAL AMOUNT: SAY US DOLLARS SEVENTY EIGHT THOUSAND ONLY..

WE HEREBY CERTIFY THAT THE CONTENTS OF INVOICE HEREIN ARE TRUE AND CORRECT.

SHANGHAI LIDA IMPORT & EXPORT CO. LTD.

王祥

表 8-2 装箱单

上海商快进出口有限公司
SHANGHAI SK IMPORT & EXPORT CO. LTD.
No. 1 RENMIN ROAD, SHANGHAI, CHINA

TEL: 021-65788811
FAX: 021-65788812

TO: M/S
TKAMRA TRADE CORPORATION
37 VICTORIA MACH, TOKYO, JAPAN

PACKING LIST

发票代码: 1310008204222
INV NO: SK211107
DATE: OCT. 2, 2021
S/C NO: 2021039
L/C NO: XT211073

SHIPPING MARKS & NO.	GOODS DESCRIPTION & PACKING	QTY (PCS)	G.W (KGS)	N.W (KGS)	MEAS (M³)
KKK 2021039 TOKYO C/NO. 1-600	MEN'S 100% COTTON TROUSERS S(NATURAL、BLACK) M(NATURAL、BLACK) L(NATURAL、BLACK) XL(NATURAL、BLACK) XXL(NATURAL、BLACK) AS PER SAMPLE NO. 121 EACH PIECE IN A BOX, 20 PIECES INTO AN EXPORT CARTON	 2 000 2 000 4 000 2 000 2 000	 5/500 5/500 5/1 000 5/500 5/500	 4/400 4/400 4/800 4/400 4/400	 0.12/12 0.12/12 0.12/24 0.12/12 0.12/12
	TOTAL	12 000	3 000	2 400	72

(续表)

SAY TOTAL CARTONS:SIX HUNDRED ONLY
SHANGHAI SK IMPORT & EXPORT CO., LTD. 王祥

表 8-3　金发货物托运书

经营单位 （托运人）	上海商快进出口有限公司			金　发 编　号		JF0211018	
提单 B/L 项目 要求	发货人：上海商快进出口有限公司 Shipper:						
	收货人：TO ORDER OF SHIPPER Consignee:						
	通知人：TKAMRA TRADE CORPORATION Notify Party:37 VICTORIA MACH, TOKYO, JAPAN						
海运运费(√) Sea freight	预付(√)或(　)到付 Prepaid or Collect		提单 份数	3	提单寄送 地　址	上海市人民路1号	
起运港	SHANGHAI	目的港	OSAKA	可否转船	否	可否分批	否
集装箱预配数		20′×1　40′×		装运期限	21.11.30	有效期限	21.11.30
标记唛码	包装 件数	中英文货号 Description of goods		毛　重 （千克）	尺　码 （立方米）	成交条件 （总　价）	
KKK 2021039 TOKYO C/NO.1-600	600箱	男式全棉长裤 MEN'S 100% COTTON TROUSERS		3 000	72	USD78 000.00	
内装箱(CFS) 地　址	上海逸仙路2960号三号门 电话:6820682×215			特种货物 □ 冷藏货	重　件：每件重量		
				□ 危险品	大　件 （长×宽×高）		
门对门装箱地址	上海市汇南镇三门路1号			特种集装箱：（　　　　　）			
				物资备妥日期	2021年11月20日		
外币结算账号	085310668432			物资进栈:自送(　)或金发派送(√)			
声明事项				人民币结算单位账号		300834567321	
				托运人签章	王祥		
				电　话	65788811		
				传　真	65788812		
				联系人	高力		
				地　址	上海市人民路1号		
				制单日期:2021年11月1日			

# 体验活动

一、活动背景

上海三井进出口有限公司创业团队伙伴根据销售确认书和信用证的相关规定，在装运期内完成备货，并缮制托运单据委托上海金发国际货运代理有限公司办理班轮货物运输托运手续，确保出口货物按时到达指定目的地港。

二、活动资料

出口商名称：上海三井进出口有限公司

地址/固定电话/传真：上海市浦东新区浦东路1号/021-58343434/021-58343435

进口商名称/地址：KKK IMPORT CO. LTD. /47 OSBLANCH，HAMBURG，GERMANY

发票代码：3108204786

发票编号：20211123

销售合同号：20211088

信用证编号：0810123

装运地：上海

目的地：汉堡

商品品名：全棉帆布女式中裤

商品款式：按样品号211151

商品颜色：迷彩

商品数量：36码6 500条、38码13 000条、40码13 000条、42码6 500条、44码6 500条

包装方式：每1条混码装入一个胶袋，21个胶袋入一只出口纸箱

重量体积：每箱毛重5千克、净重3.5千克；每箱体积0.12立方米

唛头内容：KKK、销售合同号、目的港和箱数

单价：每条8美元CIF汉堡

支付方式：不可撤销即期信用证

金发编号：JF02110332

海运提单：3份

分批装运：不允许

转船：不允许

集装箱预配：40英尺高柜1个

装运时间：不迟于2021年11月30日

物资进栈：金发派送

物资备妥日期：2021年11月22日

人民币结算单位账号：80020032145867

外币结算账号：085310661234

三、活动要求

上海三井进出口有限公司根据上述相关信息缮制商业发票、装箱单、货物托运书，并派代表用PPT对体验活动的情况进行汇报。

上海三井进出口有限公司
SHANGHAI SJ IMPORT & EXPORT CO. LTD.
No. 1 PUDONG ROAD, SHANGHAI, CHINA
税务登记号：310928371234

COMMERCIAL INVOICE

出口专用

TEL：_____
FAX：_____
TO：M/S

发票代码：_____
INV NO：_____
DATE：_____
S/C NO：_____
L/C NO：_____

FROM _____ TO _____

MARKS & NO	DESCRIPTIONS OF GOODS	QUANTITY	U/PRICE	AMOUNT
TOTAL				

TOTAL AMOUNT：

WE HEREBY CERTIFY THAT THE CONTENTS OF INVOICE HEREIN ARE TRUE AND CORRECT.

上海三井进出口有限公司
SHANGHAI SJ IMPORT & EXPORT CO. LTD.
No. 1 PUDONG ROAD, SHANGHAI, CHINA
税务登记号：310928371234

PACKING LIST

TEL：_____
FAX：_____
TO：M/S

发票代码：_____
INV NO：_____
DATE：_____
S/C NO：_____
L/C NO：_____

MARKS	GOODS DESCRIPTION & PACKING	QTY (PCS)	G. W (KGS)	N. W (KGS)	MEAS (M³)
TOTAL					

SAY TOTAL CARTONS：

金发货物托运书

经营单位 (托运人)		金 发 编 号	
提单 B/L 项目 要求	发货人： Shipper：		
	收货人： Consignee：		
	通知人： Notify Party：		

海运运费(√) Sea freight	预付( ) 或 ( ) 到付 Prepaid or Collect	提单 份数	提单寄送 地 址
起运港	目的港	可否转船	可否分批
集装箱预配数	20′×1 40′×	装运期限	有效期限

标记唛码	包装 件数	中英文货号 Description of goods	毛 重 (千克)	尺 码 (立方米)	成交条件 (总 价)
内 装 箱 (CFS) 地 址	上海逸仙路2960号三号门 电话：6820682×215		特种货物 □ 冷藏货 □ 危险品	重 件：每件重量 大 件 (长×宽×高)	
门对门装箱地址		特种集装箱：(　　　　)			
		物资备妥日期			
外币结算账号		物资进栈：自送( ) 或金发派送( )			
声明事项		人民币结算单位账号			
		托运人签章			
		电 话			
		传 真			
		联系人			
		地 址			
		制单日期：			

团队活动评价表

测评内容	评判标准/分值	总分	团队自评（50%）	教师评价（50%）
实践活动情况	商业发票/正确/20分	20		
	商业发票/错1个/扣4分			
	商业发票/不填/0分			
	装箱单/正确/20分	20		
	装箱单/错1个/扣4分			
	装箱单/不填/0分			
	货物托运书/正确/20分	20		
	货物托运书/错1个/扣4分			
	货物托运书/不填/0分			
PPT汇报情况	PPT设计制作/好/10分	10		
	PPT设计制作/一般/5分			
	PPT设计制作/较差/2分			
	语言表达/好/10分	10		
	语言表达/一般/5分			
	语言表达/较差/2分			
合作完成质量	达到目标/好/10分	10		
	达到目标/一般/5分			
	达到目标/较差/2分			
团队协作精神	协作精神/好/10分	10		
	协作精神/一般/5分			
	协作精神/较差/2分			
计分				

任务二　申办出口货物原产地证明书

学习指南

一、普惠制原产地证明书的申办

1. 普惠制原产地证明书使用范围

普惠制原产地证明书(Form A),是指发达国家给予发展中国家或地区在经济、贸易方面的一种非互利的特别优惠待遇。普惠制原产地证明书是贸易关系人进行结算货款、通关验收、征收关税的有效凭证,适用于出口发达国家并符合给惠国相关规定的产品,可享受关税优惠待遇。

2. 普惠制原产地证明书的申办流程

申请人申办普惠制原产地证明书流程(图8-6)如下。

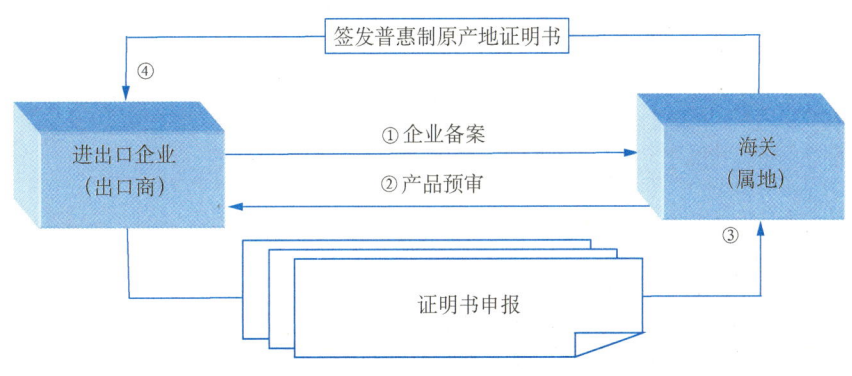

图8-6　普惠制原产地证明书申办流程

流程说明:

① 申请普惠制原产地证明书前,出口企业登录"互联网+海关"平台,应添加与原产地签证有关的信息,具体包括企业中英文印章、申领员信息、产品信息(贸易公司除外)。

② 出口企业通过"互联网+海关"平台提交产品预审申请,申报产品HS编码、中英文名称、原材料情况、生产工序等,进行预审。海关审核该产品是否具备中国原产地资格。

③ 出口企业在货物出口前或出口时向海关申请办理普惠制原产地证明书。登录中国国际贸易单一窗口网站,选择"海关原产地证申请",进行网上申报,填写进出口双方信息、运输细节、商品描述、适用原产地标准等各栏目。

④ 出口企业收到证明书审核通过回执后,即可在中国国际贸易单一窗口网站自行打印带有海关签章和签名的普惠制原产地证明书。对于尚未开通自助打印的原产地证明书,出口企业可到海关现场办理签发手续。

3. 普惠制原产地证明书申请书缮制方法

普惠制原产地证明书申请书的主要内容及缮制方法(表8-4)如下。

表 8-4　普惠制原产地证明书申请书

申请单位：

注册号：　　　　　　　　　　　　　　　　　　　　证书号：

申请人郑重声明：

　　本人是被正式授权代表出口单位办理和签署本申请书的。

　　本申请书及普惠制原产地证格式 A 所列内容正确无误，如发现弄虚作假，冒充格式 A 所列货物，擅改证书，自愿接受签证机关的处罚及负法律责任，现将有关情况申报如下：

企业单位				生产单位联系人电话			
商品名称（中英文）				HS 编码（六位数）			
商品 FOB 总值（以美元计）				发票号			
最终销售国		证书种类（画"×"）			加急证书		普通证书
拟出运日期							
贸易方式和企业性质（请在适用处画"×"）							
正常贸易 C	来料加工 L	补偿贸易 B	中外合资 H	中外合作 Z	外商独资 D	零售 Y	展卖 M
包装数量或毛重或其他数量							
原产地标准： 本项产品系在中国生产，完全符合该给惠国给惠方案规定，原产地情况符合以下第（　　）条： （1）"P"（完全国产，未使用任何进口原材料）； （2）"W"（含进口成分），其 H.S. 税目号为＿＿＿＿＿＿＿＿＿＿； （3）"F"（对加拿大出口产品，起进口成分不超过产品出厂价值的 40%）。 本产品系： 　1. 直接运输从＿＿＿＿＿＿＿＿＿＿到＿＿＿＿＿＿＿＿＿＿； 　2. 转口运输从＿＿＿＿＿＿　中转国（地区）＿＿＿＿＿＿　到＿＿＿＿＿＿。							
申请人说明： 　　　　　　　　　　　　　　　　　　　　　　　　　　　　　　领证人： 　　　　　　　　　　　　　　　　　　　　　　　　　　　　　　电话： 　　　　　　　　　　　　　　　　　　　　　　　　　　　　　　日期：							

　　现提交中国出口货物商业发票副本一份，普惠制原产地证明书格式 A（FORM A）一正两副，以及其他附件＿＿＿＿＿＿＿份，请予以审核签证。

　　注：凡含有进口成分的商品，必须按要求提交含进口成分受惠商品成本明细单。

（1）申请单位（盖章）：填写申请单位全称并盖章。

（2）注册号：填写申请单位在海关的注册编号。

（3）生产单位：填写该批出口商品的生产企业单位的名称。

(4) 生产单位联系人电话：填写该批出口商品的生产企业单位的电话号码。

(5) 商品名称：按商业发票中的商品名称填写，并与 H.S. 税目号一致。

(6) H.S. 税目号：填写海关《商品编码协调制度》商品 8 位数字的前 6 位。

(7) 商品总值：填写以美元计的 FOB 价值，如是以其他贸易术语成交的，则应扣除以外汇支付的费用，如佣金、海运费、保险费等。

(8) 发票号：填写该票货物的发票号码。

(9) 最终销售国：填写出口商品的最终销售国家。

(10) 证书种类：根据需要用"√"进行选择加急证书或普通证书。

(11) 货物拟出运日期：填写出口商品出运的日期。

(12) 贸易方式和企业性质：在对应的位置划"√"。

(13) 计量单位：按《海关统计商品目录》填写。

(14) 原产地标准：根据实际情况从(1)(2)(3)条中选择其中一条，填于空格处。符合"W"的，加列 H.S. 的四位税目号。

(15) 本批产品的运输情况：如直接运输，填启运地(港)和目的地(港)；如为转运，需填中转国家(地区)。

(16) 申请人说明：如需另作说明时，则在此项详述。

(17) 签章：由领证人手签，加盖申请单位公章，并写明申请人的名称、电话及申请日期。

4. 普惠制原产地证明书缮制方法

普惠制原产地证明书用英文填写，唛头的文字不作限制，证书编号（Reference No.）按检验检疫局指定的编号填制，其他内容和缮制要点如表 8-5 所示。

表 8-5 普惠制原产地证明书

1. Goods consigned from（Exporter's business name, address, country）	Reference No.： GENERALIZED SYSTEM OF PREFERENCE CERTIFICATE OF ORIGIN (COMBINED DECLARATION AND CERTIFICATE) **FORM A** ISSUED IN THE PEOPLE'S REPUBLIC OF CHINA (COUNTRY) SEE NOTES OVERLEAF
2. Goods consigned to（Consignee's name, address, country）	
3. Means of transport and route（as far as known）	4. For official use

5. Item number	6. Marks and numbers of packages	7. Number and kind of packages; description of goods	8. Origin criterion (see notes overleaf)	9. Gross weight or other quantity	10. Number and date of invoices

(续表)

11. Certification It is hereby certified, on the basis of control carried out, that the declaration by the exporter is correct Place and date, signature and stamp of certifying authority	12. Declaration by the exporter The undersigned hereby declares that the above details and statements are correct; that all the goods were produced in **CHINA** (country) and that they comply with the origin requirements specified for those goods in the Generalized System of Preference for goods exported to ＿＿＿＿＿＿＿ (importing country) Place and date, signature of authorized signatory

(1) 发货人，包括出口商业务名称、地址、国家[Goods consigned from (Exporter's business name、address、country)]：按信用证规定的受益人名称、地址、国别填制，如信用证未有详细地址，可填入实际地址。

(2) 收货人，包括出口商业务名称、地址、国家[Goods Consigned to (Consignee's name、address、country)]：填给惠国的最终收货人的名称、地址和国别。信用证项下一般为开证申请人，如果其不是实际收货人，又不知最终收货人，可填提单被通知人或发票抬头人。

(3) 运输方式和路线，包括就所知而言[Means of transport and route (as far as known)]：按信用证规定填运输路线和运输方式，如 By steamer（海运）、By train（陆运）、By air（空运）。如中途转运应注明转运地，例如 Via Hong Kong, China；不知转运地则用 W/T 表示。

(4) 供官方使用(For official us)：本栏留空，供签证机构加注说明用。

(5) 项目号(Item number)：将同批出口不同种类的商品用阿拉伯数字进行顺序编号填入此栏，单项商品用"1"表示或不填。

(6) 唛头及包装件数(Marks and numbers of packages)：唛头按信用证的规定填制，并与发票和提单内容相同。

(7) 包装件数、方式和品名(Number & kind of packages; description of goods)：填出口货物最大包装件数和商品名称，如信用证规定单据要加注信用证编号或合同号码等内容，可在此显示。例如，信用证规定 All shipping documents must show the S/C No. T20031，则此栏应注明 S/C No. T20031 的合同号。

(8) 原产地标准(Origin criterion)：根据货物原料进口成分的比例填制。"P"表示无进口成分；"W"表示含进口成分，但符合原产地标准；"F"指出口加拿大货物中的进口成分要在40%以下。

(9) 毛重或其他数量(Gross weight or other quantity)：按发票和提单内容填制。

以重量表示的商品,此栏填写毛重数量,或再加注件数。散装货填净重数量,但注明"N. W"。

(10) 发票号码及日期(Number and date of invoice):按发票实际内容填制。此栏填写完毕,从第五项开始用"＊"符号打成横线示意完成。

(11) 签证当局证明(Certification):本栏由签证当局盖章,由其授权人手签,并注明出证日期和地点。

(12) 出口商申明(Declaration by the exporter):本栏第一行填写进口国国名,第二行盖申请单位章并注明日期和地点。

二、一般原产地证明书的申办

1. 一般原产地证明书的使用范围

一般原产地证明书是证明本批出口货物生产地,并符合我国《出口货物原产地规则》的一种证明文件。一般原产地证明书是出口商应进口商的要求而提供的,是进口国海关据此征收进口货物的依据,分别收取不同关税。

2. 一般原产地证明书的申办流程

一般原产地证明书申办流程(图 8-7)如下。

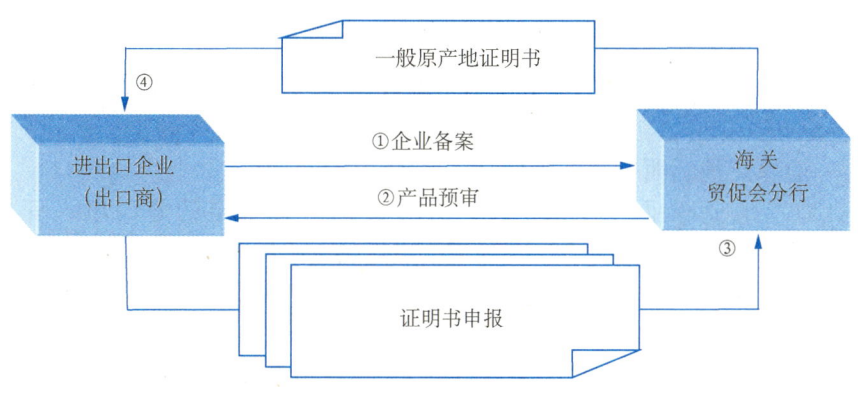

图 8-7　一般原产地证明书申办流程

流程说明：

① 申请一般原产地证明书前,出口商登录"互联网＋海关"平台,应添加与原产地签证有关的信息,具体包括企业中英文印章、申领员信息、产品信息(贸易公司除外)。

② 出口商通过"互联网＋海关"平台提交产品预审申请,申报产品 HS 编码、中英文名称、原材料情况、生产工序等,进行预审。海关审核该产品是否具备中国原产资格。

③ 出口商在货物出口前或出口时向海关申请办理一般原产地证明书。登录中国国际贸易单一窗口网站,选择"海关原产地证申请",进行网上申报,填写进出口双方信息、运输细节、商品描述、适用原产地标准等各栏目。

④ 出口商收到证明书审核通过回执后,即可在中国国际贸易单一窗口网站自行打印带有海关签章和签名的原产地证明书。对于尚未开通自助打印的原产地证明书,出口商可到海关现场办理签发手续。

3. 一般原产地证明书申请书缮制方法

一般原产地证明书申请书的主要内容和缮制方法如下。

(1) 申请单位(盖章):填写申请单位全称并盖章。

(2) 注册号:填写申请单位在海关的注册编号。

(3) 生产单位:填写该批出口商品的生产企业单位的名称。

(4) 生产单位联系人电话:填写该批出口商品的生产企业单位的电话号码。

(5) 商品名称:按商业发票中的商品名称填写,并与 H.S. 税目号一致。

(6) H.S. 税目号:填写海关《商品编码协调制度》商品 8 位数字的前 6 位。

(7) FOB 值(美元):填写以美元计的 FOB 价值,如是以其他贸易术语成交的,则应扣除以外汇支付的费用,如佣金、海运费、保险费等。

(8) 商业发票号:填写该票货物的发票号码。

(9) 最终销售国:填写出口商品的最终销售国家。

(10) 拟出口日期:填写出口商品拟出运的日期。

(11) 贸易方式和企业性质:在对应的位置划"√"。

(12) 证书种类:根据需要用"√"进行选择普通证书。

(13) 数(重)量:按发票和提单内容填。以重量表示的商品,此栏填写毛重数量,或再加注件数。

(14) 中转国/地区:如为转运,需填中转国家(地区)。

(15) 签章:由领证人手签,加盖申请单位公章,并写明申请人的名称、电话及申请日期。

4. 一般原产地证明书缮制方法

一般原产地证明书共有 12 项内容,除了按海关指定的号码填入证书编号(Certificate No.),就其各栏目内容和缮制要点逐项介绍如下。

(1) 出口商(Exporter):此栏包括出口商的全称和地址。信用证项下的证明书,一般为信用证受益人,托收项下的是卖方。

(2) 收货人(Consignee):填本批货物最终目的地的收货人全称和地址。信用证项向的证明书一般为开证申请人,如信用证有具体规定,应按要求填写。

(3) 运输方式和路线(Means of transport and route):应填装运港和卸货港的名称,并说明运输方式。例如,From Shanghai to London by sea,如要转运,须注明转运地。例如,By s.s. from Shanghai to London W/T Hong Kong, China。

(4) 目的地国家或地区(Country/Region of destination port):按信用证或合同规定的目的地国家或地区名称填制。

(5) 供签证机构使用(For certifying authority use only):本栏供海关根据需要加注说明,如补发或后发证书等事项。

(6) 唛头及包装件数(Marks and numbers of packages):按信用证中规定的内容进行缮制,且与发票和提单的同项一致,不得留空。

(7) 商品名称、包装件数及种类(Description of goods; number and kind of packages):填写具体的商品名称、包装件数和种类,如散装货物用"In bulk"表示。

(8) H.S.编码(H.S.Code):本栏应填入该商品的H.S.编码数。

(9) 数量及重量(Quantity and weight):依据发票和提单有关内容填写,重量应注明毛重和净重。

(10) 发票号码及日期(Number and date of invoices):按发票实际号码和日期填写,月份应用英文缩写表示。例如,DEC.3,2021。本栏内容填写完毕,从第六项开始用"*"符号打成横线表示结束。

(11) 出口商声明(Declaration by the exporter):出口商声明事先已印制,内容为:下列签署人声明,以上各项及其陈述是正确的,全部货物均在中国生产,完全符合中华人民共和国原产地规则。在本栏仅填入申报地点和日期,加盖申请单位公章,并由经办人签字,签字与图章不能重叠。

(12) 签证机构证明(Certification):签证机构证明事先已印制,内容为:兹证明出口商声明是正确的。签证机构在此注明签证日期和地点,并由授权人签名,加盖签证机构印章。两者不能重叠。

实例操作

> **业务情境**
> 上海商快进出口有限公司原产地证明书手签员根据销售确认书和信用证的要求缮制一般原产地证明书申请书和一般原产地证明书,并随附商业发票、装箱单等指定材料向上海海关申请签发原产地证明书,获准后领取一般原产地证明书。

上海商快进出口有限公司原产地证明书手签员缮制一般原产地证明书申请书(表8-6)和一般原产地证明书(表8-7)。

表8-6 一般原产地证明书申请书

申请单位及注册号码(盖章):　　　上海商快进出口有限公司专用章　　　证书号:

申请人郑重声明:

本人是被正式授权代表单位申请办理原产地证明书和签署本申请书的。

本人所提供原产地证明书及所付单据内容正确无误,如发现弄虚作假,冒充证明书所列货物,擅改证明书,自愿接受签证机关的处罚及负法律责任。现将有关情况申报如下。

生产单位	上海南汇服装有限公司		生产单位联系人电话	25888123
中文品名	H.S编码	数(重)量	FOB值(美元)	产品进口成分*
男式全棉长裤	6203.4290	3 000KGS G.W	77 220.00 美元	

(续表)

商业发票号	1310008204222		商品 FOB 总值(以美元计)		77 220.00
贸易方式(请在相应的"□"内处打钩)					
☑ 一般贸易	□ 灵活贸易	□ 零售贸易		□ 展卖贸易	□ 其他贸易方式
中转国/地区		最终销售国	日本	拟出口日期	2021.11.30

申请证书(单)类型:(请在相应的"□"内处打钩)
1. □《普惠制原产地证明书》;
2. □《〈曼谷协定〉优惠原产地证明书》;
3. □《〈中国-东盟自由贸易区〉优惠原产地证明书》;
4. □《〈中国与巴基斯坦优惠贸易安排〉优惠原产地证明书》;
5. □《输欧盟农产品原产地证明书》(输欧盟蘑菇罐头原产地证明书);
6. □《烟草真实性证书》;
7. ☑《中华人民共和国出口货物原产地证明书》;
8. □《加工装配证明书》;
9. □《转口证明书》;
10. □《原产地异地调查结果单》;
11. □ 其他原产地证明书(请列明_____)

备注:	申报员(签名):李莉
	电话(手机):65788811
	日期:2021 年 11 月 20 日

现提交出口商业发票副本一份,原产地证书一套,以及其他附件　　　份,请予审核签证。

＊注:"产品进口成分"栏是指产品含进口成分的情况,如果该产品不含进口成分,则填 0,若含进口成分,则此栏填进口成分占产品出厂价的百分比。

表 8-7　一般原产地证明书

ORIGINAL

1. Exporter SHANGHAI SK IMPORT & EXPORT CO. LTD. No. 1 RENMIN ROAD, SHANGHAI, CHINA	Certificate No. **CERTIFICATE OF ORIGIN** **OF** **THE PEOPLE'S REPUBLIC OF CHINA**
2. Consignee TKAMRA TRADE CORPORATION 37 VICTORIA MACH, TOKYO, JAPAN	
3. Means of transport and route FROM SHANGHAI TO TOKYO BY SEA	5. For certifying authority use only
4. Country/region of destination JAPAN	

(续表)

6. Marks and numbers	7. Number and kind of packages; description of goods	8. H.S. Code	9. Quantity	10. Number and date of invoices
KKK 2021039 TOKYO C/NO. 1-600	MEN'S 100% COTTON TROUSERS SAY TOTAL SIX HUNDRED (600) CARTONS ONLY **************************	6203.4290	3 000KGS G.W	SK211107 OCT. 2, 2021

11. Declaration by the exporter	12. Certification
The undersigned hereby declares that the above details and statements are correct; that all the goods were produced in China and that they comply with the Rules of Origin of the People's Republic of China. 上海商快进出口有限公司 专用章 SHANGHAI Nov. 23, 2021 李莉	It is hereby certified that the declaration by the exporter is correct.
Place and date, signature and stamp of authorized signatory	Place and date, signature and stamp of certifying authority

 **体验活动**

一、活动背景

上海三井进出口有限公司一般原产地证明书手签员缮制一般原产地证明书申请书和一般原产地证明书并随附商业发票、装箱单等指定材料,向上海海关申请签发一般原产地证明书。

二、活动资料

注册号:3108855996

生产单位/电话:上海南汇服装有限公司/电话 021-25888123

商品品名:全棉帆布女式中裤

H.S. 编码:自查

运费保险费:16 000 美元

证书种类:普通证书

商品数量:45 500 条

包装方式:每 1 条混码装入一个胶袋,21 个胶袋装入一只出口纸箱

重量体积:每箱毛重 5 千克、净重 3.5 千克;每箱体积 0.12 立方米

唛头内容:KKK、销售合同号、目的港和箱数

原产地标准:完全国产

装运地:上海

目的地:汉堡

出口商名称/地址:上海三井进出口有限公司/上海市浦东新区浦东路 1 号

进口商名称/地址:KKK IMPORT CO. LTD./47 OSBLANCH,HAMBURG,GERMANY

三、活动要求

上海三井进出口有限公司原产地证明书手签员缮制普惠制原产地证明书申请书和普惠制原产地证明书并派代表用 PPT 对体验活动的情况进行汇报。

原产地证明书申请书

申请单位及注册号码(盖章):　　　　　　　　证书号:

申请人郑重声明:

本人是被正式授权代表单位申请办理原产地证明书和签署本申请书的。

本人所提供原产地证明书及所付单据内容正确无误,如发现弄虚作假,冒充证明书所列货物,擅改证明书,自愿接受签证机关的处罚及负法律责任。现将有关情况申报如下。

生产单位			生产单位联系人电话	
中文品名	H.S 编码	数(重)量	FOB 值(美元)	产品进口成分*
商业发票号			商品 FOB 总值(以美元计)	
贸易方式(请在相应的"□"内处打钩)				
□ 一般贸易	□ 灵活贸易	□ 零售贸易	□ 展卖贸易	□ 其他贸易方式
中转国/地区		最终销售国		拟出口日期
申请证书(单)类型:(请在相应的"□"内处打钩) 1. □《普惠制原产地证明书》; 2. □《〈曼谷协定〉优惠原产地证明书》; 3. □《〈中国-东盟自由贸易区〉优惠原产地证明书》; 4. □《〈中国与巴基斯坦优惠贸易安排〉优惠原产地证明书》;				

（续表）

5. □《输欧盟农产品原产地证明书》（输欧盟蘑菇罐头原产地证明书）；   6. □《烟草真实性证书》；   7. □《中华人民共和国出口货物原产地证明书》；   8. □《加工装配证明书》；   9. □《转口证明书》；   10. □《原产地异地调查结果单》；   11. □ 其他原产地证明书（请列明_____）
备注：	申报员（签名）： 电话（手机）： 日期：　　年　　月　　日

现提交出口商业发票副本一份，原产地证书一套，以及其他附件　　　份，请予审核签证。

*注："产品进口成分"栏是指产品含进口成分的情况，如果该产品不含进口成分，则填0%，若含进口成分，则此栏填进口成分占产品出厂价的百分比。

ORIGINAL

1. Exporter	Certificate No.
	CERTIFICATE OF ORIGIN **OF** **THE PEOPLE'S REPUBLIC OF CHINA**
2. Consignee	
3. Means of transport and route	5. For certifying authority use only
4. Country/region of destination	

6. Marks and numbers	7. Number and kind of packages; description of goods	8. H. S. Code	9. Quantity	10. Number and date of invoices

	(续表)

11. Declaration by the exporter
   The undersigned hereby declares that the above details and statements are correct; that all the goods were produced in China and that they comply with the Rules of Origin of the People's Republic of China.
	12. Certification
	   It is hereby certified that the declaration by the exporter is correct.

Place and date, signature and stamp of authorized signatory	Place and date, signature and stamp of certifying authority

 团队活动评价表

测评内容	评判标准/分值	总分	团队自评（50%）	教师评价（50%）
实践活动情况	普惠制原产地证明书申请书/正确/30 分	30		
	普惠制原产地证明书申请书/错 1 处/扣 5 分			
	普惠制原产地证明书申请书/不填/0 分			
	普惠制原产地证明书/正确/30 分	30		
	普惠制原产地证明书/错 1 处/扣 5 分			
	普惠制原产地证明书/不填/0 分			
PPT 汇报情况	PPT 设计制作/好/10 分	10		
	PPT 设计制作/一般/5 分			
	PPT 设计制作/较差/2 分			
	语言表达/好/10 分	10		
	语言表达/一般/5 分			
	语言表达/较差/2 分			
合作完成质量	达到目标/好/10 分	10		
	达到目标/一般/5 分			
	达到目标/较差/2 分			
团队协作精神	协作精神/好/10 分	10		
	协作精神/一般/5 分			
	协作精神/较差/2 分			
计分				

任务三　办理出口货物运输保险

学习指南

本任务中,以海洋运输货物保险办理为例介绍如何办理出口货物运输保险。

一、海洋运输货物保险基本险

1. 平安险

保险公司对平安险(free from particular average,FPA)的保险责任范围规定如下:

(1) 被保险货物在运输途中由于恶劣气候、雷电、海啸、地震、洪水等自然灾害造成整批货物的实际全损或推定全损。

(2) 由于运输工具遭受搁浅、沉没、触礁、互撞、与流水或其他物体碰撞,以及失火、爆炸等意外事故造成货物的全部或部分损失。

(3) 在运输工具已经发生搁浅、触礁、沉没、焚毁等意外事故的情况下,货物在此前后又在海上遭受恶劣气候、雷电、海啸所造成的部分损失。

(4) 在装卸或转运时,被保险货物一件或数件整件落海所造成的全部或部分损失。

(5) 被保险人对遭受承保责任内的危险货物采取抢救、防止或减少货损的措施而支付的合理费用,但以不超过该批被救货物价值为限。

(6) 运输工具遭遇海难后,在避难港由于卸货所引起的损失,以及在中途港或避难港因卸货、存仓和运送货物所产生的特别费用。

(7) 共同海损所引起的牺牲、分摊和救助费用。

(8) 如果运输契约订有"船舶互撞条款",则按该条款规定应由货方偿还船方的损失。

2. 水渍险

保险公司对水渍险(with particular average,WPA)的保险责任范围包括平安险的各项责任,还包括被保险货物由于恶劣气候、雷电、海啸、地震、洪水等自然灾害造成的部分损失。

3. 一切险

保险公司对一切险(all risks)的保险责任范围包括平安险和水渍险的各项责任,还包括对被保险货物在海运途中因一般外来原因所造成的全部损失或部分损失。

二、海洋运输货物保险附加险

我国《海洋运输货物保险条款》规定的附加险有一般附加险和特殊附加险两种。

1. 一般附加险

一般附加险(general additional risks),承保因一般外来风险所造成的全部或部分损失。一般附加险有以下 11 种：

（1）偷窃、提货不着险（theft，pilferage and non-delivery），承保被保险货物因偷窃行为所致的损失和整件提货不着等损失。

（2）淡水雨淋险（fresh water and/or rain damage），承保被保险货物因遭受雨淋、雪溶或其他原因的淡水所致的损失。

（3）短量险（risks of shortage），承保被保险货物的数量和实际重量短缺的损失。

（4）混杂、沾污险（risk of intermixture and contamination），承保货物在运输过程中，因混进杂质所造成的损失，或因与其他物质接触而被沾污所造成的损失。

（5）渗漏险（risks of leakage），承保的液体物质和油类物质，如在运输过程中因容器损坏而引起的渗漏损失，或用液体储藏的货物因液体的渗漏而引起货物的腐败、变质等损失。

（6）碰损、破碎险（risks of clash and breakage），承保机械设备或易碎性物质等货物在运输途中因颠簸、挤压、装卸野蛮造成货物本身的碰损和破碎的损失。

（7）串味险（risks of odour），承保被保险货物因与其他异味货物混装，致使其品质受损的损失。

（8）受热、受潮险（damage caused by sweating and/or heating），承保货物在运输过程中，因气温突变或因船上通风设备失灵致使船舱水汽凝结、发潮、发热所造成的损失。

（9）钩损险（hook damage），承保货物在装卸过程中，因使用手钩、吊钩等工具所造成的损失，以及因对包装进行修补或调换支付费用的损失。

（10）包装破裂险（loss and/or damage caused by breakage of packing），承保货物在运输过程中，因装运或装卸不慎致使包装破裂所造成的损失。

（11）锈损险（risks of rust），承保货物在运输过程中，由于生锈所造成的损失。

2. 特殊附加险

特殊附加险（special additional risks），承保因特殊外来风险所造成的全部或部分损失。特殊附加险的险别有以下 8 种：

（1）战争险（war risk），承保因战争、类似战争行为、敌对行为、武装冲突或海盗行为及由此引起的捕获、拘留、禁止和扣押所造成的损失，或各种常规武器所造成的损失，以及由于上述原因引起的共同海损牺牲、分摊和救助费用。

战争险的责任起讫是以水上危险为限，即自货物在起运港装上海轮或驳船时开始，直到目的港卸离海轮或驳船时为止。如果不卸离海轮或驳船，则从海轮到达目的地的当日午夜起算满 15 天，保险责任自行终止；如果在中途港转船，保险责任以海轮到达该港或卸货地点的当日午夜起算满 15 天为止，等到再装上续海轮时恢复有效。

（2）罢工险（strikes risk），承保货物因罢工者、被迫停工工人、参加工潮暴动和民变的人员采取行动，或任何人的恶意行为所造成的直接损失，以及上述行为所引起的共同海损的牺牲、分摊和救助费用。罢工险不包括罢工等行为的间接损失，其按战争险费率计收。按国际保险业惯例，如投保战争险再加保罢工险，不另增收保险费。罢工险的保险责任起讫，采取"仓至仓"条款。

（3）交货不到险（failure to deliver risk），承保不论任何原因，从货物装上船舶开始,不能在预定抵达目的地的日期起 6 个月内交货的损失。

(4) 进口关税险(import duty risk),承保货物遭受保险责任范围以内的损失,而海关仍要求被保险人按完好货物价值完税的损失。

(5) 拒收险(rejection risk),承保货物具备有效进口许可证的情况下,被进口国当局拒绝进口或没收的损失。

(6) 舱面险(on deck risk),承保货物存放舱面时,除按保险单所载条款负责外,还包括被抛弃或被风浪冲击落水的损失。如果普通集装箱装在舱面,则视同舱内货物承保,货主不必加保舱面险。

(7) 黄曲霉素险(aflatoxin risk),承保货物因所含黄曲霉素超过进口国的限制标准,被拒绝进口、没收或强制改变用途而遭受的损失。

(8) 货物出口到中国香港(包括九龙半岛)或中国澳门存仓火险责任扩展条款(Fire Risk Extension Clause for Storage of Cargo at Destination Hongkong, Including Kowloon, or Macao),承保货物运抵目的港中国香港(包括九龙半岛)或中国澳门卸离运输工具后,直接存放于保险单载明的过户银行所指定的仓库,在规定期限内可能产生的损失。该保险对存仓火险的责任至银行收回押款解除货物的权益为止,或运输险责任终止时满 30 天为止。

三、海洋运输货物保险业务流程

海洋运输货物保险投保流程(图 8-8)如下。

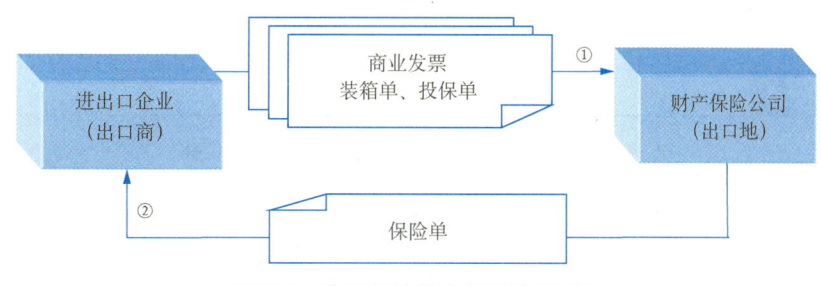

图 8-8 海洋运输货物保险投保流程

流程说明:
① 在 CIF 或 CIP 条件下,由出口商根据合同与信用证的规定缮制发票、装箱单和投保单向出口地保险公司办理出口货物投保,也可委托货运代理公司代办。
② 保险公司根据投保的险别及约定的保险费率收讫保险费后,依据投保单的相关内容出具保险单。

四、投保单缮制方法

投保单由保险公司事先印制,是被保险人向保险人办理货物运输投保的委托书,也是保险公司出具保险单的依据。投保单的内容与缮制方法如下。

(1) 被保险人(Assured's Name):填写出口商名称。如果信用证有特殊规定,则按其要求填写。例如:信用证规定"To order",此栏转录;信用证要求"To order of … 或 in favor of …",此栏应写成 To order of 加上被保险人名称。

(2) 发票号码(Invoice No.)：填写本票业务发票的号码。

(3) 包装数量(Quantity)：填写最大包装件数，散装货则填"IN BULK"。

(4) 保险货物项目(Description of Goods)：填写发票品名，如发票品种名称繁多，可填其统称。

(5) 保险金额(Amount Insured)：按CIF发票总值110%的金额填写，保险金额小数点后的尾数应进位取整。如USD2 304.1应进位取整为USD2 305。

(6) 装载运输工具(Per Conveyance)：海运则填写船名，如果中途转船应在一程船名后加注二程船名，如"By S.S DONG FANG/TOKYO V. 108"。

(7) 航次、航班或车号(Voy. No.)：海运填写航次号，空运填写航班号。

(8) 开航日期(Slg. Date)：一般填写本批货物运输单据的签发日期，如海运可填"As per B/L"。

(9) 起讫地点(From ... to ...)：在From后填装运港(地)名称，To后填目的港(地)名称，转运时应在目的港(地)后加注W/T at ...（转运港/地名称）。如果海运至目的港，而保险承保到内陆城市，应在目的港后注明，如"From ... To Liverpool and thence to Birmingham"。

(10) 赔款偿付地点(Claim Payable at)：填写目的港(地)名称和赔付的货币名称，如果信用证有特殊要求则按其规定填写。

(11) 承保险别(Condition)：填写合同或信用证规定的险别，并注明依据的保险条款名称及其颁布年份，如"Covering all Risks and War Risks as Per PICC 1/1/1981"。

(12) 投保单位签章(Applicant's Signature and Co. 's Name, Add. And Tel. No.)：填写出口商全称、地址和电话，由经办人签名并注明日期。

知识链接

保险金额计算

保险金额(insured amount)又称投保金额，是指被保险人对保险标的的实际投保金额，也是保险人承担的最高赔偿及计收保险费的基础。在实际业务中，凡是按CIF或CIP条件达成的合同一般均有规定投保金额，如果合同对此未作规定，按《INCOTERMS 2000》和《UCP600》的规定，卖方有义务按CIF或CIP价格的总值另加10%作为投保金额。投保金额的计算公式为：

$$投保金额 = CIF(或CIP)总值 \times (1 + 保险加成率)$$

 实例操作

业务情境

上海商快进出口有限公司王祥经理与创业团队伙伴根据销售确认书和信用证

> 的相关规定，在装运期内办理海洋货物运输托运手续，并向中国人民财产保险股份有限公司上海市分公司办理男式全棉长裤保险手续，投保一切险。保险公司受理后，收取保险费，并向其出具保险单。

上海商快进出口有限公司王祥经理与创业团队根据销售确认书运输货物保险条款的要求，缮制投保单（表 8-8）并随附商业发票、装箱单等指定材料向中国人民财产保险股份有限公司上海分公司办理男式全棉长裤海洋运输货物保险投保手续。

表 8-8 投保单

中国人民财产保险股份有限公司上海市分公司
The People's Insurance (Property) Company of China, Ltd. Shanghai Branch

进出口货物运输保险投保单
Application From form I/E Marine Cargo Insurance

被保险人：SHANGHAI SK IMPORT & EXPORT CO. LTD. Applicant			
发票号码（出口用）或合同号码（进口用） Invoice No. or Contract No.	包装数量 Quantity	保险货物项目 Description of Goods	保险金额 Amount Insured
AS PER INVOICE NO. LD211107	600 CARTONS	MEN'S 100% COTTON TROUSERS	USD85 800.00
装载运输工具 PUDONG 航次、航班或车号 V.503 开航日期 NOV.30, 2021 Per Conveyance Voy. No. Slg. Date 自 SHANGHAI 至 TOKYO 转运地_____ 赔款地 TOKYO From To W/T at Claim Payable at 海洋 FOR 110% OF THE INVOICE VALUE COVERING ALL RISKS AS PER OCEAN MARINE CARGO Condition &/or CLAUSE OF THE P.I.C.C. DATED ON 1/1, 1981. Special Coverage			
投保人签章及公司名称、电话、地址： Applicant's Signature and Co.'s Name, Add. And Tel. No. Shanghai SK IMPORT & EXPORT Co. Ltd. No.1 Renmin Road, Shanghai, China TEL: 021-65788811 FAX: 021-65788812			
备注： Remarks	投保日期：2021.11.18 Date		

保险公司填写：   报单号：   费率：

体验活动

一、活动背景

上海三井进出口有限公司根据销售确认书和信用证的要求,缮制投保单并随附商业发票、装箱单等指定材料向中国人民财产保险股份有限公司上海分公司办理女式中裤海洋运输货物保险投保手续。

二、活动资料

被保险人:上海三井进出口有限公司
商品品名:全棉帆布女式中裤
商品数量:45 500 条
包装方式:每1条混码装入一个胶袋,21个胶袋装入一只出口纸箱
装运地:上海
目的地:汉堡
运输方式:海运
装运时间:不迟于2021年11月30日
承保险别:按发票金额110%投保《海洋运输货物保险条款》的一切险和战争险
船名航次:COSCO/V543

三、活动要求

上海三井进出口有限公司经理及伙伴根据上述信息缮制投保单,并派代表用PPT对缮制投保单体验活动的情况进行汇报。

中国人民财产保险股份有限公司上海市分公司

The People's Insurance (Property) Company of China, Ltd. Shanghai Branch

进出口货物运输保险投保单

Application From form I/E Marine Cargo Insurance

被保险人: Applicant			
发票号码(出口用)或合同号码(进口用) Invoice No. or Contract No.	包装数量 Quantity	保险货物项目 Description of Goods	保险金额 Amount Insured

（续表）

装载运输工具_____ Per Conveyance	航次、航班或车号_____ Voy. No.		开航日期_____ Slg. Date
自_____ From	至_____ To	转运地_____ W/Tat	赔款地_____ Claim Payable at
海洋 Condition &./or Special Coverage			
	投保人签章及公司名称、电话、地址： Applicant's Signature and Co.'s Name, Add. And Tel. No.		
备注： Remarks		投保日期： Date	

保险公司填写：　　　报单号：　　　　费率：

 团队活动评价表

测评内容	评判标准/分值	总分	团队自评（50%）	教师评价（50%）
实践活动情况	投保单/正确/60 分	60		
	投保单/错 1 处/扣 5 分			
	投保单/不填/0 分			
PPT 汇报情况	PPT 设计制作/好/10 分	10		
	PPT 设计制作/一般/5 分			
	PPT 设计制作/较差/2 分			
	语言表达/好/10 分	10		
	语言表达/一般/5 分			
	语言表达/较差/2 分			
合作完成质量	达到目标/好/10 分	10		
	达到目标/一般/5 分			
	达到目标/较差/2 分			
团队协作精神	协作精神/好/10 分	10		
	协作精神/一般/5 分			
	协作精神/较差/2 分			
计分				

任务四　办理一般贸易货物出口报关报检

学习指南

一、报关报检企业

1. 报检企业

根据我国《出入境检验检疫报检企业管理办法》的规定，报检企业分为自理报检企业和代理报检企业。

1）自理报检企业

自理报检企业是指向海关办理本企业报检业务的进出口货物收发货人，也包括出口货物的生产和加工单位。自理报检企业应在我国境内口岸或者检验检疫监管业务集中的地点向海关办理本企业的报检业务。

2）代理报检企业

代理报检企业是指接受进出口货物收发货人委托，为其向海关办理报检业务的境内企业。代理报检企业业务范围有四个方面：一是办理报检手续，代理报检企业接受委托办理报检手续时，应当向海关提交报检委托书；二是代缴纳检验检疫费，收据抬头必须是委托人；三是联系和配合海关实施检验检疫；四是领取检验检疫证单。

2. 报关企业

进出口货物报关企业是指经海关准予注册登记，以进出口货物收发货人名义，或接受进出口货物收发货人的委托以自己的名义，向海关办理报关业务或从事报关服务的境内企业法人。其有以下两种类型。

1）自理报关企业

自理报关企业是指完成对外贸易经营者和海关备案注册登记并经备案机构核准的，办理本企业进出口货物报关手续的境内外企业。

2）代理报关企业

代理报关企业是指经营国际货物运输和报检代理等业务的，并经海关准予备案登记的，接受进出口货物收发货人的委托，以进出口货物收发货人名义或以自己的名义向海关办理代理报关业务，从事报关服务的境内企业，通常冠名"国际货运代理""国际物流""报关行""报关服务公司"等字样。

代理报关企业业务范围有四个方面：一是办理报关手续，代理报关企业接受委托办理报关手续时，应当向海关提交代理报关委托书/委托报关协议；二是垫缴税款，收据抬头必须是委托人；三是联系和配合海关实施报关查验；四是领取有关单证，并将有关单证、文件归还委托人。

二、报关报检业务流程

1. 出口货物报关报检环节

1) 网上申报

出口企业根据出口贸易合同的规定备齐出口货物后,由本企业报关报检人员缮制代理报检委托书、代理报关委托书/委托报关协议,由委托代理报关报检企业或自行向直属海关办理出口货物报关报检手续。代理报关报检企业或自理报关报检企业报关报检人员登录"中国国际贸易单一窗口",填写企业与出口货物报关报检相关信息,系统向海关企业管理内网发送申报数据。海关企业管理内网接收到申报数据后自动审核,并自动反馈审核结果。

2) 现场核准报关报检单证

代理报关报检企业或自理报关报检企业报关报检人员打印经海关审核通过的报关报检单据,并携带商业发票、装箱单、出口贸易合同、报检单、报关单及海关监管条件所涉及的各类证件到口岸海关进行现场核准。

3) 现场查验货物

报关报检单证经核准无误后,口岸海关核查部门根据有关规定对出口货物进行现场查验以确定申报内容与实际出口货物是否一致。现场核查工作人员根据查验的结果填写验货记录,作为放行的依据。

4) 征税、缴税

海关对出口货物查验通过后,根据我国有关规定向报关报检企业收取检验检疫等费用,并征收关税。我国实施无纸通关,承载出口货物的运输企业可自行打印放行凭证,并据以装运出境。

2. 出口货物报关报检流程

此处以委托代理出口货物报关报检业务流程为例,展示出口货物报关报检流程,如图 8-9 所示。

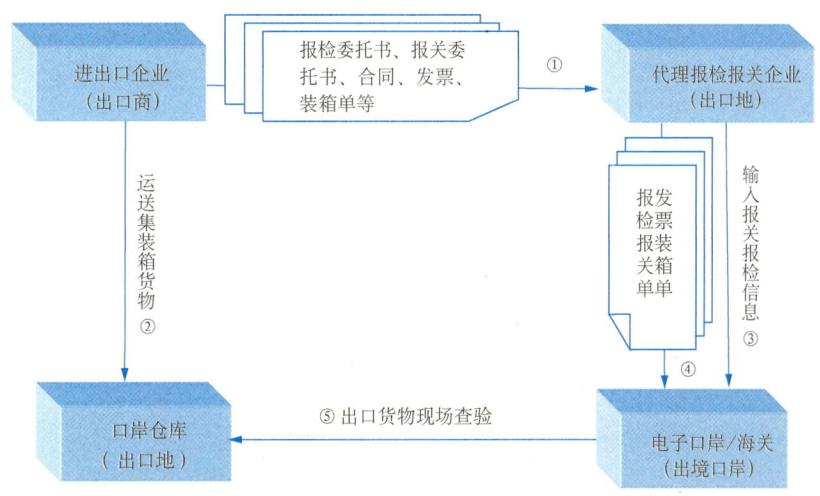

图 8-9 委托代理出口货物报关报检业务流程

流程说明：

① 出口商通常在出运前7天填写报检委托书、报关委托书并随附报关报检单证，委托代理报关报检企业办理出口货物报关报检手续。
② 代理报关报检企业在委托书上签章，安排出口货物运送到指定地点。
③ 代理报关报检企业登录电子口岸报关系统输入相关信息进行网上申报，系统自动审核。
④ 代理报关报检企业从系统获取审核通过信息后携带报关报检材料到口岸海关进行现场核准。
⑤ 口岸海关核查人员对出口货物现场核查，通过查验后向代理报关报检企业征收相关费用和关税，然后放行。

三、出口货物报关报检单证

1. 代理报检委托书的缮制方法

代理报检委托书是委托人与受托人进行代理报检业务的协议。其主要内容和缮制方法如下：

（1）出入境检验检疫局名称：填写出境口岸海关的名称。
（2）备案号/组织机构代码：填写出口商的检验检疫备案登记号、组织机构代码或统一社会信用代码。
（3）出口货物时间：填写该票货物的出口日期。
（4）品名：填写该票货物的名称，并与发票上的货名一致。
（5）H.S编码：填写该票货物的商品分类编码。
（6）数（重）量：填写该票货物的数量或重量，并与其他单据同项内容一致。
（7）包装情况：填写该票货物的包装方式。
（8）信用证/合同号：填写该票货物的信用证编号和出口合同编号。
（9）出口文件号：填写该票货物的许可证等文件名。
（10）其他特殊要求：填写委托人在报检中必须达到的要求。
（11）受托单位：填写受理该报检业务单位的名称及注册登记号。
（12）委托事宜：在相关委托事宜前的"□"内打"√"。
（13）联系人及电话：填写该票货物代理报检事宜联系人员及电话号码。
（14）委托书有效期：填写该票货物代理报检的时效。
（15）委托人盖章：加盖出口商公章并注明日期。
（16）受托人联系人及电话：填写该票货物联系人员及电话号码。
（17）受托人盖章：加盖国际货运代理公司公章并注明日期。

2. 出境货物检验检疫申请的缮制方法

出境货物检验检疫申请的主要内容和缮制方法如下：

（1）编号：由海关受理人员填写，前6位为海关代码，第7位为报检类代目，第8、第9位为年代码，第10位至第15位为流水号。实行电子报检后，该编号可在受理电子报检的回执中自动生成。
（2）申请单位：填写报检单位的全称，并盖申请单位印章。
（3）申请单位登记号：填写申请单位在海关备案或注册登记的代码。
（4）联系人：填写报检人员姓名。

(5) 电话:填写报检人员的联系电话。

(6) 申请日期:海关实际受理申请的日期,由海关受理报检人员填写。

(7) 发货人:预检报检的,可填写生产单位;出口报检的,应填写外贸合同中的卖方。

(8) 收货人:填写外贸合同中的买方名称。

(9) 货物名称:填写出口贸易合同中规定的货物名称及规格。

(10) H.S.编码:填写本批货物的商品编码(8位数或10位数编码),以当年海关公布的商品税则编码分类为准。

(11) 产地:填写本货物的生产或加工地的省、市和县名称。

(12) 数/重量:填写本货物实际申请检验检疫数/重量,重量还应注明毛重或净重。

(13) 货物总值:填写本批货物的总值及币种,应与出口贸易合同与发票上的货物总值一致。

(14) 包装种类及数量:填写本批货物实际运输包装的种类及数量,应注明包装的材质。

(15) 运输工具名称及号码:填写装运本批货物的运输工具的名称和号码。

(16) 合同号:填写出口贸易合同、订单或形式发票的号码。

(17) 信用证号:填写本批货物的信用证编号。

(18) 贸易方式:根据实际情况填写一般贸易、来料加工、进料加工、易货贸易、补偿贸易等贸易方式。

(19) 货物存放地点:填写本批货物存放的具体地点或厂库。

(20) 发货日期:填写出口装运日期,预检报检可不填。

(21) 输往国家和地区:填写出口贸易合同中买方所在国家和地区,或合同注明的最终输往国家和地区。

(22) 许可证/审批号:如为实施许可/审批制度管理的货物,必须填写其编号,不得留空。

(23) 生产单位注册号:填写本批货物生产、加工的单位在海关注册登记的编号,如卫生注册登记号、质量许可证号等。

(24) 启运地:填写装运本批货物离境交通工具的启运口岸/城市地区名称。

(25) 到达口岸:填写本批货物最终抵达目的地停靠口岸名称。

(26) 集装箱规格、数量及号码:货物若以集装箱运输,应填写集装箱的规格、数量及号码。

(27) 合同、信用证订立的检验检疫条款或特殊要求:填写在出口贸易合同中特别订立的有关质量、卫生等条款,或报检单位对本批货物检验检疫的特别要求。

(28) 标记及号码:填写本批货物的标记号码,如没有标记号码,则填"N/M",不得留空。

(29) 用途:根据实际情况,填写食用、观赏或演艺、伴侣动物、试验、药用、其他等用途。

(30) 随附单据:根据向海关提供的实际单据,在对应的"□"内打"√",或在"□"后补填单据名称,再打"√"。

(31) 需要的证单名称:根据需要由海关出具的证单,在对应的"□"内打"√"或补填,并注明所需证单的正副本数量。

(32) 申请人郑重声明:申请人员必须亲笔签名。

(33) 检验检疫费:由海关计费人员填写。

(34) 领取证单:报检人在领取证单时,填写领证日期并签名。

3. 代理报关委托书/委托报关协议的缮制方法

代理报关委托书/委托报关协议是由中国报关协会印制的,明确了委托双方法律地位和各自责任。其主要内容和缮制方法如下。

(1) 代理报关委托书编号:编号事先已印制。

(2) 委托对象:由委托方在"＿＿＿＿"中缮制受理该业务的报关公司或国际货运代理公司的名称。

(3) 委托方式:由委托方根据本公司业务情况选择逐票或长期委托,在空白处注明方式。

(4) 委托内容:由委托方根据业务在 A、B、C、D、E、F、G、H 中选择委托代理报关项目,并在空白处注明。

(5) 委托书有效期:由委托方根据逐票或长期的委托方式进行决定。

(6) 委托方(盖章):由委托方法定代表或其授权人签字盖章,并注明日期。

(7) 委托方:由委托方缮制经营单位的名称。

(8) 主要货物名称:由委托方缮制该票货物的名称,并与发票上的货名一致。

(9) H.S.编码:由委托方按海关规定的商品分类编码规则缮制该出口货物的商品编号。

(10) 货物总价:由委托方缮制该票货物的总额,并与发票上总金额一致。

(11) 进出口日期:由委托方缮制该票货物的出口日期。

(12) 提单号:由委托方缮制该票货物的提单编号,即配舱回单的编号。

(13) 贸易方式:由委托方根据实际情况缮制相应的贸易方式,通常为一般贸易。

(14) 原产地/货源地:由委托方缮制该票货物的实际生产地名称,如"上海"。

(15) 其他要求:委托方如对代理业务有其他要求,可在此注明。

(16) 委托方业务签章:由委托方在此栏盖本公司法人章。

(17) 经办人签章:由委托方的具体经办人在此签章。

(18) 被委托方:由被委托方缮制受理该代理业务的报关公司或国际货运代理公司的名称。

(19) 报关单编码:此栏留空。

(20) 收到单证日期:由被委托方缮制具体收到单证的日期。

(21) 收到单证情况:由被委托方根据收到单据的名称,在其前的"□"内打"√"。

(22) 报关收费:由被委托方按约定费用缮制。

(23) 承诺说明:由被委托方在此栏缮制保证文句。

(24) 被委托方业务签章:由被委托方在此栏盖本公司法人章。

(25) 经办报关员签章：由被委托方的报关员在此栏签章。

4. 出口货物报关单的缮制方法

海关总署于 2019 年 1 月 22 日发布了海关总署公告 2019 年第 18 号《关于修订〈中华人民共和国海关进出口货物报关单填制规范〉的公告》，根据该公告的内容和要求，结合海关总署公告 2021 年第 34 号和第 44 号公告对部分栏目的补充修订，报关单的主要内容和缮制方法如下：

（1）预录入编号：指预录入报关单的编号，一份报关单对应一个预录入编号，由系统自动生成。

（2）海关编号：指海关接受申报时给予报关单的编号，一份报关单对应一个海关编号，由系统自动生成。

（3）境内发货人：填报在海关备案的对外签订并执行出口贸易合同的中国境内法人、其他组织名称及编码。编码填报 18 位法人和其他组织统一社会信用代码，没有统一社会信用代码的，填写其在海关的备案编码。

（4）出境关别：根据货物实际进出境的口岸海关，填报海关规定的《关区代码表》中相应口岸海关的名称及代码，如"上海海关 2200"。

（5）出口日期：是指运载出口货物的运输工具办结出境手续的日期，本栏目在申报时不填写。如果是无实际出境的报关单，则填写海关接受申报的日期。日期为 8 位数字，如 20210810。

（6）申报日期：指海关接受进出口货物收发货人、受委托的报关企业申报数据的日期。以电子数据报关单方式申报的，申报日期为海关计算机系统接受申报数据时记录的日期。以纸质报关单方式申报的，申报日期为海关接受纸质报关单并对报关单进行登记处理的日期。本栏目在申报时免予填报。

（7）备案号：填写出口货物发货人、生产销售单位在海关办理加工贸易合同备案或征、减、免税审核确认等手续时，海关核发的《加工贸易手册》、海关特殊监管区域和保税监管场所保税账册、《征免税证明》或其他备案审批文件的编号。一份报关单填写一个备案号。

（8）境外收货人：填写签订并执行出口贸易合同中的买方或合同指定的收货人。

（9）运输方式：根据货物实际进出境的运输方式或货物在境内流向的类别，按照海关规定的《运输方式代码表》选择填报相应的运输方式。其中，水路运输代码为 2，航空运输代码为 5。

（10）运输工具名称：填写载运货物出境的运输工具名称或编号，应与运输部门向海关申报的舱单（载货清单）所列相应内容一致。

（11）航次号：填写载运货物进出境的运输工具的航次编号。

（12）提运单号：填写出口货物提单或运单的编号。一份报关单填写一个提单号或运单号，一票货物对应多个提单或运单应分单填报。

（13）生产销售单位：填写出口货物在境内的生产或销售单位的名称。

（14）监管方式：根据实际对外贸易情况，按海关规定的《监管方式代码表》选择填报相应的监管方式简称及代码。一份报关单只允许填报一种监管方式。

(15) 征免性质：根据实际情况按海关规定的《征免性质代码表》选择填报相应的征免性质简称及代码,持有海关核发的《征免税证明》的,按照《征免税证明》中批注的征免性质填报。一份报关单只允许填报一种征免性质。加工贸易货物报关单按照海关核发的《加工贸易手册》中批注的征免性质简称及代码填报。

(16) 许可证号：填写出口许可证、两用物项和技术出口许可证、两用物项和技术出口许可证(定向)、纺织品临时出口许可证、出口许可证(加工贸易)、出口许可证(边境小额贸易)的编号。一份报关单填写一个许可证号。

(17) 合同协议号：填报出口货物合同(包括协议或订单)编号。未发生商业性交易的免予填报。

(18) 贸易国(地区)：发生商业性交易的,填报售予国(地区)；未发生商业性交易的,填报货物所有权拥有者所属的国家(地区)。按海关规定的《国别(地区)代码表》选择填报相应的贸易国(地区)中文名称及代码。

(19) 运抵国(地区)：填写出口货物离开我国关境直接运抵或者在运输中转国(地区)未发生任何商业性交易的情况下最后运抵的国家(地区)。

(20) 指运港：填写出口货物运往境外的最终目的港；最终目的港不可预知的,按尽可能预知的目的港填报。根据实际情况,按海关规定的《港口代码表》选择填报相应的港口名称及代码。经停港/指运港在《港口代码表》中无港口名称及代码的,可选择填报相应的国家名称及代码。

(21) 离境口岸：填写装运出境货物的跨境运输工具离境的第一个境内口岸的中文名称及代码；采取多式联运跨境运输的,填报多式联运货物最初离境的境内口岸中文名称及代码；过境货物填报货物离境的第一个境内口岸的中文名称及代码；从海关特殊监管区域或保税监管场所离境的,填报海关特殊监管区域或保税监管场所的中文名称及代码。其他无实际出境的货物,填报货物所在地的城市名称及代码。

(22) 包装种类：填写出口货物的所有包装材料,包括运输包装和其他包装,按海关规定的《包装种类代码表》选择填报相应的包装种类名称及代码。运输包装是指提运单所列货物件数单位对应的包装,其他包装包括货物的各类包装,以及植物性铺垫材料等。

(23) 件数：填写出口货物运输包装的件数(按运输包装计)。舱单件数为集装箱的,填报集装箱个数；舱单件数为托盘的,填报托盘数。不得填报为"0",裸装货物填报为"1"。

(24) 毛重(千克)：填报出口货物及其包装材料的重量之和,计量单位为千克,不足1千克的填报为"1"。

(25) 净重(千克)：填报出口货物的毛重减去外包装材料后的重量,即货物本身的实际重量,计量单位为千克,不足1千克的填报为"1"。

(26) 成交方式：根据出口货物实际成交价格条款,按海关规定的《成交方式代码表》选择填报相应的成交方式代码。无实际出境的货物,出口填报 FOB。

(27) 运费：填写出口货物运至我国境内输出地点装载后的运输费用,选择运费单价或总价或运费率("1"表示运费率,"2"表示每吨货物的运费单价,"3"表示运费总价),并按海关规定的《货币代码表》填写相应的币种代码。如运费总价500美元,则填写"502/500/3"。免税品经营单位经营出口退税国产商品的,免予填报。

(28) 保费:填写出口货物运至我国境内输出地点装载后的保险费用,选择保险费率或保险费总价("1"表示保险费率,"3"表示保险费总价),并按海关规定的《货币代码表》填写相应的币种代码。如保险费总价500英镑,则填写"303/500/3"。

(29) 杂费:填写成交价格以外的、按照《中华人民共和国进出口关税条例》相关规定应计入完税价格或应从完税价格中扣除的费用。可按杂费总价或杂费率两种方式之一填报,注明杂费标记("1"表示杂费率,"3"表示杂费总价),并按海关规定的《货币代码表》选择填报相应的币种代码。

(30) 随附单证及编号:根据海关规定的《监管证件代码表》和《随附单据代码表》选择填报本规范第16条规定的许可证件以外的,其他出口许可证件或监管证件、随附单据代码及编号。本栏目分为随附单证代码和随附单证编号两栏,其中代码栏按海关规定的《监管证件代码表》和《随附单据代码表》选择填报相应证件代码;随附单证编号栏填报证件编号。

(31) 标记唛码及备注:标记唛码中图形以外的文字、数字;无标记唛码的,填报N/M。

(32) 项号:分两行填报。第一行填报报关单中的商品顺序编号;第二行填报备案序号,专用于加工贸易及保税、减免税等已备案、审批的货物,填报该项货物在《加工贸易手册》或《征免税证明》等备案、审批单证中的顺序编号。

(33) 商品编号:填报由10位数字组成的商品编号。前8位为《中华人民共和国进出口税则》和《中华人民共和国海关统计商品目录》确定的编码;9、10位为监管附加编号。

(34) 商品名称及规格型号:分两行填报。第一行填报出口货物规范的中文商品名称,第二行填报规格型号。商品名称及规格型号应据实填报,并与出口货物发货人或受委托的报关企业所提交的合同、发票等相关单证相符。商品名称应当规范,规格型号应当足够详细,以能满足海关归类、审价及许可证件管理要求为准,可参照《中华人民共和国海关进出口商品规范申报目录》中对商品名称、规格型号的要求进行填报。品牌类型为必填项目。出口享惠情况为出口报关单必填项目。可选择"出口货物在最终目的国(地区)不享受优惠关税""出口货物在最终目的国(地区)享受优惠关税""出口货物不能确定在最终目的国(地区)享受优惠关税",应如实填报。

(35) 数量及单位:第一行填写出口货物的法定第一计量单位与数量,第二行填写法定第二计量单位与数量(如无为空),第三行填写成交计量单位及数量。

(36) 单价:填写同一项号下出口货物实际成交的商品单位价格。无实际成交价格的,填写单位货值。

(37) 总价:填写同一项号下出口货物实际成交的商品总价格。无实际成交价格的,填写货值。

(38) 币制:按海关规定的《货币代码表》选择相应的货币名称及代码填报,如《货币代码表》中无实际成交币种,需将实际成交货币按申报日外汇折算率折算成《货币代码表》列明的货币填报。

(39) 原产国(地区):依据《中华人民共和国进出口货物原产地条例》《关于非优惠原产地规则中实质性改变标准的规定》,以及海关总署关于各项优惠贸易协定原产地管理规章规定的原产地确定标准填写。同一批出口货物的原产地不同的,分别填写原产国(地区)。出口货物原产国(地区)无法确定的,填写"国别不详"。

(40) 最终目的国(地区):填报已知的出口货物的最终实际消费、使用或进一步加工制造国家(地区)。不经过第三国(地区)转运的直接运输货物,以运抵国(地区)为最终目的国(地区);经过第三国(地区)转运的货物,以最后运往国(地区)为最终目的国(地区)。同一批出口货物的最终目的国(地区)不同的,分别填报最终目的国(地区)。出口货物不能确定最终目的国(地区)时,以尽可能预知的最后运往国(地区)为最终目的国(地区)。

(41) 境内货源地:填写出口货物在国内的产地或原始发货地。出口货物产地难以确定的,填报最早发运该出口货物的单位所在地。海关特殊监管区域、保税物流中心(B型)与境外之间的出境货物,境内货源地填报本海关特殊监管区域、保税物流中心(B型)所对应的国内地区。填报人应按海关规定的《国内地区代码表》选择填报相应的国内地区名称及代码。

(42) 征免:按照海关核发的《征免税证明》或有关政策规定,对报关单所列每项商品选择海关规定的《征减免税方式代码表》中相应的征减免税方式填报。加工贸易货物报关单根据《加工贸易手册》中备案的征免规定填报;《加工贸易手册》中备案的征免规定为"保金"或"保函"的,填报"全免"。

(43) 特殊关系确认:根据《中华人民共和国海关审定进出口货物完税价格办法》(以下简称《审价办法》)第16条,填写确认出口行为中买卖双方是否存在特殊关系。买卖双方在经营上相互有联系,一方是另一方的独家代理、独家经销或者独家受让人,如果符合前款的规定,也应当视为存在特殊关系。出口货物免予填报,加工贸易及保税监管货物(内销保税货物除外)免予填报。

(44) 价格影响确认:根据《审价办法》第17条,填写确认纳税义务人是否可以证明特殊关系未对进口货物的成交价格产生影响。纳税义务人能证明其成交价格与同时或者大约同时发生的与报关单中列示的任何一款价格相近的,应视为特殊关系未对成交价格产生影响,填写"否";反之则填写"是"。出口货物和加工贸易及保税监管货物(内销保税货物除外)免予填报。

(45) 支付特许权使用费确认:出口货物和加工贸易及保税监管货物(内销保税货物除外)免予填报。

(46) 自报自缴:出口企业、单位采用"自主申报、自行缴税"(自报自缴)模式向海关申报时,填报"是";反之则填报"否"。

(47) 申报单位:自理报关的,填报出口企业的名称及编码;委托代理报关的,填报报关企业名称及编码。编码填报18位法人和其他组织统一社会信用代码。报关人员填报在海关备案的姓名、编码、电话,并加盖申报单位印章。

(48)海关批注及签章:供海关作业时签注。

实例操作

> **业务情境**
>
> 上海商快进出口有限公司报关报检员根据销售确认书规定的运输方式和装运时间,依据我国法律法规的相关要求,委托上海金发国际货运代理有限公司办理男式全棉长裤出口货物报关报检手续,缮制代理报关报检单证向海关代办出口货物报关报检手续。

上海商快进出口有限公司报关报检员方欣根据销售确认书品质条款的要求,缮制代理报检委托书(表8-9)、出境货物检验检疫申请(表8-10)、非木质包装证明(图8-10)、代理报关委托书/委托报关协议(表8-11)、出口货物报关单(表8-12),并随附其他要求的单据委托上海金发国际货运代理有限公司代办男式全棉长裤出口报关报检手续。

表8-9 代理报检委托书

代理报检委托书   编号:

____上海市____海关:

本委托人(备案号/组织机构代码310683771943453/3101062278358009-8)保证遵守国家有关检验检疫法律、法规的规定,保证所提供的委托报检事项真实、单货相符。否则,愿承担相关法律责任。具体委托情况如下:

本委托人将于____2021____年____11____月间进口/出口如下货物。

品 名	男式全棉长裤	HS 编码	6203.4290
数(重)量	12 000 条	包装情况	每条装1纸盒,20条装1纸箱
信用证/合同号	XT211073/2021039	许可文件号	
进口货物收货单位及地址		进口货物提/运单号	
其他特殊要求			

(续表)

特委托　　上海金发国际货运代理有限公司　　（代理报检注册登记号　310683771234567　），代表本委托人办理上述货物的下列出入境检验检疫事宜：

☑ 1. 办理报检手续；
☑ 2. 代缴纳检验检疫费；
☑ 3. 联系和配合海关实施检验检疫；
☑ 4. 领取检验检疫证单。
☐ 5. 其他与报检有关的相关事宜

联系人：　　方欣
联系电话：　021-65788811
本委托书有效期至　2021　年　11　月　30　日　　　　委托人（加盖公章）

2021 年 11 月 20 日

受托人确认声明

本企业完全接受本委托书。保证履行以下职责：
1. 对委托人提供的货物情况和单证的真实性、完整性进行核实；
2. 根据检验检疫有关法律法规规定办理上述货物的检验检疫事宜；
3. 及时将办结检验检疫手续的有关委托内容的单证、文件移交委托人或其指定的人员；
4. 如实告知委托人检验检疫部门对货物的后续检验检疫及监管要求。
如在委托事项中发生违法或违规行为，愿承担相关法律和行政责任。

联系人：　　景发
联系电话：　021-58403212　　　　　　　　　　受托人（加盖公章）

2021 年 11 月 20 日

表 8-10　出境货物检验检疫申请

中华人民共和国海关
出境货物检验检疫申请

申请单位（加盖公章）：　　　　　　　　　　　　　　　＊编号：＿＿＿＿＿＿
申请单位登记号：310683771943453　联系人：方欣　电话:021-65788811　申请日期:2021 年 11 月 20 日

发货人	（中文）上海商快进出口有限公司				
	（外文）SHANGHAI SK IMPORT & EXPORT CO. LTD.				
收货人	（中文）日本高田商社				
	（外文）TKAMRA TRADE CORPORATION				
货物名称（中/外文）	H.S.编码	产地	数量/重量	货物总值	包装种类及数量
男式全棉长裤 MEN'S 100% COTTON TROUSERS	6203.4290	上海	12 000 条	78 000 美元	600 纸箱
运输工具名称号码	PUDONG V.503	贸易方式	一般贸易	货物存放地点	上海市三门路1号

（续表）

合同号	2021039		信用证号	XT211073	用途	其他
发货日期	2021.11.30	输往国家(地区)	日本	许可证/审批号		
启运地	上海	到达口岸	东京	生产单位注册号		NJ08123456

集装箱规格、数量及号码	1×20′/TEXU3120345

合同、信用证订立的检验检疫条款或特殊要求	标记及号码	随附单据(画"√"或补填)
按照合同要求检验	KKK 2021039 TOKYO C/NO.1-600	☑ 合同　　　　☐ 包装性能结果单 ☑ 信用证　　　☐ 许可/审批文件 ☑ 发票　　　　☐ ☐ 换证凭单　　☐ ☑ 装箱单 ☐ 厂检单

需要证单名称(画"√"或补填)			＊检验检疫费	
☑ 品质证书	1 正 2 副	☐ 植物检疫证书　__正__副	总金额 (人民币元)	
☐ 重量证书	__正__副	☐ 熏蒸/消毒证书　__正__副		
☐ 数量证书	__正__副	☐ 出境货物换证凭单__正__副	计费人	
☐ 兽医卫生证书	__正__副			
☐ 健康证书	__正__副		收费人	
☐ 卫生证书	__正__副			
☐ 动物卫生证书	__正__副			

申请人郑重声明： 1. 本人被授权报检。 2. 上列填写内容正确属实,货物无伪造或冒用他人的厂名、标志、认证标志,并承担货物质量责任。 　　　　　　　　　　　　　　签名：_方欣_	领　取　证　单
	日期
	签名

注：有"＊"号栏由海关填写。

Declaration of no-wooden
Packing material

TO：
THE SERVICE OF SHANGHAI ENTRY & EXIT INSPECTION AND QUARANTINE
IT IS DECLARED THAT THIS SHIPMENT
COMMODITY： __MEN'S 100% COTTON TROUSERS__
QUANTITY/WEIGHT： __600 CARTONS__
INVOICE NUMBER： __LD211109__
DOES NOT CONTAIN WOOD PACKING MATERIALS.

SHANGHAI SK IMPORT & EXPORT CO. LTD.
王祥

图 8-10　非木制包装证明

表 8-11　代理报关委托书/委托报关协议

代理报关委托书

编号：2120987649

___上海金发国际货运代理有限公司___ ：

　　我单位现 __A__（A. 逐票　B. 长期）委托贵公司代理 __A,C,E__ 等通关事宜。（A. 报关查验　B. 垫缴税款　C. 办理海关证明联　D. 审批手册　E. 核销手册　F. 申办减免税手续　G. 其他）详见《委托报关协议》。

　　我单位保证遵守《海关法》和国家有关法规，保证所提供的情况真实、完整、单货相符，否则愿承担相关法律责任。

　　本委托书有效期自签字之日起至 2021 年 11 月 30 日止。

委托方(签章)：　【上海商快进出口有限公司专用章】

法定代表或其授权签署《代理报关委托书》的人(签字)：　王祥

2021 年 11 月 22 日

委 托 报 关 协 议

为明确委托报关具体事项和各自责任，双方经平等协议商定协议如下。

委托方	上海商快进出口有限公司	被委托人	上海金发国际货运代理有限公司
主要货物名称	男式全棉长裤	*报关单编号	NO.
H.S 编码	6203.4290	收到单证日期	2021 年 11 月 22 日
进出口日期	2021 年 11 月 30 日	收到单证情况	合同☑　发票☑ 装箱清单☑　提(运)单☐ 加工贸易手册☐　许可证件☐ 其他
提单号			
贸易方式	一般贸易		
原产地/货源地	上海		
传真号码	65788811	报关收费	人民币：　　　元
其他要求：		承诺说明：	
背面所列通用条款是本协议不可分割的一部分，对本协议的签署构成了对背面条款的同意。		背面所列通用条款是本协议不可分割的一部分，对本协议的签署构成了对背面条款的同意。	
委托方业务签章	【上海商快进出口有限公司专用章】	被委方业务签章	【上海金发国际货运代理有限公司业务专用章】
经办人签章：王祥　2021 年 11 月 22 日 联系电话：021-65788811		经办报关员签章：王莉　2021 年 11 月 22 日 联系电话：021-56987452	

委托报关协议背面：

委托报关协议通用条款

一、委托方责任

1. 委托方应及时提供报关报检所需的全部单证，并对单证的真实性、准确性和完整性负责。

2. 委托方负责在报关企业办结海关手续后，及时履约支付代理报关费用，支付垫支费用，以及因委托方责任产生的滞报金、滞纳金和海关等执法单位依法处以的各种罚款。

3. 委托方负责按照海关要求将货物运抵指定场所。

4. 委托方负责与被委托方报关员一同协助海关进行查验，回答海关的询问，配合相关调查，并承担产生的相关费用。

5. 委托方在被委托方无法做到报关前提取货样的情况下，承担单货相符的责任。

二、被委托方责任

1. 被委托方负责解答委托方有关向海关申报的疑问。

2. 被委托方负责对委托方提供的货物情况和单证的真实性、完整性进行合理审查。审查内容包括：①证明进出口货物实际情况的资料，包括进出口货物的品名、规格、用途、产地、贸易方式等；②有关进出口货物的合同、发票、运输单据、装箱单等商业单据；③进出口所需的许可证件及随附单证；④海关要求的加工贸易(纸质或电子数据的)及其他进出口单证。

3. 被委托方因确定货物的品名、归类等原因，经海关批准，可以看货或提取货样。

4. 被委托方在接到委托方交付齐备的随附单证后，负责依据委托方提供的单证，按照《中华人民共和国海关进出口报关单填制规范》认真填制报关单，承担"单单相符"的责任，在海关规定和本委托报关协议中约定的时间内报关，办理海关手续。

5. 被委托方负责及时通知委托方共同协助海关进行查验，并配合海关开展相关调查。

6. 被委托负责支付因报关企业的责任给委托方造成的直接经济损失，所产生的滞报金、滞纳金和海关等执法单位依法处以的各种罚款。

7. 被委托负责在本委托书约定的时间内将办结海关手续的有关委托内容的单证、文件交还委托方或其指定的人员(详见《委托报关协议》"其他要求"栏)。

三、赔偿原则

被委托方不承担因不可抗力给委托方造成损失的责任。因其他过失造成的损失，由双方自行约定或按国家有关法律法规的规定办理。由此造成的风险，委托方可以投保方式自行规避。

四、不承担的责任

签约双方各自不承担因另外一方原因造成的直接经济损失，以及滞报金、滞纳金和相关罚款。

五、收费原则

一般货物报关收费原则上按当地《报关行业收费指导价格》规定执行。特殊商品可由双方另行商定。

六、法律强制

本《委托报关协议》的任一条款与《海关法》及有关法律法规不一致时，应以法律法规为准。但不影响《委托报关协议》其他条款的有效性。

七、协商解决事项

变更、中止本协议或双方发生争议时，按照《中华人民共和国民法典》有关规定及程序处理。因签约双方以外的原因产生的问题或报关业务需要修改协议条款，应协商订立补充协议。

表8-12 中华人民共和国海关出口货物报关单

海关编号：

预录入编号：

境内发货人(3110965711) 上海商快进出口有限公司		出境关别 吴淞海关(2202)		出口日期		申报日期	备案号
境外收货人 TKAMRA TRADE CORPORATION		运输方式(2) 水路运输		运输工具名称及航次号 COSCO987654/COS753		提运单号 COS211123	
生产销售单位(3110965711) 上海商快进出口有限公司		监管方式(0110) 一般贸易		征免性质(101) 一般征税		许可证号	
合同协议号 2021039		贸易国(地区)(JPN) 日本		运抵国(地区)(JPN) 日本		指运港 (JPN501)	离境口岸(310402) 吴淞
包装种类(22) 纸质或纤维板制盒/箱		件数 600	毛重(千克) 3 000	净重(千克) 2 400	成交方式(1) CIF	运费 502/500/3	保费 杂费 502/25/3
随附单证及编号							
标记唛码及备注 KKK　集装箱标箱数及号码：TEXU3120345/20/2280 2021039 TOKYO C/NO.1-600							

(续表)

项号	商品编号	商品名称及规格型号	数量及单位	单价/总价/币制	原产国（地区）	最终目的国（地区）	境内货源地	征免
1	6203429012	男式全棉长裤 S,M,L,XL,XXL | 无品牌 | 无优惠	12 000 条 3 000 千克	6.50 78 000.00 美元	中国 (CHN)	日本 (JPN)	(31222) 上海浦东新区	照章

特殊关系确认：否　价格影响确认：否　支付特许权使用费确认：否　公式定价确认：否　暂定价格确认：否　自报自缴：否

报关人员　王莉　报关人员证号　　　　电话　　兹申明对以上内容承担如实申报、依法纳税之法律责任

申报单位　上海金发国际货运代理有限公司　　申报单位（签章）

上海金发国际货运代理有限公司
业务专用章

海关批注及签章

 **体验活动**

一、活动背景

上海三井进出口有限公司报关报检员按照销售确认书规定的运输方式和装运时间,依据我国有关法律法规的要求,缮制代理报检委托书、出境货物检验检疫申请、非木质包装证明、代理报关委托书/委托报关协议、出口货物报关单,并随附销售确认书、商业发票、装箱单等指定材料委托上海金发国际货运代理有限公司代办全棉帆布女式中裤出口报关报检手续。

二、活动资料

出口商:上海三井进出口有限公司
报检单位备案号:3101234567
代理报关企业注册号:3106837712
统一社会信用代码:3101062278358342-6
进口商/地址:KKK IMPORT CO. LTD. /47 OSBLANCH,HAMBURG,GERMANY
代理报关报检企业:上海金发国际货运代理有限公司(注册代码3110234567)
代理报检注册登记号:310683771234567
联系人/固定电话:丙学生/021-58343434
委托书有效期:至2021年11月30日
海关机构:上海海关
信用证/合同号:XT211018/2021088
发票编号:20211123
商品品名:全棉帆布女式中裤(H. S. 编码自查)
商品数量:45 500 条
包装情况:每1条装入1个胶袋,21个胶袋装入1只纸箱
重量体积:每箱毛重5千克,净重3.5千克;每箱体积0.12立方米
商品单价:每条8美元CIF HAMBURG
唛头内容:KKK、销售合同号、目的港和箱数
贸易方式:一般贸易
征免性质/征免:一般征税/照章(代码自查)
装运时间:2021年11月
运输方式/运输工具名称/号码:水路运输/COSCO1234/V.543
出口货物产地:上海
原产地/货源地:上海浦东新区(代码自查)

货物存放地点:上海逸仙路 300 号
集装箱规格、数量/号码自重/:40 英尺高柜 1 个/COS0215478123/4 250 千克
出口口岸:上海/吴淞海关(代码自查)
指运港:德国/汉堡(代码自查)
提运单号:COS654321
运费/保费总额:600 美元/300 美元
代理报检事宜:办理报检手续、代缴纳检验检疫费、联系和配合检验检疫机构实施检验检疫、领取检验检疫证单
随附单据:合同、信用证、发票、装箱单
检验检疫证书:品质检验检疫证书 1 正 2 副
委托方式:逐票
委托内事宜:报关查验、垫缴税款、核销手册
收到单证名称/日期:合同、发票、装箱清单/2021 年 11 月 20 日

三、活动要求

上海三井进出口有限公司经理及伙伴根据上述信息缮制代理报检委托书、出境货物检验检疫申请、非木质包装证明、代理报关委托书/委托报关协议、出口货物报关单,并派代表用 PPT 对缮制报关报检单证体验活动的情况进行汇报。

代理报检委托书   编号:

_____出入境检验检疫局:

本委托人(备案号/组织机构代码   )保证遵守国家有关检验检疫法律、法规的规定,保证所提供的委托报检事项真实、单货相符。否则,愿承担相关法律责任。具体委托情况如下:

本委托人将于_____年____月间进口/出口如下货物。

品　名		HS 编码	
数(重)量		包装情况	
信用证/合同号		许可文件号	
进口货物收货单位及地址		进口货物提/运单号	
其他特殊要求			

特委托_____(代理报检注册登记号_____),代表本委托人办理上述货物的下列出入境检验检疫事宜:

☐ 1. 办理报检手续;
☐ 2. 代缴纳检验检疫费;
☐ 3. 联系和配合检验检疫机构实施检验检疫;
☐ 4. 领取检验检疫证单。

(续表)

☐ 5. 其他与报检有关的相关事宜_____

联 系 人：_____

联系电话：_____

本委托书有效期至_____年___月___日   委托人（加盖公章）

　　　　　　　　　　　　　　　　　　　　　　　　　　年 月 日

受托人确认声明

本企业完全接受本委托书。保证履行以下职责：

1. 对委托人提供的货物情况和单证的真实性、完整性进行核实；
2. 根据检验检疫有关法律法规规定办理上述货物的检验检疫事宜；
3. 及时将办结检验检疫手续的有关委托内容的单证、文件移交委托人或其指定的人员；
4. 如实告知委托人检验检疫部门对货物的后续检验检疫及监管要求。

如在委托事项中发生违法或违规行为，愿承担相关法律和行政责任。

联 系 人：_____

联系电话：_____   　　　受托人（加盖公章）

　　　　　　　　　　　　　　　　　　　　　　　　　　年 月 日

中华人民共和国海关
出境货物检验检疫申请

申请单位（加盖公章）：　　　　　　　　　　＊编号：_____

申请单位登记号：　　　联系人：　　　电话：　　　申请日期：

发货人	（中文）					
	（外文）					
收货人	（中文）					
	（外文）					
货物名称(中/外文)		H.S.编码	产地	数量/重量	货物总值	包装种类及数量

运输工具名称号码		贸易方式		货物存放地点	
合同号		信用证号		用途	
发货日期		输往国家(地区)		许可证/审批号	
启运地		到达口岸		生产单位注册号	
集装箱规格、数量及号码					
合同、信用证订立的检验检疫条款或特殊要求		标记及号码		随附单据(画"√"或补填)	

(续表)

按照合同要求检验		☐ 合同 ☐ 信用证 ☐ 发票 ☐ 换证凭单 ☐ 装箱单 ☐ 厂检单	☐ 包装性能结果单 ☐ 许可/审批文件 ☐ ☐
需要证单名称(画"√"或补填)			*检验检疫费
☐ 品质证书 ＿正＿副 ☐ 重量证书 ＿正＿副 ☐ 数量证书 ＿正＿副 ☐ 兽医卫生证书 ＿正＿副 ☐ 健康证书 ＿正＿副 ☐ 卫生证书 ＿正＿副 ☐ 动物卫生证书 ＿正＿副		☐ 植物检疫证书 ＿正＿副 ☐ 熏蒸/消毒证书 ＿正＿副 ☐ 出境货物换证凭单＿正＿副	总金额 (人民币元)
			计费人
			收费人
申请人郑重声明: 1. 本人被授权报检。 2. 上列填写内容正确属实,货物无伪造或冒用他人的厂名、标志、认证标志,并承担货物质量责任。 签名:＿＿＿＿			领 取 证 单
			日期
			签名

注:有"*"号栏由海关填写。

Declaration of no-wooden
Packing material

TO:
THE SERVICE OF SHANGHAI ENTRY & EXIT INSPECTION AND QUARANTINE
IT IS DECLARED THAT THIS SHIPMENT
COMMODITY:＿＿＿＿＿＿＿＿＿＿＿＿＿＿＿＿＿＿＿＿＿＿＿
QUANTITY/WEIGHT:＿＿＿＿＿＿＿＿＿＿＿＿＿＿＿＿＿＿
INVOICE NUMBER:＿＿＿＿＿＿＿＿＿＿＿＿＿＿＿＿＿＿
DOES NOT CONTAIN WOOD PACKING MATERIALS.

＿＿＿＿＿＿＿＿＿＿＿

代理报关委托书

编号:＿＿＿＿＿

＿＿＿＿＿＿＿＿＿＿＿:
　　我单位现＿＿＿＿＿(A. 逐票　B. 长期)委托贵公司代理＿＿＿＿＿等通关事宜。(A. 报关查验　B. 垫缴税款　C. 办理海关证明联　D. 审批手册　E. 核销手册　F. 申办减免税手续　G. 其他)详见《委托报关协议》。

我单位保证遵守《海关法》和国家有关法规，保证所提供的情况真实、完整、单货相符，否则愿承担相关法律责任。

本委托书有效期自签字之日起至　　　年　　月　　日止。

委托方(签章)：
法定代表或其授权签署《代理报关委托书》的人(签字)：

年　　月　　日

委 托 报 关 协 议

为明确委托报关具体事项和各自责任，双方经平等协议商定协议如下：

委托方		被委托人		
主要货物名称		*报关单编号	NO.	
H.S编码		收到单证日期		
进出口日期		收到单证情况	合同□	发票□
提单号			装箱清单□	提(运)单□
贸易方式			加工贸易手册□	许可证件□
原产地/货源地			其他	
传真号码		报关收费	人民币　　　　元	
其他要求：		承诺说明：		
背面所列通用条款是本协议不可分割的一部分，对本协议的签署构成了对背面条款的同意。		背面所列通用条款是本协议不可分割的一部分，对本协议的签署构成了对背面条款的同意。		
委托方业务签章： 经办人签章： 联系电话：		被委方业务签章： 经办报关员签章： 联系电话：		

中华人民共和国海关出口货物报关单

预录入编号：　　　　海关编号：

出境关别		出口日期		申报日期		备案号	
境内发货人		运输工具名称及航次号		提运单号			
生产销售单位		征免性质		许可证号			
合同协议号		运抵国（地区）		指运港		离境口岸	
包装种类	件数	毛重（千克）	净重（千克）	成交方式	运费	保费	杂费
随附单证及编号							
标记唛码及备注							

(续表)

项号	商品编号	商品名称及规格型号	数量及单位	单价/总价/币制	原产国（地区）	最终目的国（地区）	境内货源地	征免

特殊关系确认： 价格影响确认： 支付特许权使用费确认： 公式定价确认： 暂定价格确认： 自报自缴

报关人员 电话 兹申明对以上内容承担如实申报、依法纳税之法律责任 海关批注及签章
申报单位 报关人员证号 申报单位（签章）

团队活动评价表

测评内容	评判标准/分值	总分	团队自评（50%）	教师评价（50%）
实践活动情况	代理报关报检委托文件/正确/20分	20		
	代理报关报检委托文件/错1处/扣4分			
	代理报关报检委托文件/不填/0分			
	检验检疫申请、报关单/正确/30分	30		
	检验检疫申请、报关单/错1处/扣3分			
	检验检疫申请、报关单/不填/0分			
	非木质包装证明/正确/10分	10		
	非木质包装证明/错1项/扣5分			
	非木质包装证明/不填/0分			
PPT汇报情况	PPT设计制作/好/10分	10		
	PPT设计制作/一般/5分			
	PPT设计制作/较差/2分			
	语言表达/好/10分	10		
	语言表达/一般/5分			
	语言表达/较差/2分			
合作完成质量	达到目标/好/10分	10		
	达到目标/一般/5分			
	达到目标/较差/2分			
团队协作精神	协作精神/好/10分	10		
	协作精神/一般/5分			
	协作精神/较差/2分			
计分				

 **综合能力训练**

一、单选题

1. （　　）表示以1公吨、1长吨或1短吨收取费用。
A. "W"　　　　B. "M"　　　　C. "W/M"　　　　D. "A.V."

2. （　　）表示以1立方米或40立方英尺收取费用。
A. "W"　　　　B. "M"　　　　C. "W/M"　　　　D. "A.V."

3. ( )是指向进口商签发的载明货物品质、数量、包装和价格并凭以索取货物的凭证。
   A. 商业发票　　B. 装箱单　　C. 原产地证书　　D. 海运提单
4. 按货物实际毛重计收运费,重量尾数不足0.5千克的按( )计算。
   A. 0.3千克　　B. 0.4千克　　C. 0.5千克　　D. 实际重量
5. 按货物实际毛重计收运费,0.5千克以上且不足1千克的按( )计算。
   A. 0.6千克　　B. 0.8千克　　C. 1千克　　D. 实际重量
6. 以下各项不属于出口货物运输保险单证的是( )。
   A. 商业发票　　B. 投保单　　C. 保险单　　D. 装箱单
7. 以下各项不属于班轮货物运输托运单证的是( )。
   A. 商业发票　　　　　　　　B. 原产地证书
   C. 订舱委托书　　　　　　　D. 海运提单或海运单
8. 以下各项不属于普惠制原产地证明书的是( )。
   A. 商业发票　　　　　　　　B. 原产地证明书
   C. 原产地证明书申请书　　　D. 非木质包装证明

二、多选题

1. 班轮运费是由( )构成。
   A. 港口附加费　　B. 超长附加费　　C. 基本运费　　D. 附加运费
2. 班轮运费的计算环节有( )。
   A. 查出货物应属等级和计费标准　　B. 计算货物的重量
   C. 查出货物的基本费率附加费率　　D. 根据运费吨计算整批货物的运费总额
3. 班轮货物运输的单据有( )。
   A. 海运提单　　B. 海运单　　C. 装船提单　　D. 联运提单
4. 海运提单的作用主要表现为( )。
   A. 证明已按提单所列内容收到货物　　B. 货物所有权的凭证
   C. 运输契约的证明　　　　　　　　　D. 提取货物的凭证
5. 班机航空货物运价的类型有( )。
   A. 一般货物运价　　　　　　B. 特种货物运价或指定商品运价
   C. 货物等级运价　　　　　　D. 集装箱货物运价
6. 班机航空货物的计费重量标准有( )。
   A. 按货物实际毛重计收运费
   B. 按货物体积重量计收运费
   C. 按货物毛重或体积从高计收运费
   D. 按货物千克计收运费
7. 航空货运单依签发人的不同分为( )。
   A. 总运单　　B. 分运单　　C. 子运单　　D. 大运单
8. 班机航空货物运输托运单证主要包括( )等。
   A. 商业发票　　B. 装箱单　　C. 托运委托书　　D. 航空货运单

9. 普惠制原产地证明书是贸易关系人进行( )的有效凭证。
   A. 结算货款　　　B. 通关验收　　　C. 征收关税　　　D. 商品包装
10. 根据我国出入境检验检疫报检企业管理办法的相关规定,报检企业分为( )等。
   A. 出口报检企业　　　　　　　B. 进口报检企业
   C. 自理报检企业　　　　　　　D. 代理报检企业
11. 自理报检企业是指向检验检疫部门办理本企业报检业务的( )。
   A. 出口报检企业　　　　　　　B. 进出口货物收发货人
   C. 出口货物生产单位　　　　　D. 出口货物加工单位
12. 代理报检企业从事代理报检业务的范围主要包括( )等。
   A. 办理报检手续　　　　　　　B. 代缴纳检验检疫费
   C. 联系和配合实施检验检疫　　D. 领取检验检疫单证

三、判断题

1. 基本运费是构成全程运费的主要部分。　　　　　　　　　　　　(　　)
2. 在任何情况下,运费都包含了基本运费与附加运费两部分。　　　(　　)
3. 提单是物权凭证,可以背书转让。　　　　　　　　　　　　　　(　　)
4. 海运单是承运人与托运人之间订立海上货物运输合同的证明,因此也可转让。
   　　　　　　　　　　　　　　　　　　　　　　　　　　　　　(　　)
5. 航空运单不是物权凭证,不能背书转让。　　　　　　　　　　　(　　)
6. 普惠制原产地证明书是指发达国家给予发展中国家或地区在经济贸易方面的一种非互利的特别优惠待遇的证明文件。　　　　　　　　　　　(　　)
7. 一般原产地证明书是证明本批出口货物生产地,并符合我国《出口货物原产地规则》的一种文件。　　　　　　　　　　　　　　　　　　　(　　)
8. 投保单是被保险人向保险人办理货物运输投保的合同书。　　　　(　　)
9. 自理报检企业是指接受进出口货物收发货人委托为其代办理报检业务的境内企业。　　　　　　　　　　　　　　　　　　　　　　　　　　(　　)
10. 自理报检企业具备进出口货物报检资质,因此不可以委托代理报检企业代办。
    　　　　　　　　　　　　　　　　　　　　　　　　　　　　　(　　)

四、业务流程题

1. 根据班轮货物运输托运程序填写下表。

流程环节	业务流程描述
第一步骤	
第二步骤	
第三步骤	
第四步骤	
第五步骤	

2. 根据班机航空货物运输托运程序填写下表。

流程环节	业务流程描述
第一步骤	
第二步骤	
第三步骤	
第四步骤	

3. 根据申办普惠制原产地证明书程序填写下表。

流程环节	业务流程描述
第一步骤	
第二步骤	
第三步骤	
第四步骤	

4. 根据出口货物运输保险投保程序填写下表。

流程环节	业务流程描述
第一步骤	
第二步骤	

5. 根据委托代理出口货物报关报检业务程序填写下表。

流程环节	业务流程描述
第一步骤	
第二步骤	
第三步骤	
第四步骤	
第五步骤	

项目九　出口贸易结汇与退税

学习目标

- 了解信用证与电汇支付方式的一般业务流程
- 熟悉信用证与电汇支付方式的结汇要求
- 明确出口退税的主要作用
- 掌握信用证与电汇支付方式的操作方法
- 具备办理出口结汇和出口退税的基本能力

学习情境

在信用证支付方式下,出口商根据销售确认书和信用证对交货时间、地点、方式,以及品质与数量等相关规定,完成货物通关和装运后向议付银行提供全套议付或结汇单证进行结算。

自 2012 年 8 月 1 日起,国家外汇管理局取消了货物贸易外汇收支的逐笔核销,改为对企业货物流、资金流实施非现场总量核查,取消出口收汇核销单。因此,出口商在完成本笔出口业务结算后直接办理出口退税,不需要提供出口收汇核销单,税务部门参考国家外汇管理局提供的企业出口收汇信息和分类情况,依据相关规定,审核企业出口退税。

项目九是介绍信用证与电汇支付方式的操作流程、操作内容和操作要求,以及出口退税相关规定、出口退税方法与要求等方面的知识,并以实例予以展示。

任务一　办理信用证支付方式下出口结汇

学习指南

一、信用证

信用证是银行信用,一般比商业信用可靠,开证行负首要付款责任。信用证一旦开立,它就成为独立于国际货物买卖合同之外的约定。银行处理信用证业务时,只认定单据,不依据货物。

二、交单结汇

交单结汇是指出口商在信用证有效期和交单期内缮制商业汇票,并随附信用证条款规定的单据,向议付银行进行议付。

1. 商业汇票的缮制方法

商业汇票是出票人签发的,委托付款人在见票时或者在指定日期无条件支付确定金额给收款人或持票人的票据。商业汇票是一种代替现金的支付工具,一般有两张正本(即 first exchange 和 second exchange),具有同等效力,付款人付一不付二,付二不付一,先到先付,后到无效。信用证项下汇票的主要内容和缮制方法如下。

1) 编号

编号填本笔业务的发票号码。

2) 出票日期与地点

信用证项下的出票日期是议付日期,出票地点是议付地或出票人所在地,通常出口商多委托议付行在办理议付时代填。值得注意的是,汇票出票不得早于其他单据日期,也不得晚于信用证有效期和提单日期后第 21 天。

3) 汇票金额

汇票金额用数字小写和英文大写分别表明。小写金额位于 Exchange for 后,可保留 2 位小数,由货币名称缩写和阿拉伯数词组成,如:USD1450.80。大写金额位于 The sum of 后,习惯上句首加"SAY",意指"计",句尾由"ONLY"示意为"整",小数点用 POINT 表示。如:SAY US DOLLARS ONE THOUSAND FOUR HUNDRED AND FIFTY POINT EIGHT ONLY。大小写金额与币制必须相符。通常汇票金额和发票金额一致,汇票金额不得超过信用证金额,除非信用证另有规定。

4) 付款期限

即期付款在 at 与 sight 之间填上"＊"符号,变成"at ＊ ＊ ＊ ＊ sight",表示见票即付。远期付款主要有见票后若干天付款、出票日后若干天付款、提单日后若干天付款和定日付款。如:信用证规定见票后 90 天付款(Available against your drafts drawn on us at 90 days after sight),在 at 与 sight 之间填入 90 days after,意为从承兑日后第 90 天为付款期;信用证规定出票日后 80 天付款(Available against presentation of the documents detailed herein and of your drafts at 80 days after date of the draft),则在 at 后填入 80 days after date,将汇票上印就的"sight"划掉,其意为汇票出票日后 80 天付款;信用证规定提单日后 70 天付款(Available by beneficiary's drafts at 70 days after date of B/L),则在 at 后填入 70 days after date of B/L,删去 sight,意为提单日后第 70 天付款。

5) 受款人

汇票受款人又称抬头人或收款人,是指接受票款的当事人。汇票常见的抬头表示方式如下。

(1) 指示性抬头,即在受款人栏目中缮制 Pay to the order of … ,意为付给……人的指定人。如:Pay to the bank of China。以议付行为收款人的,议付行要在汇票背面进行背书。

(2) 限制性抬头,即在受款人栏目中缮制 Pay to … only 或 Pay to … not transferable,意为仅付……人或限付给……人,不许转让。选择这种方式多为付款人不愿将本债务和债券关系转移到第三者。

(3) 持票人抬头,又称来人式抬头,即在受款人栏目中缮制 Pay to bearer,意为付给持票人。这种方式不用背书就可转让,风险较大,现极少使用。

6) 出票条款

出票条款必须按信用证的描述填于 Drawn under 后,如信用证没有出票条款,则应分别缮制开证行名称、地址、信用证编号和开证日期。

信用证如有利息条款,例如,"Payable with interest at 5 per cent annum from date hereof to approximate date of arrival of cover in Tokyo,"或信用证要求汇票注明 "Documents against payment"(货单付款),必须在出票条款后将其列出。

7) 付款人

汇票付款人即受票人,填写付款人名称和地址,在汇票中以 To …(致……)显示。信用证方式条件下,付款人必须按信用证规定填写,如果信用证规定"Draft drawn on applicant"或"Drawn on us"或未规定付款人时,在 to 后要注明开证行名称和地址。

8) 出票人签章

出票人填写信用证受益人,即出口商。通常在右下角空白处打上出口商全称,由经办人签名,该汇票才正式生效。如果信用证规定汇票必须手签,应照办。

2. 议付单据的审核

1) 主要依据

议付单据审核的依据有三个方面:一是信用证支付条件下的单据,必须符合信用证的相关规定,未有相关规定的,可参照合同条款的有关内容;二是其他支付条件下的单据必须与销售合同或销售确认书的有关内容相一致;三是如有特殊要求,应参照相应文件或资料。

2) 主要要求

议付单据要达到单证一致、单单一致、单同一致、单货一致,确保出口结汇的顺利进行。

 实例操作

> **业务情境**
>
> 上海商快进出口有限公司王祥经理与创业团队伙伴根据销售确认书和信用证的相关规定,在交单期与信用证的有效期内向中国银行上海分行提交全套结汇单据进行议付。中国银行上海分行对其进行审核,核准无误后扣除相关费用,将余款转账至该公司的账户上。

上海商快进出口有限公司创业团队伙伴缮制商业汇票(图 9-1),随附商业发票(表 9-1)、装箱单(表 9-2)、非木质包装证明(图 9-2)、一般原产地证明书(表 9-3)、货运保险单(图9-3)、海运提单(表9-4)和装运通知(图9-4)等议付单据向中国银行上海分行进行议付。

```
No.  LD211107                                    SHANGHAI, NOV. 21, 2021
For USD 65 600.00          BILL OF EXCHANGE      _____
                                                         Date

     At  * * * *  sight of this SECOND BILL of EXCHANGE (first of the same tenor and
     date unpaid)   pay to the order of   BANK OF CHINA SHANGHAI BRANCH   the sum of
     SAY US DOLLARS SEVENTYEIGHT THOUSAND ONLY.
          Drawn under      FUJI BANK
          L/C No.    XT211073           Dated    OCT. 09. 2021
          To:  FUJI BANK
               13 SAKULA OTOLIKINGZA MACHI, OSAKA, JAPAN

                                   SHANGHAI SK IMPORT & EXPORT CO. LTD.
                                              李丽
```

图9-1 商业汇票

表9-1 商业发票

	上海商快进出口有限公司 SHANGHAI SK IMPORT & EXPORT CO. LTD. No. 1 RENMIN ROAD, SHANGHAI, CHINA 税务登记号:310928374655 COMMERCIAL INVOICE		发票代码:3108204229 INV NO:LD211107 DATE:OCT. 2, 2021 S/C NO:2021039 L/C NO:XT211073	
TEL:021-65788811 FAX:021-65788812				
TO: M/S TKAMRA TRADE CORPORATION 37 VICTORIA MACH, TOKYO, JAPAN				
FROM SHANGHAI PORT		TO TOKYO PORT		
SHIPPING MARK & NO.	DESCRIPTIONS OF GOODS	QUANTITY	U/PRICE	AMOUNT
KKK 2021039 TOKYO C/NO. 1-600	MEN'S 100% COTTON TROUSERS AS PER SAMPLE NO. 121 EACH PIECE IN ABOX, 20 PIECES INTO AN EXPORT CARTON	12 000PCS	USD6.50 CIF TOKYO	USD78 000.00
TOTAL				USD78 000.00

TOTAL AMOUNT:SAY US DOLLARS SEVENTYEIGHT THOUSAND ONLY.
 	
WE HEREBY CERTIFY THAT THE CONTENTS OF INVOICE HEREIN ARE TRUE AND CORRECT.
 	
                         SHANGHAI SK IMPORT & EXPORT CO. LTD.
                                         王祥				

表 9-2　装箱单

\multicolumn{5}{c}{上海商快进出口有限公司}
TEL：021-65788811　SHANGHAI SK IMPORT & EXPORT CO. LTD.　发票代码：1310008204222
FAX：021-65788812　No. 1 RENMIN ROAD, SHANGHAI, CHINA　INV NO：LD211107
DATE：OCT. 2，2021
TO：M/S　　　　　　　　PACKING LIST　　　　　　S/C NO：2021039
L/C NO：XT211073
TKAMRA TRADE CORPORATION
37 VICTORIA MACH，TOKYO，JAPAN

SHIPPING MARK & NO.	GOODS DESCRIPTION & PACKING	QTY (PCS)	G. W (KGS)	N. W (KGS)	MEAS (M³)
KKK 2021039 TOKYO C/NO. 1-600	MEN'S 100% COTTON TROUSERS 　S (NATURAL，BLACK) 　M (NATURAL，BLACK) 　L (NATURAL，BLACK) 　XL (NATURAL，BLACK) 　XXL (NATURAL，BLACK) 　AS PER SAMPLE NO. 121 EACH PIECE IN A BOX, 20 PIECES 　INTO AN EXPORT CARTON	2 000 2 000 4 000 2 000 2 000	5/500 5/500 5/1 000 5/500 5/500	4/400 4/400 4/800 4/400 4/400	0.12/12 0.12/12 0.12/24 0.12/12 0.12/12
TOTAL		12 000	3 000	2 400	72

SAY TOTAL CARTONS：SIX HUNDRED ONLY

SHANGHAI SK IMPORT & EXPORT CO. LTD.

上海商快进出口有限公司
310928374655
发票专用章

王祥

Declaration of no-wooden
Packing material

TO：
THE SERVICE OF SHANGHAI ENTRY & EXIT INSPECTION AND QUARANTINE
IT IS DECLARED THAT THIS SHIPMENT
COMMODITY：　MEN'S 100% COTTON TROUSERS
QUANTITY/WEIGHT：　600 CARTONS
INVOICE NUMBER：　LD211109
DOES NOT CONTAIN WOOD PACKING MATERIALS.

SHANGHAI SK IMPORT & EXPORT CO. LTD.

王祥

图 9-2　非木质包装证明

表 9-3　一般原产地证明书

ORIGINAL

1. Exporter SHANGHAI SK IMPORT & EXPORT CO. LTD. No. 1 RENMIN ROAD, SHANGHAI, CHINA	Certificate No. **CERTIFICATE OF ORIGIN** **OF** **THE PEOPLE'S REPUBLIC OF CHINA**		
2. Consignee TKAMRA TRADE CORPORATION 37 VICTORIA MACH, TOKYO, JAPAN			
3. Means of transport and route FROM SHANGHAI TO TOKYO BY SEA	5. For certifying authority use only		
4. Country/region of destination JAPAN			

6. Marks and numbers	7. Number and kind of packages; description of goods	8. H. S. Code	9. Quantity	10. Number and date of invoices
KKK 2021039 TOKYO C/NO. 1-600	MEN'S 100% COTTON TROUSERS SAY TOTAL SIX HUNDRED (600) CARTONS ONLY ************************	6203.4290	3 000KGS G. W	SK211107 OCT. 2, 2021

11. Declaration by the exporter 　The undersigned hereby declares that the above details and statements are correct; that all the goods were produced in China and that they comply with the Rules of Origin of the People's Republic of China. 　　　　　上海商快进出口有限公司 　　　　　　　专用章 SHANGHAI　Nov. 23, 2021　李莉	12. Certification 　It is hereby certified that the declaration by the exporter is correct.
Place and date, signature and stamp of authorized signatory	Place and date, signature and stamp of certifying authority

中国人民财产保险股份有限公司
The People's Insurance (Property) Company of China, Ltd.

海洋货物运输保险单

发票号码
Invoice No. LD211107

保险单号次
Policy No. 021118765

MARINE CARGO TRANSPORTATION INSURANCE POLICY

被保险人
Insured: SHANGHAI SK IMPORT & EXPORT CO. LTD.

中国人民财产保险股份有限公司(以下简称本公司)根据被保险人的要求,及其所缴付约定的保险费,按照本保险单承担的险别和背面所载条款与下列特别条款承保下列货物运输保险,特签发本保险单。

This policy of Insurance witnesses that The People's Insurance (Property) Company of China, Ltd. (hereinafter called The Company), at the request of the Insured and consideration of the premium paid by the Insures, undertakes to insure the under-mentioned goods in transportation subject to the condition of this Policy as per the Clauses printed overleaf and other special clauses attached hereon.

保险货物项目 Descriptions of Goods	包装 单位 数量 Parking Unit Quantity	保险金额 Amount Insured
MEN'S 100% COTTON TROUSERS	600CARTONS	USD85 800.00

承保险别 For 110% Of The Invoice Value Covering All Risks As Per 货物标记 As Per Invoice No. LD211107
Condition Ocean Marine Cargo Clause Of The P.I.C.C. Dated on 1/1, 1981. Marks of Goods

总保险金额:
Total Amount Insured: SAY US DOLLARS EIGHTY-FIVE THOUSAND AND EIGHT HUNDRED ONLY

保费 As arranged   运输工具   开航日期:
Premium   Per conveyance S.S COSO98   Slg. On or abt   As Per B/L Date

起运港   目的港
From SHANGHAI PORT   To   TOKYO PORT

所保货物,如发生本保险单项下可能引起索赔的损失或损坏,应立即通知本公司下述代理人查勘。如有索赔,应向本公司提交保险单正本(本保险单共有 2 份正本)及有关文件。如一份正本已用于索赔,其余正本则自动失效。

In the event of loss or damage which may result in a claim under this Policy, immediate notice must be given to the Company's Agent as mentioned hereunder. Claims, if any, one of the Original Policy which has been issued in TWO Original(s) together with the relevant documents shall be surrendered to the Company, If one of the Original Policy has been accomplished, the others to be void.

(续图)

```
THE PEOPLE'S INSURANCE (PROPERTY) COMPANY OF CHINA, LTD. TOKYO BRANCH
98 LSKL MACHPSAKA, TOKYO, JAPAN
TEL: 56-543657

                            中国人民财产保险股份有限公司
                            THE PEOPLE'S INSURANCE (PROPERTY) COMPANY OF CHINA, LTD.

赔款偿付地点
Claim payable at   TOKYO IN USD

日期                          在
Date    Nov. 20, 2021    at    SHANGHAI      General Menager: 凡玲

地址:
Address:
```
(盖章:The People's Insurance (Property) Company of China, Ltd.)

图 9-3 货运保险单

表 9-4 海运提单

Shipper SHANGHAI SK IMPORT & EXPORT CO. LTD. No. 1 RENMIN ROAD, SHANGHAI, CHINA		B/L NO. HJSHBI 212939 OR/GINAL 中国对外贸易运输总公司 CHINA NATIONAL FOREIGN TRADE TRANSPORT CORPORATION 直运或转船提单 **BILL OF LADING DIRECT OR WITH TRANSHIPMENT** SHIPPED on board in apparent good order and condition (unless otherwise indicated) the goods or packages specified herein and to be discharged or the mentioned port of discharge of as near there as the vessel may safely get and be always afloat. 　　THE WEIGHT, measure, marks and numbers quality, contents and value, being particulars furnished by the Shipper, are not checked by the Carrier on loading. 　　THE SHIPPER, Consignee and the Holder of this Bill of Lading hereby expressly accept and agree to all printed, written or stamped provisions, exceptions and conditions of this Bill of Loading, including those on the back hereof. 　　IN WITNESS where of the number of original Bill of Loading stated below have been signed, one of which being accomplished, the other(s) to be void.
Consignee or order TO ORDER OF SHIPPER		
Notify address TKAMRA TRADE CORPORATION 37 VICTORIA MACH, TOKYO, JAPAN		
Pre-carriage by	Port of loading SHANGHAI	
Vessel COSO98	Port of transshipment	
Port of discharge TOKYO	Final destination	
Container Seal No. or shipping mark and No.	Number and kind of packages Designation of goods	Gross weight (kgs.)	Measurement (m³)

（续表）

TEXU3120345 KKK 2021039 TOKYO C/NO. 1–600	MEN'S 100% COTTON TROUSERS SAY SIX HUNDRED (600) CARTONS ONLY TOTAL ONE 20' CONTAINER CY TO CY FREIGHT PREPAID	3 000KGS	72CBM
REGARDING TRANSHIPMENT INFORMATION PLEASE CONTACT		Freight and charge FRIGHT PREPAID	

Ex. rate	Prepaid at	Fright payable at SHANGHAI	Place and date of issue SHANGHAI, NOV. 30, 2021
	Total Prepaid	Number of original Bs/L THREE	Signed for or on behalf of the Master 丁毅 as Agent

---

上海商快进出口有限公司
SHANGHAI SK IMPORT & EXPORT CO. LTD.

TEL: 021-65788811   No. 1 RENMIN ROAD, SHANGHAI, CHINA
FAX: 021-65788812

INV NO: LD211107
DATE: OCT. 2, 2021
S/C NO: 2021039
L/C NO: XT211073

TO: M/S   **SHIPPING ADVICE**

TKAMRA TRADE CORPORATION
37 VICTORIA MACH, TOKYO, JAPAN

DEAR SIRS:
WE HEREBY INFORM YOU THAT THE GOODS UNDER THE ABOVE MENTIONED CREDIT HAVE BEEN SHIPPED. THE DETAILS OF THE SHIPMENT ARE STAED BELOW.

　　COMMODITY:　　MEN'S 100% COTTON TROUSERS　　　　SHIPPING MARK
　　NUMBER OF CTNS:　　600CARTONS　　　　　　　　　　KKK
　　TOTAL GROSS WEIGHT:　　300KGS　　　　　　　　　　2021039
　　OCEAN VESSEL:　　COSO98　　　　　　　　　　　　　TOKYO
　　B/L NO.:　　HJSHBI 212939　　　　　　　　　　　　C/NO. 1–600
　　PORT OF LOADING:　　SHANGHAI
　　DATE OF DEPARTURE:　　NOV. 30, 2021
　　DESTINATION:　　TOKYO PORT

　　　　　　　　　　　　　　SHANGHAI SK IMPORT & EXPORT CO. LTD.
　　　　　　　　　　　　　　　　　　　　王祥

图 9-4　装运通知

体验活动

一、活动背景

上海三井进出口有限公司创业团队伙伴根据销售确认书和信用证的相关内容缮制商业汇票，并在信用证有效和交单期限向中国银行上海分行提交商业汇票、商业发票、装箱单、非木质包装证明、提单、装运通知等全套议付单据进行议付。

二、活动资料

发票编号：20211123
出票日期：31D：DATE 211230 AT BENEFICIARY'S COUNTER
出票地点/地址：59：SHANGHAI SJ IMPORT & EXPORT CO. LTD. /No. 1 RENMIN ROAD, SHANGHAI, CHINA
汇票金额：32 B：CURRENCY USD AMOUNT 364000.00
付款期限：42 C：DRAFTS AT SIGHT FOR FULL INVOICE COST
受款人：41 D：BANK OF CHINA BRANCH BY SHANGHAI
出票条款：52A：FRANKFURT BANK/No. 165 OSBLANCH, HAMBURG, GERMANY 20：XT211018 31C：211012
付款人：52A：FRANKFURT BANK
出票人签章：59：SHANGHAI LIDA IMP. & EXP. CO. LTD.

三、活动要求

上海三井进出口有限公司创业团队根据上述信息缮制商业汇票，并对全套议付单据进行审核，然后派代表用 PPT 对实践体验活动的情况进行汇报。

BILL OF EXCHANGE

For _____

                                                  Date

At_____ sight of this SECOND BILL of EXCHANGE (first of the same tenor and date unpaid) pay to the order of _____ the sum of

Drawn under _____
L/C No. _____ Dated _____
To. _____
      _____

团队活动评价表

测评内容	评判标准/分值	总分	团队自评（50%）	教师评价（50%）
实践活动情况	缮制汇票/正确/30 分	30		
	缮制汇票/错 1 处/扣 6 分			
	缮制汇票/不填/0 分			
实践活动情况	审核议付单据/正确/30 分	30		
	审核议付单据/错 1 处/扣 6 分			
	审核议付单据/不填/0 分			
PPT 汇报情况	PPT 设计制作/好/10 分	10		
	PPT 设计制作/一般/5 分			
	PPT 设计制作/较差/2 分			
	语言表达/好/10 分	10		
	语言表达/一般/5 分			
	语言表达/较差/2 分			
合作完成质量	达到目标/好/10 分	10		
	达到目标/一般/5 分			
	达到目标/较差/2 分			
团队协作精神	协作精神/好/10 分	10		
	协作精神/一般/5 分			
	协作精神/较差/2 分			
计分				

任务二　办理出口货物退税

 学习指南

出口退税是指国家为增强出口商品的竞争力，由税务机关将出口离境的货物在国内生产与流通环节中已征的中间税款返还给出口企业,从而使出口商品以不含税价格进入国际市场参与国际竞争的一种政策制度。

一、出口货物退税的范围

1. 外贸企业的出口产品

外贸企业是指经过商务部主管部门的批准,拥有进出口经营权的独立法人,该企业货物离境可申请出口退税。

2. 外贸生产企业的出口产品

外贸生产企业是指经过商务部主管部门备案登记,获准自营出口或委托外贸企业代理出口的独立法人,该企业货物离境可申请出口退税。

3. 非外贸生产企业的出口产品

非外贸生产企业是指无进出口经营权的生产企业,即未在商务部主管部门进行对外贸易经营者备案登记的独立法人,其自产货物可委托外贸企业代理出口,该货物离境可申请出口退税。

4. 保税区内企业的出口产品

保税区内企业是指在保税区内注册的独立法人,其货物离境可申请出口退税。

5. 特定企业

特定企业是指不限于是否拥有出口经营权的独立法人,如外轮公司和远洋运输供应公司等企业发生特定业务后,也可办理出口退税。

二、出口货物退税的方法

1. 免税与退税

我国对外贸企业出口货物实行免税与退税的办法,即对出口货物销售环节免征增值税,对出口货物在前各个生产流通环节已缴纳增值税予以退税。

2. 免、抵与退税

我国对生产企业自营或委托出口的货物实行免、抵与退税的办法,即对出口货物本道环节免征增值税,对出口货物所采购的原材料、包装物等所含的增值税允许抵减其内销货物的应缴税款,对未抵减完的部分再予以退税。

三、出口货物退(免)税的条件

凡在出口贸易中已征的产品税、增值税和特别消费税的产品,除了国家明确规定不予退还的,都予以退税,但须具备四个条件:一是属于增值税和消费税征税范围的货物;二是经出口报关离境的货物;三是出口货物必须已经结汇;四是会计上已作出口销售处理的货物。

四、出口退税业务办理

1. 出口退税的时限

出口企业在办理出口退税时应注意三个时限规定:一是采购出口货物后必须及时

向供货企业索取增值税专用发票或普通发票,属于防伪税控的增值税发票应在开票之日起 30 天内办理认证手续;二是当年出口退税货物须在出口的次月至次年 4 月的各个增值税纳税申报期内申报;三是免税出口货物应在货物出口的次月或在次年 5 月的增值税纳税申报期内申报。

2. 出口退税的材料

在一般贸易或进料加工贸易方式下,外贸企业办理出口退税材料主要包括:出口货物增值税专用发票(抵扣联);出口货物外销发票(发票联和退税联);出口货物销售明细账;出口货物报关单;出口退税进货明细申报表;出口退税进货凭证申报明细表;出口退税出口明细申报表;税务机关要求报送的其他资料,如海关登记证复印件、对外经营者备案登记证复印件、税务登记证复印件、法人身份证复印件等。

3. 出口退税业务的流程

出口退税业务流程(图 9-5)如下。

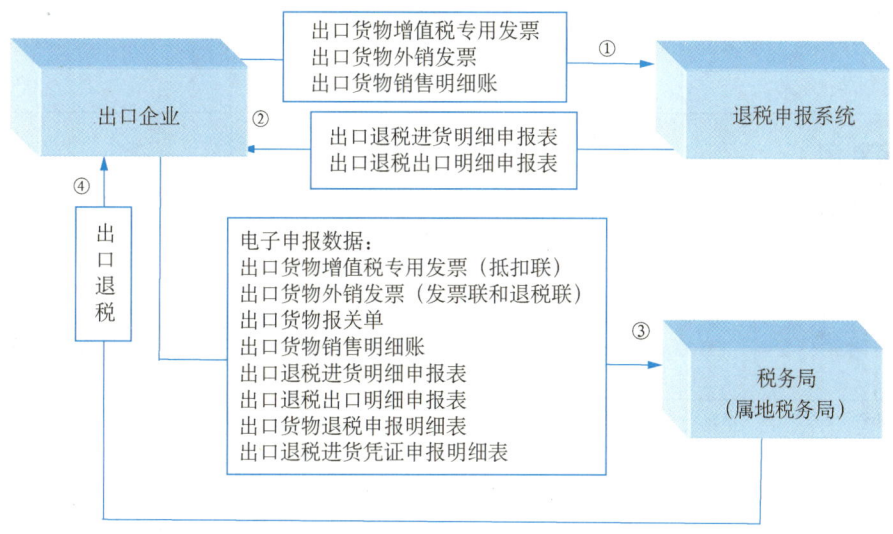

图 9-5 出口退税业务流程

流程说明:
① 将本期/批次出口货物免退税纸质凭证的基础明细数据采集到退税申报系统。
② 系统自动根据企业进货与出口申报数据进行配比并生成 3 张表,由企业经办人和财务负责人签章并加盖公章。
③ 出口企业将电子申报数据、纸质凭证和报表提交退税管理部门相关窗口,如材料齐全、种类与数量一致,可获取窗口税务人员的接单登记回执,然后进行人工初审、计算机复审。
④ 退税管理部门负责人对退税审核结果进行最终确认,报地市级以上税务机关审批,核准后予以退税。

 **实例操作**

> **业务情境**
>
> 上海商快进出口有限公司王祥经理与创业团队伙伴根据我国出口退税的有关规定,在完成信用证支付方式出口结算后,缮制有关申报表,并随附增值税专用发票(抵扣联)、出口货物销售明细账、出口货物报关单(出口退税专用联)等材料向属地税务局办理出口退税手续。

上海商快进出口有限公司根据国家税务总局的有关规定,准备好出口货物增值税专用发票(抵扣联)(表9-5),缮制出口货物外销发票(发票联和退税联)(表9-6)、出口货物报关单(表9-7)、出口退税进货明细申报表(表9-8)、出口退税进货凭证申报明细表(表9-9)、出口退税出口明细申报表(表9-10),并向国家税务总局上海黄浦分局办理男式长裤出口退税。

表9-5 增值税专用发票(抵扣联)

	3100183620	上海增值税专用发票				No 21165301 开票日期:2021年10月12日		
购买方	名　　　称: 上海商快进出口有限公司 纳税人识别号: 3101062278358009-8 地址、电话: 上海市人民路1号 021-65788811 开户行及账号: 工商银行黄浦分行 300834567321				密码区	-583109-4 * /28+374655< 79+7>223 -23<131+0008204222+0-9+1811095 079345+7390>2*3345< 4356>0-9 + 023-23789 +5678 -45 * 4/ <12021 >		
货物或应税劳务、服务名称		规格型号	单位	数量	单价	金额	税率	税额
男式全棉长裤		黑色 S、M、XL、XX	条	4000	20.00	80000.00	13%	10400.00
		黑色 L	条	2000	20.00	40000.00	13%	5200.00
		自然色 S、M、XL、XX	条	4000	20.00	80000.00	13%	10400.00
		自然色 L	条	2000	20.00	40000.00	13%	5200.00
合　计						¥240000.00		¥31200.00
价税合计(大写)		⊗贰拾柒万壹仟贰佰圆整				(小写)¥271200.00		
销货方	名　　　称: 上海南汇服装有限公司 纳税人识别号: 310457654221678 地址、电话: 上海市汇南镇三门路1号 021-25888123 开户行及账号: 中国银行浦东分行 0516684321337				备注			

收款人:李建　　　复核:万芬　　　开票人:夏非凡　　　销售方(章)

表 9-6 出口货物外销发票

	上海商快进出口有限公司 SHANGHAI SK IMPORT & EXPORT CO. LTD. No. 1 RENMIN ROAD, SHANGHAI, CHINA	发票代码:3108204229
TEL:021-65788811 FAX:021-65788812	税务登记号:310928374655	INV NO:LD211107 DATE:OCT. 2,2021 S/C NO:2021039
	COMMERCIAL INVOICE	L/C NO:XT211073

TO: M/S
TKAMRA TRADE CORPORATION
37 VICTORIA MACH, TOKYO, JAPAN

FROM   SHANGHAI PORT   TO   TOKYO PORT

SHIPPING MARK & NO.	DESCRIPTIONS OF GOODS	QUANTITY	U/PRICE	AMOUNT
KKK 2021039 TOKYO C/NO. 1-600	MEN'S 100% COTTON TROUSERS AS PER SAMPLE NO. 121 EACH PIECE IN A BOX, 20 PIECES INTO AN EXPORT CARTON	12 000PCS	USD6.50 CIF TOKYO	USD78 000.00
TOTAL				USD78 000.00

TOTAL AMOUNT:SAY US DOLLARS SEVENTYEIGHT THOUSAND ONLY.

WE HEREBY CERTIFY THAT THE CONTENTS OF INVOICE HEREIN ARE TRUE AND CORRECT.

SHANGHAI SK IMPORT & EXPORT CO. LTD.

王祥

表 9-7 出口货物报关单

预录入编号：
海关编号：

境内发货人(3110965711) 上海商快进出口有限公司	出境关别 吴淞海关(2202)	出口日期	申报日期	备案号
境外收货人 TKAMRA TRADE CORPORATION	运输方式(2) 水路运输	运输工具名称及航次号 COSCO987654/COS753	提运单号 COS21123	
生产销售单位(3110965711) 上海商快进出口有限公司	监管方式(0110) 一般贸易	征免性质(101) 一般征税	许可证号	
合同协议号 2021039	贸易国(地区)(JPN) 日本	运抵国(地区)(JPN) 日本	指运港 (JPN501)	离境口岸(310402) 吴淞
包装种类(22) 纸质或纤维板制盒/箱	件数 600	毛重(千克) 3 000	净重(千克) 2 400	成交方式(1) CIF	运费 502/500/3	保费 502/25/3	杂费
随附单证及编号				
标记唛码及备注 KKK 2021039 TOKYO C/NO. 1-600	集装箱标箱数及号码：TEXU3120345/20/2280			

(续表)

项号	商品编号	商品名称及规格型号	数量及单位	单价/总价/币制	原产国（地区）	最终目的国（地区）/境内货源地	征免
1	6203429012	男式全棉长裤 S, M, L, XL, XXL | 无品牌 | 无优惠	12 000 条 3 000 千克	6.500 0 78 000.00 美元	中国（CHN）	日本（JPN） （31222）上海浦东新区	照章

特殊关系确认：否　价格影响确认：否　支付特许权使用费确认：否　公式定价确认：否　暂定价格确认：否　自报自缴：否

报关人员　王莉　报关人员证号　　　　　　电话　兹申明对以上内容承担如实申报、依法纳税之法律责任　　　海关批注及签章
申报单位　金发国际货运代理公司　　　　　　　　　　　申报单位（签章）　上海金发国际货运代理有限公司　业务专用章

表 9-8 出口退税进货明细申报表

海关企业代码：3100985714
纳税人名称：上海商进进出口有限公司（公章）
纳税人识别号：3010162278858009-8
申报日期：2021 年 12 月　　申报批次：1

金额单位：元

序号	关联号	税种	进货凭证号	开票日期	出口商品代码	商品名称	计量单位	数量	计税金额	征税率	征税税额	退税率	可退税额	业务类型	备注
0001	211201	V	310018362018165301	2021.10.12	6203429012	男式全棉长裤	条	12 000	40 800	13%	40 800	10%	4 080	批发	

经办人：李丽　　财务负责人：方欣　　法定代表人（负责人）：王祥　　第 1 页

表 9-9 出口退税进货凭证申报明细表

企业名称：上海商快进出口有限公司
企业代码：3110965711
部门代码：　　　　　税种：V　　　　所属期：12　　　　第 1 页

序号	进货凭证号码	开票日期	商品代码	商品名称	单位	数量	计税金额	法定征税税率	征收率	实缴税额	退税率	可退税额	备注
0001	310018362 018165301	2021.10.12	62034 29012	男式全棉长裤	条	120 000	40 800	13%	6.8%	2 774.40	10%	4 080	
页计													
合计													

企业负责人：王祥　　　　财务负责人：方欣　　　　填表人：李丽

表 9-10　出口退税出口明细申报表

海关企业代码：3201096571
纳税人名称：上海商贸进出口有限公司（公章）
纳税人识别号：310106227838009-8

申报日期：2021年12月2日　　　申报批次：1　　　金额单位：元

申报序号	关联号	出口发票号	报关单号	出口日期	商品代码	商品名称	计量单位	美元离岸价	出口数量	退税率	应退增值税额	应退消费税额	代理证明号	进料加工手册号	备注
0001	211 201	LD21 1107	220220 219123 456789	2021.11.30	62034 29012	男式全棉长裤	条	77 475	12 000	10%	4 080				
合计															

企业填表人：李丽　　　财务负责人：方欣　　　企业负责人：王祥　　　制表日期：2021年12月2日

# 体验活动

一、活动背景

上海三井进出口有限公司创业团队伙伴根据我国出口退税的有关规定,在完成信用证支付方式出口结算后,缮制有关申报表,并随附增值税专用发票(抵扣联)、出口货物销售明细账、出口货物报关单等材料向上海浦东新区税务局办理出口退税手续。

二、活动资料

出口商名称:上海三井进出口有限公司
地址/固定电话/传真:上海市浦东新区浦东路1号/021-58343434/021-58343435
海关企业/企业代码:3101987362
纳税人名称:上海三井进出口有限公司
纳税人识别号:3101062278358342-6
申报年月:2021年12月
申报批次:第1批
申报序号:0001
关联号:年2位+月2位+1234
税种:增值税
进货凭证号:310018362018123456
出口货物加工费:每条20元
出口货物加工数量:45 500条
开票日期:2021年11月20日
出口商品代码:自查H.S.编码
商品名称:全棉帆布女式中裤
出口货物数量:45 500条
商品单价:每条8美元CIF汉堡
计税金额:发票总金额
法定征税税率/征税率/征收率:13%
征税税额/实缴税额:发票总金额×征税率
退税率:10%
可退税额/应退增值税额:征税税额×退税率
出口发票号:20211123
报关单号:220220219123412345
出口日期:2021年11月30日
美元离岸价:600美元(运费)、300美元(保费)

应退消费税额：无
代理出口证明号：无
进料加工手册号：无
汇总申报表编号：0211201234
企业负责人/法人代表：甲学生
财务负责人：乙学生
经办人：丙学生

三、活动要求

上海三井进出口有限公司根据上述相关信息缮制出口退税进货明细申报表、出口退税进货凭证申报明细表、出口退税出口明细申报表，并派代表用PPT对体验活动的情况进行汇报。

出口退税进货明细申报表

海关企业代码：
纳税人名称：
纳税人识别号：

（公章）

申报日期：　　年　　月　　申报批次：

序号	关联号	税种	进货凭证号	开票日期	出口商品代码	商品名称	计量单位	数量	计税金额	征税率	征税税额	退税率	可退税额	业务类型	备注

经办人：　　　　　财务负责人：　　　　　法定代表人（负责人）：

第　　页

出口退税进货凭证申报明细表

企业名称：
企业代码：
部门代码：
税种：　　　　　所属期：　　　　　第　页

序号	进货凭证号码	开票日期	商品代码	商品名称	单位	数量	计税金额	法定征税税率	征收率	实缴税额	退税率	可退税额	备注
页计													
合计													

企业负责人：　　　　　财务负责人：　　　　　填表人：

出口退税出口明细申报表

海关企业代码：
纳税人名称：　　　　　　　　　　（公章）
纳税人识别号：　　　　申报日期：　年　月　日　　申报批次：

申报序号	关联号	出口发票号	报关单号	出口日期	商品代码	商品名称	计量单位	美元离岸价	出口数量	退税率	应退增值税额	应退消费税额	代理证明号	进料加工手册号	备注
合计															

企业填表人：　　　　　　　财务负责人：　　　　　　　企业负责人：　　　　　　　制表日期：

团队活动评价表

测评内容	评判标准/分值	总分	团队自评（50%）	教师评价（50%）
实践活动情况	出口退税进货明细申报表/正确/20 分	20		
	出口退税进货明细申报表/错 1 处/扣 4 分			
	出口退税进货明细申报表/不填/0 分			
	出口退税进货凭证申报明细表/正确/20 分	20		
	出口退税进货凭证申报明细表/错 1 处/扣 4 分			
	出口退税进货凭证申报明细表/不填/0 分			
	出口退税出口明细申报表/正确/20 分	20		
	出口退税出口明细申报表/错 1 处/扣 4 分			
	出口退税出口明细申报表/不填/0 分			
PPT 汇报情况	PPT 设计制作/好/10 分	10		
	PPT 设计制作/一般/5 分			
	PPT 设计制作/较差/2 分			
	语言表达/好/10 分	10		
	语言表达/一般/5 分			
	语言表达/较差/2 分			
合作完成质量	达到目标/好/10 分	10		
	达到目标/一般/5 分			
	达到目标/较差/2 分			
团队协作精神	协作精神/好/10 分	10		
	协作精神/一般/5 分			
	协作精神/较差/2 分			
计分				

 综合能力训练

一、单选题

1. 商业汇票是（　　）签发的，委托付款人在见票时或指定日期无条件支付确定金额给收款人或持票人的票据。

  A. 出票人　　　　B. 持票人　　　　C. 进口商　　　　D. 银行

2. 商业汇票一般是（　　）正本。

A. 1 张　　　　　B. 2 张　　　　　C. 2 张　　　　　D. 3 张

3. 商业汇票编号的出票日期是指(　　)号码。

A. 商业发票　　　B. 装箱单　　　C. 原产地证书　　　D. 海运提单

4. 信用证项下的商业汇票出票日期通常是由(　　)填写。

A. 出口商　　　　B. 进口商　　　C. 议付行　　　D. 收款行

5. 汇票受款人又称(　　)。

A. 付款人　　　　B. 委托人　　　C. 抬头人　　　D. 支付人

6. 出口退税是将出口货物在生产与流通中征收的(　　)在出口后予以退税的政策。

A. 附加税　　　　B. 营业税　　　C. 特殊税　　　D. 增值税

7. 当年出口退税货物须在出口的(　　)的各个增值税纳税申报期内申报。

A. 次月至次年 3 月　　　　　B. 次月至次年 4 月

C. 次月至次年 5 月　　　　　D. 次月至次年 6 月

8. 以下各项不属于出口退税申请材料的是(　　)。

A. 出口货物增值税专用发票　　　B. 出口货物外销发票

C. 出口货物销售明细账　　　　　D. 非木质包装证明

二、多选题

1. 信用证业务的特点有(　　)。

A. 开证行承担第一性付款责任

B. 信用证是一项独立文件

C. 信用证方式是纯单据业务

D. 信用证采用书面文件

2. 出口货物退(免)税须具备的条件有(　　)。

A. 属于增值税和消费税征税范围的货物

B. 经出口报关离境的货物

C. 出口货物必须已经结汇

D. 会计上已做出口销售处理的货物

3. 出口退税的方法有(　　)。

A. 免税　　　　　　　　　　B. 免税与退税

C. 免、抵与退税　　　　　　D. 免、抵

4. 免税出口货物应在货物出口的(　　)的增值税纳税申报期内申报。

A. 当月　　　B. 次月　　　C. 次年 5 月　　　D. 次年 6 月

三、判断题

1. 商业汇票是一种代替现金的支付工具。　　　　　　　　　　　　(　　)

2. 汇票出票不得早于其他单据日期,也不得晚于信用证有效期。　　(　　)

3. 指示性抬头的商业汇票是不可以背书转让的。　　　　　　　　　(　　)

4. 商业汇票出票人签章必须手签,否则无效。　　　　　　　　　　(　　)

5. 属于防伪税控的增值税发票应在开票之日起 20 天内办理认证手续。(　　)

四、业务流程题

根据出口退税业务程序填写下表。

流程环节	业务流程描述
第一步骤	
第二步骤	
第三步骤	
第四步骤	

五、简答题

1. 简述议付单据审核的主要依据。
2. 简述出口货物退税的范围。

项目十 订立进口贸易合同与开立信用证

学习目标

- 了解进口贸易交易磋商的基本环节与内容
- 熟悉进口贸易合同的形式、条款和要求
- 明确信用证在进口贸易业务中的主要作用
- 掌握进口贸易合同履行的环节及主要单证
- 具备开展进口贸易业务操作的基本能力

学习情境

从事进口贸易的企业依法设立并获得从事国际贸易业务资质后,根据公司的经营目标和市场定位制订进口货物计划,并通过线上线下各种手段对采购商品进行市场调研,选择合适的卖家。进出口双方就交易的商品进行磋商,达成一致意见后签订购货确认书。在选择信用证支付方式的情况下,进口商要根据购货合同规定的开证时间通过银行开出信用证,当收到付款银行的付款通知后,进行付款赎单,并办理进口货物报关报检手续。

项目十介绍了进口贸易合同的磋商、订立及履行环节,包括信用证开立、报关报检手续办理等内容,并以实例予以展示。

任务一 订立进口贸易合同

学习指南

一、订立合同前的工作

1. 收集进口商品信息

1) 线上收取采购商品信息

进口企业可以通过自己的公司网站、注册的行业营销网站和第三方跨境电子商务网站等途径收集进口商品的价格、品质、包装和交货等信息,并对国家地区、出口商名称、商品名称、商品规格等方面进行分析归类。

2) 线下收集进口商品信息

进口企业可以通过参加中国进出口商品交易会、中国华东进出口商品交易会和中国国际进口博览会等途径,与外商进行面对面的洽谈,直接获取第一手商品信息。"中国国际进口博览会"网站页面(图10-1)如下。

图10-1 "中国国际进口博览会"网站页面

2. 调研进口商品市场

进口企业根据公司市场定位、经营目标和经营范围对进口贸易市场进行深入调研,除了需求商品的类型、规格和品质,还要了解出口国家的政治经济环境和交易环境,撰写书面调研报告,作为进口贸易计划制订的基本依据。

3. 进出口双方的交易磋商

根据《联合国国际货物买卖合同公约》的相关规定,一方发盘,另一方接受,合同即告成立。发盘可以是买方发出,也可以是卖方发出。

1) 进口商根据目标客户开展交易磋商

进口商开展交易磋商主要有四个环节:一是进口商根据进口商品市场调研的结果,选择合适的进口商并发送询盘函,询问采购商品交易条件;二是出口商收到进口商的询盘函后及时给予报价,包括商品品质、包装方式、成交价格、支付方式、交货方式等具体内容;三是进口商收到报价函并对报价内容进行研究分析,根据自己的实际需求和定价目标对报价提出修改意见,即还盘;四是如果进口商直接同意报价中提出的各项交易条件并愿按这些条件与对方达成交易,或者出口商同意进口商的还盘条件,构成了接受,合同即告成立。

2) 出口商根据目标客户开展交易磋商

出口商开展交易磋商主要有三个环节：一是出口商根据收集的采购信息直接向进口商发盘进行报价，包括商品品质、包装方式、成交价格、支付方式、交货方式等具体内容；二是进口商收到各个报价函后对报价内容进行研究分析，根据自己的实际需求和定价目标对报价提出修改意见，即还盘；三是如果进口商直接同意报价中提出的各项交易条件并愿按这些条件与对方达成交易，或者出口商同意进口商的还盘条件，构成了接受，合同即告成立。

二、进口贸易合同的订立

1. 进口贸易合同的形式

1) 购货合同书

购货合同书是指我国进出口贸易公司与境外出口商或供应商就进口货物的交易条件达成的详细书面协议。

2) 购货确认书

购货确认书是指我国进出口贸易公司与境外出口商或供应商就进口货物的品质、数量、包装、价格、交货期、装运地和目的地、付款方式、货运保险等主要交易条件达成的简式书面协议。

2. 进口贸易合同的签订

进口贸易合同通常由进口方拟定，一式两份，经进口商签章后递交出口商进行回签，经进出口双方签章后进口贸易合同生效，双方各持一份作为合同履行的依据。

实例操作

> **业务情境**
>
> 上海商快进出口有限公司通过公司网站、中国商品网站和第三方跨境电商平台敦煌网发布采购各款运动鞋的信息。近日，在敦煌网跨境电商平台注册的公司店铺收到加拿大皮特贸易公司男式运动鞋供货信息，通过对该商品的品质、款式和价格等方面的信息分析后，决定向该公司进口男式运动鞋。上海商快进出口有限公司向加拿大皮特贸易公司发送发盘函，交易条件被加拿大皮特贸易公司接受后，拟定购货确认书。

一、上海商快进出口有限公司报价

上海商快进出口有限公司根据采购的男式运动鞋发出发盘函（图10-2），提出主要交易条件。

```
发件人：TKAMRA < 19 @ hotmail.com >
收件人：PETER @ sohu.com
主题：OFFER                                       2021-9-17    14:40
Dear Peter,
Thank you very much for your enquiry dated on Sept. 15. Now we quote you the price as follows:
MEN'S SNEAKERS BRAND WEILAI
Unit Price：@USD 40.00/pair CPT MONTREAL
Payment：sight L/C
Packing：each pair in a box, 20 pieces into an export carton
Offer subject reply reaching us before Sept. 24, 2021.

                                    Kind Regards,
                                    WANG XIANG
                                    SHANGHAI SK IMPORT & EXPORT CO. LTD
```

图 10-2　发盘函

二、加拿大皮特贸易公司发出接受函

加拿大皮特贸易公司向上海商快进出口有限公司发出接受函(图 10-3)。

```
发件人：PETER @ sohu.com
收件人：TKAMRA < 19 @ hotmail.com >
主题：ACCEPTANCE                                  2021-9-18    16:00

Dear Mr. Wang Xiang,
Your letter dated on Sept. 17 has been received with thanks.
After a careful consideration of your request, we accept the price at USD40.00 per pair.
Looking forward to your order.

                                    Kind Regards,
                                    TKAMRA
                                    TKAMRA TRADE CORPORATION
```

图 10-3　接受函

三、上海商快进出口有限公司拟定购货确认书

上海商快进出口有限公司创业团队根据我国《民法典》的相关规定,参照其他进出口贸易公司的购货确认书的格式,用中文和英文两种文字确定购货确认书的框架及内容,签章后寄送加拿大皮特贸易公司会签(图 10-4)。

购货确认书
PURCHASE CONTRACT

P/C NO: 20211012
DATE: OCT. 20, 2021

买　　方:
The Buyer: SHANGHAI SK IMPORT & EXPORT CO. LTD.
　　　　　No. 1 RENMIN ROAD, SHANGHAI, CHINA
　　　　　TEL: 021-65788811　FAX: 021-65788812

卖　　方:
The Sellers: PT. IMPORT & EXPORT CO. LTD.
　　　　　No. 310 VICTORIA ROAD, MONTREAL, CANADA
　　　　　TEL: 001-514-6415　FAX: 001-514-6416

本合同由买卖双方订立,根据本合同规定的条款,买方同意购买、卖方同意出售下述商品/This Contract is made by and between the Buyer and Seller, whereby the Buyer agrees to buy and the Seller agrees to sell the under-mentioned commodity according to the terms and conditions stipulated below.

1. 商品名称、规格、数量及单价/COMMODITY, SPECIFICATIONS, QUANTITY AND UNIT PRICE.

品名与规格 Commodity and Specification	数量 Quantity	单价 Unit price	金额 Amount
MEN'S SNEAKERS BRAND WEILAI	20 000 PAIRS	USD40.00 CPT MONTREAL	USD800 000.00

2. 原产地国与制造商/COUNTRY OF ORIGIN & MANUFACTURER:加拿大,皮特制鞋有限公司/CANAD, PITER SHOEMAKING CO. LTD.

3. 包装/PACKING:每双装入一只纸盒,20双不同尺码与颜色装入一只出口纸箱/EACH PAIR IN A BOX, 20 PAIRS INTO AN EXPORT CARTON, WITH ASSORTED SIZES AND COLORS;纸箱长宽尺寸不能超过70CM、60CM/MAXIMUM SIZE OF EXPORT CARTONS: LENGTH 60CM WIDTH 50CM.

4. 唛头/SHIPPING MARK:主唛内容包括PT、销售合同号、目的地和箱数,由卖方提供/MAIN MARK INCLUDES PT S/C NO. AIRPORT OF DESTINATION AND CARTON NO. BY THE SELLER.

5. 装运日期/DELIVERY:2021年11月20日前/BEFORE NOV. 20, 2021

6. 启运地/DEPARTURE:蒙特利尔机场/MONTREAL AIRPORT

7. 目的地/DESTINATION:浦东机场/PUDONG AIRPORT

8. 付款条件/TERMS OF PAYMENT:即期信用证/L/C AT SIGHT

9. 保险/INSURANCE:由买方办理/BY THE BUYER

(续图)

10. 单据/DOCUMENT：卖方提供下列单据至结汇银行/THE SELLER SHALL PRESENT THE FOLLOWING DOCUMENTS TO THE DOCUMENTS: PAYING BANK.

1）签字的商业发票三份，注明合同号/THREE COPIES OF SIGNED COMMERCIAL INVOICE INDICATING CONTRACT NUMBER.

2）装箱单三份/THREE COPIES OF PACKING LIST.

3）品质证书一式两份，由厂商签发/TWO COPIES OF CERTIFICATE OF QUALITY QUANTITY ISSUED BY MANUFACTURE.

11. 一般条款/GENERAL TERMS：

买方须于2021年10月31日前开出本批交易的信用证，否则，卖方有权不经过通知取消本合同书，或向买方提出索赔。The Buyer shall establish the covering Letter of Credit before OCT. 31, 2021, falling which the Seller reserves the right to rescind without further notice, or to accept whole or any part of this Sales Contractfulfilled by the Buyer, or, to lodge claim for direct losses sustained, if any.

本合同书内所述全部或部分商品，如因人力不可抗拒的原因，以致不能履约或延迟交货，卖方概不负责。The Seller shall not be held liable for failure of delay in delivery of the entire lot or a portion of the goods under this Sales Contract consequence of any Force Majeure incidents.

凡因执行本合同所发生的或与本合同有关的一切争议，双方应通过友好协商解决；如果协商不能解决，应提交上海国际经济贸易仲裁委员会，根据该会的仲裁规则进行仲裁。仲裁裁决是终局的，对双方都有约束力。仲裁费用除仲裁庭另有规定外，均由败诉方负担。All disputes in connection with this contract or arising from the execution of there, shall be amicably settled through negotiation in case no settlement can be reached between the two parties, the case under disputes shall be submitted to Shanghai International Economic and Trade Arbitration Commission, for arbitration in accordance with its Rules of Arbitration. The arbitral award is final and binding upon both parties. The arbitration fee shall be borne by the losing party unless otherwise awarded by the arbitration court.

买方在开给卖方的信用证上请填注本合同书号码。The Buyer is requested always to quote THE NUMBER OF THIS SALES CONTRACT in the letter of Credit to be opened in favour of the Seller

买方收到本售货合同书后请立即签回一份，如买方对本合同书有异议，应于收到后五天内提出，否则认为买方已同意接受本合同书所规定的各项条款。The buyer is requested to sign and return one copy of the Sales Contract immediately after the receipt of same, Objection, if any, should be raised by the Buyer within 5 days after the receipt of this Sales Contract, in the absence of which it is understood that the Buyer has accepted the terms and condition of the sales Contract.

本合同经甲乙双方当事人签章后生效，一式两份，双方各持一份。This contract is taken into effect after the signing of the parties to Party A and B, with two copies and one share of each party.

买方：王祥　　　　　　　　　　　　　　　卖方：**PETER**
THE BUYER:　　　　　　　　　　　　　　THE SELLER:

图10-4　购货确认书

体验活动

一、活动背景

上海三井进出口有限公司通过公司网站、中国商品网站和第三方跨境电商平台发布女式中裤采购信息。近日,上海三井进出口有限公司在第三方跨境电商平台看到法国丹尼斯贸易公司的各款女式中裤供货信息,通过对该商品的品质与款式的研究分析,决定向该公司进行采购。双方经过交易磋商达成一致意见后签订购货确认书。

二、活动资料

进口商:上海三井进出口有限公司

进口商地址/固定电话/传真:上海市浦东新区浦东路 1 号/021-58343434/021-58343435

出口商:DENSE IMPORT & EXPORT CO. LTD.

出口商地址/固定电话/传真:No. 6 CHANGJ NORTH STREET,PARIS,FRANCE/(+33)013315798/(+33)013315799

购货合同号:SJ2111453

商品名称:女式中裤

商品品质:全棉帆布

商品价格:每条 8 美元 FOB 汉堡

原产地国与制造商:法国、NNN GARMENT CO. LTD.

商品数量:20 000 条

商品包装:每 1 条混码装入一个胶袋,20 个胶袋装入一只出口纸箱

唛头:收货人简称(NNN)、销售合同号、目的港和箱数

装运地:巴黎

目的地:上海

分批装运:不允许

转运:不允许

支付方式:即期议付信用证

开证时间:不迟于 2021 年 10 月 31 日

装运日期:不迟于 2021 年 12 月 10 日

议付单据:签字的商业发票三份,注明合同号;装箱单三份;由海关出具的一般原产地证明书

三、活动要求

上海三井进出口有限公司经理及伙伴根据上述信息用中文与英文拟定购货确认

书,并派代表用 PPT 进行汇报。

购 货 确 认 书 P/C NO:
PURCHASE CONTRACT DATE:

买　方:
The Buyer:

卖　方:
The Seller:

本合同由买卖双方订立,根据本合同规定的条款,买方同意购买、卖方同意出售下述商品/This Contract is made by and between the Buyer and Seller, whereby the Buyer agrees to buy and the Seller agrees to sell the under-mentioned commodity according to the terms and conditions stipulated below.

1. 商品名称、规格、数量及单价/COMMODITY, SPECIFICATIONS, QUANTITY AND UNIT PRICE.

品名与规格 Commodity and Specification	数量 Quantity	单价 Unit price	金额 Amount

2. 原产地国与制造商/COUNTRY OF ORIGIN & MANUFACTURER:
3. 包装/PACKING:
4. 唛头/SHIPPING MARK:
5. 装运日期/DELIVERY DATE:
6. 启运地/DEPARTURE:
7. 目的地/DESTINATION:
8. 付款条件/TERMS OF PAYMENT:
9. 保险/INSURANCE:
10. 单据/DOCUMENTS:
    1)
    2)
    3)
11. 一般条款/GENERAL TERMS:
    买方须于＿＿＿年＿＿月＿＿日前开出本批交易的信用证,否则,卖方有权不经过通知取消本合同书,或向买方提出索赔。The Buyer shall establish the covering Letter of Credit before ＿＿＿＿＿＿ falling which the Seller reserves the right to rescind without further notice, or to accept whole or any part of this Sales Contractfulfilled by the Buyer, or, to lodge claim for direct losses sustained, if any.

本合同书内所述全部或部分商品,如因人力不可抗拒的原因,以致不能履约或延迟交货,卖方概不负责。The Seller shall not be held liable for failure of delay in delivery of the entire lot or a portion of the goods under this Sales Contract consequence of any Force Majeure incidents.

凡因执行本合同所发生的或与本合同有关的一切争议,双方应通过友好协商解决;如果协商不能解决,应提交上海国际经济贸易仲裁委员会,根据该会的仲裁规则进行仲裁。仲裁裁决是终局的,对双方都有约束力。仲裁费用除仲裁庭另有规定外,均由败诉方负担。All disputes in connection with this contract or arising from the execution of there, shall be amicably settled through negotiation in case no settlement can be reached between the two parties, the case under disputes shall be submitted to Shanghai International Economic and Trade Arbitration Commission, for arbitration in accordance with its Rules of Arbitration. The arbitral award is final and binding upon both parties. The arbitration fee shall be borne by the losing party unless otherwise awarded by the arbitration court.

买方在开给卖方的信用证上请填注本合同书号码。The Buyer is requested always to quote THE NUMBER OF THIS SALES CONTRACT in the letter of Credit to be opened in favour of the Seller

买方收到本售货合同书后请立即签回一份,如买方对本合同书有异议,应于收到后五天内提出,否则认为买方已同意接受本合同书所规定的各项条款。The buyer is requested to sign and return one copy of the Sales Contract immediately after the receipt of same, Objection, if any, should be raised by the Buyer within 5 days after the receipt of this Sales Contract, in the absence of which it is understood that the Buyer has accepted the terms and condition of the sales Contract.

本合同经甲乙双方当事人签章后生效,一式两份,双方各持一份。This contract is taken into effect after the signing of the parties to Party A and B, with two copies and one share of each party.

买方:
THE BUYER:

卖方:
THE SELLER:

团队活动评价表

测评内容	评判标准/分值	总分	团队自评（50%）	教师评价（50%）
实践活动情况	购货确认书格式/正确/10分	10		
	购货确认书格式/不规范/5分			
	购货确认书格式/混乱/0分			
	购货确认书中英文/正确/50分	50		
	购货确认书中英文/错1句/10分			
	购货确认书中英文/错1个单词/2分			
PPT汇报情况	PPT设计制作/好/10分	10		
	PPT设计制作/一般/5分			
	PPT设计制作/较差/2分			
	语言表达/好/10分	10		
	语言表达/一般/5分			
	语言表达/较差/2分			

(续表)

测评内容	评判标准/分值	总分	团队自评（50%）	教师评价（50%）
合作完成质量	达到目标/好/10 分	10		
	达到目标/一般/5 分			
	达到目标/较差/2 分			
团队协作精神	协作精神/好/10 分	10		
	协作精神/一般/5 分			
	协作精神/较差/2 分			
计分				

任务二　开立信用证

学习指南

一、信用证开立

1. 开立信用证的依据

进口商根据购货合同规定的内容、开证时间填写开证申请书，向开证行办理开证手续。开证行根据开证申请书、国际贸易惯例、《UCP600》和进口国有关法律的规定开立信用证。

2. 开立信用证的业务流程

信用证开立的业务流程（图 10-5）如下。

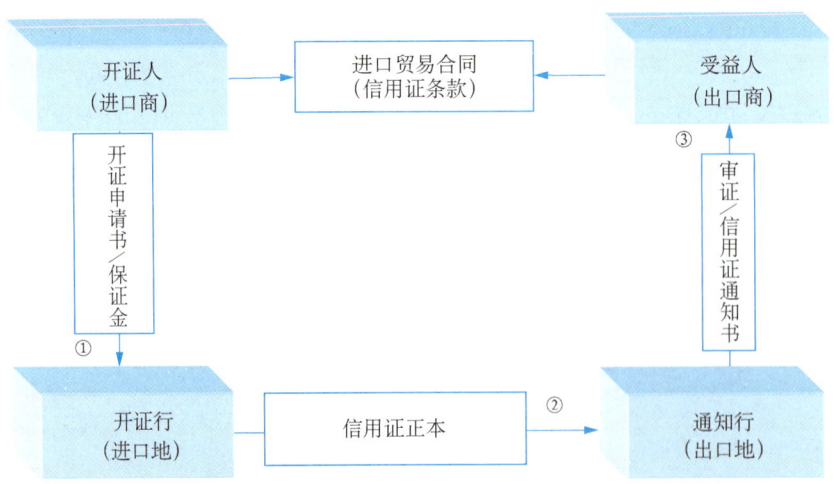

图 10-5　信用证开立的业务流程

流程说明：

① 进口商按进口贸易合同的约定时间向开户银行办理开证并缴纳押金和开证手续费。
② 开证行按开证申请书中的指示开立信用证并通知行发送信用证。
③ 通知行审证后向出口商发出信用证通知书。

3. 开证申请书的主要内容和缮制方法

开证申请书无统一格式，因此各银行的开证申请书内容有所差异。以下介绍中国银行开证申请书的缮制方法：

（1）Beneficiary，即受益人：指提交符合信用证条款规定的单据并收取该信用证项下款项的企业，通常为出口商。此栏填写其全称和详址。

（2）L/C No.，即信用证号：由开证行填写。

（3）Ex-Card No.，即快递单号：根据需要填写。

（4）Contract No.，即合同号：根据本笔业务的合同填写该号码。

（5）Date and place of expiry of the credit，即信用证的有效期与地点：信用证有效期的长短应视交易的具体情况而定，地点通常为受益人国家。

（6）Partial shipments，即分批装运：根据合同对分批装运的规定，用"×"选择允许或不允许。

（7）Transshipment，即转运：根据合同对转运的规定，用"×"选择允许或不允许。

（8）Issue by air mail，即航空邮寄开证：合同规定开证方式为信开的，则在前框内打"×"。

（9）With brief advice by teletransmission，即简电通知：指受益人为在开证前预先获知开证及信用证的主要内容而采用的形式，但有效的信用证将是随后寄出的正式信用证文本。合同规定开证方式为简电通知的，则在前框内打"×"。

（10）Issued by express delivery，即信开：指简电开证并用快递将证实书告知对方的方式。合同规定开证方式为信开的，则在前框内打"×"。

（11）Issued by teletransmission，即电讯开证：以电报、电传、传真及数据传送网络（如 SWIFT）等方式传送信用证，通常由开证行决定采用何种电讯传递方式。合同规定开证方式为电开的，则在前框内打"×"。

（12）Loading on board/dispatch taking in change at/from，即装运港；not later than，即不迟于；for transportation to，即运至：根据合同的规定填写运输路线和装运日期。

（13）Amount（both in figures and words），即金额大小写：按照合同的规定用大小写填写总金额。

（14）Description of goods，即货物描述；Packing，即包装：根据合同的规定填写货物名称、规格和包装方式。

（15）Credit available with
　　　□ by sight payment（即期付款）
　　　□ by acceptance（承兑）
　　　□ by negotiation（议付）

☐ by deferred payment at(迟期付款)
　　against the documents detailed herein

☐ and beneficiary's draft for 　　% of the invoice value
　　at
　　on

根据合同的规定用"×"选择信用证的种类,并填写汇票金额。

(16) Trade terms,即贸易术语:根据合同的规定用"×"选择 FOB、CFR、CIF 贸易术语,其他贸易术语可在"other terms"后面补充。

(17) Documents required,即所需单据:根据合同规定或进口商的要求,用"×"选择单据的类别及要求,并填写需求的份数。

(18) Additional instructions,即附加条款:根据开证行或进口商的要求,用"×"选择相关内容。

(19) Account No.,即账号:填写开证申请人的开户银行账号。

(20) Name of bank,即银行名称:填写开证银行名称。

(21) Transacted by,即经办人:填写开证申请人及经办人名称。

(22) Telephone No.,即电话号码:填写开证申请人的电话号码。

二、外汇购买

我国的本位币是人民币,企业在向外商支付外币时需要先用人民币兑外币。外汇购买是指企业用账户上的本币兑换外币,兑换后的外币还在账户上或银行卡上,不提取现金的一种外币兑换方式。

1. 形式发票

形式发票(proforma invoice)是一种非正式发票,主要可作为买方申请购汇或进口许可证的相关材料。

2. 购买外汇申请书的主要内容和缮制方法

(1) 购汇银行:填写购汇银行的名称,通常是企业的开户银行。

(2) 合同号:填写本笔交易业务的合同编号。

(3) 购汇金额:填写本笔交易业务要支付的总金额。

(4) 用途:选择相应的用途方式。

(5) 支付方式:选择本笔业务合同规定的支付方式。

(6) 有无批文:根据进口商品有无批文进行选择,如为控制进口商品,还要选择随附批文。

(7) 附件:根据实际情况选择相应单据名称。

(8) 售汇时间:选择开证时售汇。

实例操作

业务情境

上海商快进出口有限公司按照与加拿大皮特贸易公司签订的购货确认书内容填写开证申请书,并在规定的开证时间内向中国银行上海分行提交开证申请书、交付保证金和开证费用。中国银行上海分行根据开证申请书的内容开出不可撤销即期议付信用证,并通过出口地的通知行交付加拿大皮特贸易公司。

一、上海商快进出口有限公司填写开证申请书

上海商快进出口有限公司根据购货确认书填写开证申请书(表10-1)。

表10-1 开证申请书

IRREVOCABLE DOCUMENTARY CREDIT APPLICATION

To: BANK OF CHINA   Date: OCT. 31, 2021

Beneficiary (full name and address) PT. TRADE CORPORATION No. 310 VICTORIA ROAD, MONTREAL, CANADA		L/C No. Ex Card No. Contract No. 20211012
		Date and place of expiry of the credit JAN. 20, 2021 CANADA
Partial shipments ☐ allowed ☒ not allowed	Transshipment ☐ allowed ☒ not allowed	☐ Issue by airmail With ☐ brief advice by teletransmission ☐ Issue by express delivery ☒ Issue by teletransmission (which shall be the operative instrument)
Loading on board/dispatch taking in change at/ from MONTREAL not later than NOV. 20, 2021 for transportation to SHANGHAI		Amount (both in figures and words) USD 800 000.00 SAY US DOLLARS SEVENTY-EIGHT THOUSAND ONLY.

Description of goods
MEN'S SNEAKERS
 	
BRAND WEILAI
 	
Packing: EACH PAIR IN A BOX, 20 PAIRS INTO AN EXPORT CARTON
		Credit available with
		☒ by sight payment ☐ by acceptance
		☒ by negotiation
		☐ by deferred payment at
		   against the documents detailed herein
		☒ and beneficiary's draft for 100 % of the invoice value at USD 11000.00
		   on

		Trade terms (marks with ×) ☐ FOB ☐ CFR ☐ CIF ☒ or other terms CPT

(续表)

Documents required: (marks with ×)
1. (×) Signed Commercial Invoice in 3 copies indicating L/C No. and Contract No. 20211012
2. (   ) Full set of clean on board ocean Bills of Landing made out to   and blank endorsed, marked "freight [   ] to collect/[   ] prepaid [   ] showing freight amount" notifying
3. (   ) Air Waybills showing "freight [   ] to collect/[   ] prepaid [   ] including freight amount" and consigned to
4. (   ) Memorandum issued by   consigned to
5. (   ) Insurance Policy/Certificate in copes for   % of the invoice value showing claims payable in China in currency of the draft, blank endorsed, covering ([   ] Ocean Marine Transportation/[   ] Air Transportation/[   ] Over Land Transportation) All Risks, War Risks.
6. (×) Parking List/Weight Memo in 3 copies issued by the quantity/gross and the weights of each packing and packing condition as called by the L/C.
7. (   ) Certificate of Quantity/Weight in   copies issued by an independent surveyor at loading port, indicating the actual surveyed quantity/weight of shipped goods as well as the packing condition.
8. (×) Certificate of Quantity in 2 copies issued by [×] manufacturer/[   ] public recognized surveyor/[   ]
9. (   ) Beneficiary's certified copy of cable dispatched to the accountees within 12 hours after shipment advising [×] name of vessel/[   ] flight No. /[   ] wagon No., date quantity, weight and value of shipment.
10. (   ) Beneficiary's Certifying that extra copies of the documents have been dispatched according to the contract terms.
11. (   ) Shipping Co's Certificate attesting that the carrying vessel is chartered or booked by accountee or their shipping agents.
12. (   ) Other documents, if any:

Additional instructions:
1. (   ) All banking charges outside the opening bank are for beneficiary's account.
2. (   ) Documents must be presented with 15 days after the date of issuance of the transport documents but with the validity of this credit.
3. (   ) Third party as shipper is not acceptable. Short Form/Blank Back B/L is not acceptable.
4. (   ) Both quantity and amount   % more or less are allowed.
5. (   ) prepaid freight drawn in excess of L/C amount is acceptable against presentation of original charges voucher issued by shipping Co.   /Air Line/or it's agent.
6. (   ) All documents to be forwarded in one cover, unless otherwise started above.
7. (   ) Other terms, if any:

Account No.: 300834567321   with   BANK OF CHINA   (name of bank)
Transacted by: SHANGHAI SK IMPORT &   (Applicant: name, signature of authorized person)
EXPORT CO. LTD.
Telephone No.: 021-65788111   王祥   (with seal)

二、上海商快进出口有限公司填写购买外汇申请书

上海商快进出口有限公司创业团队在向中国银行上海分行办理开证手续的同时，填写购买外汇申请书（图10-6）并随附形式发票（图10-7）向该银行申请购汇。

购买外汇申请书

中国银行 BANK OF CHINA

中国银行____上海____分(支)行：

我公司为执行第__20211012__号合同项下对外支付，需向贵行购汇。现按外汇局有关规定向贵行提出下述内容及所附文件，请审核并按实际付汇日牌价办理售汇。所需人民币资金从我公司在贵行账户____300834567321____中支付。

1. 购汇金额：USD800 000.00
2. 用　　途：☑ 进口商品　　☐ 从附费用　　☐ 索退赔款　　☐ 其他
3. 支付方式：☑ 信用证　　　☐ 托收　　　☐ 汇款(☐ 货到付款　☐ 预付货款)
4. 商品名称：男士运动鞋
5. 数　　量：20 000 双
6. 合同号：20211012　　　　　金额：USD800 000.00
7. 发票号：02111012　　　　　金额：USD800 000.00
8. ☑ 一般进口商品，无须批文。
   ☐ 控制进口商品，批文随附如下：
   　　☐ 进口证明　　☐ 许可证　　☐ 登记证明　　☐ 其他批文
   　　批文号码：　　　　　　批文有效期：
9. 附件：☐ 批文　　☑ 合同/协议　　☑ 发票　　☐ 正本运单
   　　　☐ 报关单　☐ 运费单/收据　☐ 保险费收据
   　　　☐ 佣金单　☐ 关税证明　　☐ 仓单　　　☐ 其他
10. ☑ 请于开证时立即售汇，转存保证金专用户。

　　　　　　　　　　　　　　　　　　　　　　上海商快进出口有限公司专用章

　　　　　　　　　　　　　　　　　　　　　　申请单位(盖章)：王祥

银行审核意见：
上述内容与随附文件/凭证描述相符，拟按申请书要求办理售汇。
经办人：　　　　　　复核人：　　　　　　核准人：
售汇日期：
(加盖售汇专用章)

图 10-6　购买外汇申请书

PT. IMPORT & EXPORT CO. LTD.
No. 310 VICTORIA ROAD, MONTREAL, CANADA

PROFORMA   INVOICE
(WITHOUT ENGAGEMENT)

TEL: 001-514-6415
FAX: 001-514-6416

P/I NO.: 02111012
DATE: OCT. 25, 2021
P/C NO: 20211012

(续图)

CONSIGNEE: SHANGHAI SK IMPORT & EXPORT CO. LTD.
FROM MONTREAL, CANADA   TO   SHANGHAI, CHINA
DELIVERY: BEFORE NOV. 20, 2021

(续表)

DESCRIPTIONS OF GOODS	QUANTITY	UNIT PRICE	AMOUNT
MEN'S SNEAKERS BRAND WEILAI EACH PAIR IN A BOX, 20 PIECES INTO AN EXPORT CARTON	20 000 PAIRS	USD40.00 CPT MONTREAL	USD800 000.00

SAY US DOLLARS SEVENTYEIGHT THOUSAND ONLY.

TERMS: 100% PAYMENT BY IRREVOCABLE DOCUMENTARY CREIDT AT SIGHT

This invoice is supplied to enable you to apply　　PT. IMPORT & EXPORT CO. LTD.
For the necessary import license to be valid up to　　PETER

图 10-7　形式发票

体验活动

一、活动背景

上海三井进出口有限公司根据购货确认书规定的开证时间,按其内容填写开证申请书和购买外汇申请书,并向中国银行上海分行申请开立信用证和购汇。中国银行上海分行开证申请书核准无误后,向开证申请人收取保证金和开证费用,并向指定通知行开出信用证,通过通知行交付受益人。

二、活动资料

受益人/地址:DENSE IMPORT & EXPORT CO. LTD./No. 6 CHANGJ NORTH STREET, PARIS, FRANCE

购货合同号:SJ2111453

信用证有效期/地点:2021 年 12 月 31 日/法国

分批装运:不允许

转运:不允许

支付方式:即期议付信用证(电开)

装运地:巴黎

目的地:上海

装运日期:不迟于 2021 年 12 月 10 日

商品数量:20 000 条

商品价格:每条 8 美元 FOB 汉堡

成交金额:160 000 美元

商品名称:全棉帆布女式中裤

商品包装:每 1 条混码装入一个胶袋,20 个胶袋装入一只出口纸箱

议付单据:签字的商业发票三份,注明合同号;装箱单三份;品质证书两份(厂商出具)

开证人/固定电话/账号:上海三井进出口有限公司/021-58343434/80020032145867

购汇银行:中国银行上海分行

购汇金额:160 000 美元

用　　途:进口商品

有无批文:无批文

附　　件:合同、发票

售汇时间:同开证时间

形式发票编号:0211234321

三、活动要求

上海三井进出口有限公司经理及伙伴根据上述信息填写开证申请书和购买外汇申请书,并派代表用 PPT 进行汇报。

IRREVOCABLE DOCUMENTARY CREDIT APPLICATION

To: BANK OF CHINA   Date:

Beneficiary (full name and address)		L/C No. Ex Card No. Contract No.
		Date and place of expiry of the credit
Partial shipments ☐ allowed ☐ not allowed	Transshipment ☐ allowed ☐ not allowed	☐ Issue by airmail With ☐ brief advice by teletransmission ☐ Issue by express delivery ☐ Issue by teletransmission (which shall be the operative instrument)
Loading on board/dispatch taking in change at/ from for transportation to		Amount (both in figures and words)

(续表)

Description of goods	Credit available with ☐ by sight payment ☐ by acceptance ☐ by negotiation ☐ by deferred payment at 　against the documents detailed herein ☐ and beneficiary's draft for　　% of the invoice value 　at 　on
	Trade terms (marks with ×) ☐ FOB　　☐ CFR　　☐ CIF ☐ or other terms

Documents required: (marks with ×)
1. (　) Signed Commercial Invoice in　　copies indicating L/C No. and Contract No.
2. (　) Full set of clean on board ocean Bills of Landing made out to　　and blank endorsed, marked "freight 〔　〕 to collect/〔　〕 prepaid 〔　〕 showing freight amount" notifying
3. (　) Air Waybills showing "freight 〔　〕 to collect/〔　〕 prepaid 〔　〕 including freight amount" and consigned to
4. (　) Memorandum issued by　　consigned to
5. (　) Insurance Policy/Certificate in copes for 100 % of the invoice value showing claims payable in China in currency of the draft, blank endorsed, covering (〔　〕 Ocean Marine Transportation/〔　〕 Air Transportation/〔　〕 Over Land Transportation) All Risks, War Risks.
6. (　) Parking List/Weight Memo in　　copies issued by the quantity/gross and the weights of each packing and
  packing condition as called by the L/C.
7. (　) Certificate of Quantity/Weight in　　copies issued by an independent surveyor at loading port, indicating the actual surveyed quantity/weight of shipped goods as well as the packing condition.
8. (　) Certificate of Quantity in copies issued by 〔　〕 manufacturer/〔　〕 public recognized surveyor/〔　〕
9. (　) Beneficiary's certified copy of cable dispatched to the accountees within 12 hours after shipment advising 〔　〕 name of vessel/〔　〕 flight No. /〔　〕 wagon No. , date quantity, weight and value of shipment.
10. (　) Beneficiary's Certifying that extra copies of the documents have been dispatched according to the contract terms.
11. (　) Shipping Co's Certificate attesting that the carrying vessel is chartered or booked by accountee or their shipping agents:
12. (　) Other documents, if any:

Additional instructions:
1. (　) All banking charges outside the opening bank are for beneficiary's account.
2. (　) Documents must be presented with 15 days after the date of issuance of the transport documents but with the validity of this credit.
3. (　) Third party as shipper is not acceptable. Short Form/Blank Back B/L is not acceptable.
4. (　) Both quantity and amount　　% more or less are allowed.

(续表)

5. (　　) prepaid freight drawn in excess of L/C amount is acceptable against presentation of original charges voucher issued by shipping Co.　/Air Line/or it's agent.
6. (　　) All documents to be forwarded in one cover, unless otherwise started above.
7. (　　) Other terms, if any:

Account No.：_____　　　　　　with _____ (name of bank)
Transacted by：　　　　　　　　　　(Applicant: name, signature of authorized person)
Telephone No.：　　　　　　　　　　　　　(with seal)

中国银行 BANK OF CHINA　　购买外汇申请书

中国银行_____分(支)行：

我公司为执行第_____号合同项下对外支付,需向贵行购汇。现按外汇局有关规定向贵行提出下述内容及所附文件,请审核并按实际付汇日牌价办理售汇。所需人民币资金从我公司在贵行账户_____中支付。

1. 购汇金额：
2. 用　　途：□ 进口商品　　□ 从附费用　　□ 索退赔款　　□ 其他
3. 支付方式：□ 信用证　　　□ 托收　　　　□ 汇款(□ 货到付款　　□ 预付货款)
4. 商品名称：
5. 数　　量：
6. 合同号：　　　　　　　　　　金额：
7. 发票号：　　　　　　　　　　金额：
8. □ 一般进口商品,无须批文。
   □ 控制进口商品,批文随附如下：
   　　□ 进口证明　　□ 许可证　　□ 登记证明　　□ 其他批文
   　　批文号码：　　　　　　　　批文有效期：
9. 附件：□ 批文　　□ 合同/协议　　□ 发票　　□ 正本运单
   　　　□ 报关单　□ 运费单/收据　□ 保险费收据
   　　　□ 佣金单　□ 关税证明　　□ 仓单　　□ 其他
10. □ 请于开证时立即售汇,转存保证金专用户。

　　　　　　　　　　　　　　　　　　　　　　　　申请单位(盖章)：

银行审核意见：
　　上述内容与随附文件/凭证描述相符,拟按申请书要求办理售汇。
　　经办人：　　　　　　复核人：　　　　　　核准人：
　　售汇日期：
　　(加盖售汇专用章)

团队活动评价表

测评内容	评判标准/分值	总分	团队自评（50%）	教师评价（50%）
实践活动情况	开证申请书/正确/45 分	45		
	开证申请书/错 1 处/扣 5 分			
	开证申请书/不填/0 分			
	购买外汇申请书/正确/15 分	15		
	购买外汇申请书/错 1 处/扣 3 分			
	购买外汇申请书/不填/0 分			
PPT 汇报情况	PPT 设计制作/好/10 分	10		
	PPT 设计制作/一般/5 分			
	PPT 设计制作/较差/2 分			
	语言表达/好/10 分	10		
	语言表达/一般/5 分			
	语言表达/较差/2 分			
合作完成质量	达到目标/好/10 分	10		
	达到目标/一般/5 分			
	达到目标/较差/2 分			
团队协作精神	协作精神/好/10 分	10		
	协作精神/一般/5 分			
	协作精神/较差/2 分			
计分				

任务三　办理一般货物进口通关手续

 学习指南

一、进口贸易付款赎单

1. 进口贸易议付单据的审核

进口商收到议付银行的"进口信用证付款/承兑通知书"，对议付单据进行审核。审核进口贸易议付单据的依据是信用证与进口贸易合同条款的相关内容。进口贸易议付单据审核的要求主要有三个方面：一是要做到单证一致，二是要做到单据与单据的同项内容一致，三是单据签发日期要符合有关规定。在审核过程中，如果发现三者有不一致的地方，进口商可以拒付货款。

2. 进口贸易付款赎单

进口商收到议付银行的"进口信用证付款/承兑通知书"，对议付单据进行审核。议付银行在进口商审单无误确认后办理付款转账，交付全套议付单据。进口商凭商业发票、装箱单、提单等有关单据办理通关手续。

二、进口货物报关报检流程

进口商办理进口货物报关报检业务流程（图10-8）如下。

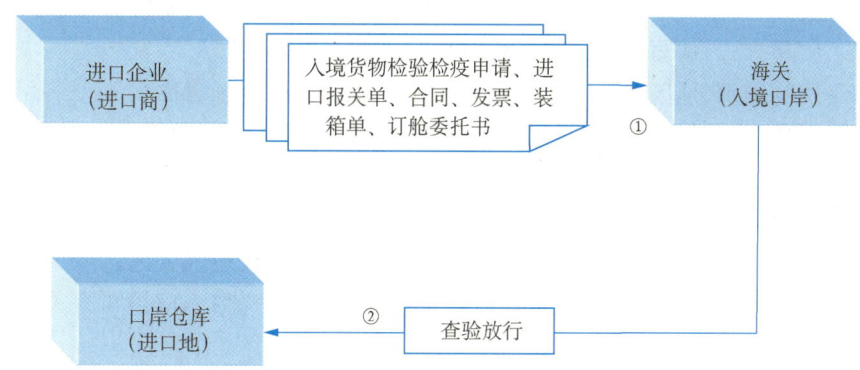

图 10-8　进口货物报关报检业务流程

流程说明：

① 进口商收到到货通知后向属地海关办理进口货物报关报检手续，提供入境货物检验检疫申请、进口货物报关单、进口贸易合同、国外发票、提（运）单和装箱单等有关单证。

② 海关受理业务后进行现场施检，经查验合格并收取相应费用与关税后放行。

三、进口货物报关报检

1. 入境货物检验检疫申请的主要内容和缮制方法

（1）编号：由海关受理人员填写。

（2）申请单位：填写申请单位的全称，并加盖申请单位印章。

（3）申请单位登记号：填写申请单位在海关备案或注册登记的代码。

（4）联系人：填写报检人员姓名。

（5）电话：填写报检人员的联系电话。

（6）申请日期：海关实际受理申请的日期，由海关受理报检人员填写。

（7）发货人（中/外文）：填写进口贸易合同中的卖方，中英译文应一致。

（8）收货人（中/外文）：填写进口贸易合同中的买方，中英译文应一致。

（9）货物名称（中/外文）：填写本批货物的品名，应与进口贸易合同和国外发票所载名称一致，如为废旧货物应注明。

(10) H.S 编码:填写本批货物的商品编码,以当年海关公布的商品税则编码分类为准。

(11) 原产国(地区):填写本批货物生产/加工的国家或地区。

(12) 数量/重量:填写本批货物的数量/重量,应与进口贸易合同、国外发票上所列货物的数量/重量一致,并应注明数量/重量单位。

(13) 货物总值:填写本批货物的总值及币种,应与进口贸易合同和国外发票上所列一致。

(14) 包装种类及数量:填写本批货物实际运输包装的种类及数量,应注明包装的材质。

(15) 运输工具名称号码:填写装运本批货物的运输工具名称及号码。

(16) 合同号:填写本批货物的进口贸易合同号,或订单、形式发票的号码。

(17) 贸易方式:填写本批进口货物的贸易方式,如一般贸易。

(18) 贸易国别(地区):填写本批进口货物的贸易国或地区名称。

(19) 提单/运单号:填写本批进口货物的海运提单号或空运单号,有二程提单的应同时填写。

(20) 到货日期:填写本批进口货物到达口岸的日期。

(21) 启运国家(地区):填写本批进口货物的启运国家或地区名称。

(22) 许可证/审批号:需办理进口许可证或审批的进口货物,应填写有关许可证号或审批号,不得留空。

(23) 卸毕日期:填写本批进口货物在口岸卸毕的实际日期。

(24) 启运口岸:填写装运本批进口货物启运口岸的名称。

(25) 入境口岸:填写装运本批进口货物交通工具进境首次停靠的口岸名称。

(26) 索赔有效期至:按进口贸易合同规定的日期填写,特别要注明截止日期。

(27) 经停口岸:填写本批进口货物在到达目的地前,中途曾经停靠的口岸名称。

(28) 目的地:填写本批进口货物最后到达的交货地。

(29) 集装箱规格、数量及号码:进口货物若以集装箱运输,应填写集装箱的规格、数量及号码。

(30) 合同订立的特殊条款以及其他要求:填写在进口贸易合同中订立的有关质量、卫生等特殊条款,或报检单位对本批货物检验检疫的特别要求。

(31) 货物存放地点:填写本批进口货物实际存放的地点。

(32) 用途:填写本批进口货物的用途。

(33) 随附单据:向海关提供的实际单据名称前的"□"内打"√",也可在"□"后补填其名称,并在"□"内打"√"。

(34) 标记及号码:填写进口货物的标记号码,应与进口贸易合同和国外发票等有关单据保持一致。若没有标记号码,则填"N/M"。

(35) 外商投资财产:由检验检疫机构海关报检受理人员填写。

(36) 申请人郑重声明:由申请人员亲笔签名。

(37) 检验检疫费:由海关计费人员填写。

(38) 领取证单：由报检人在领取证单时，填写实际领证日期并签名。

2. 进口货物报关单的主要内容和缮制方法

海关总署于 2019 年 1 月发布了《关于修订〈中华人民共和国海关进出口货物报关单填制规范〉的公告》，根据该《公告》的内容和要求，报关单主要缮制方法如下。

(1) 预录入编号：指预录入报关单的编号，一份报关单对应一个预录入编号，由系统自动生成。

(2) 海关编号：指海关接受申报时给予报关单的编号，一份报关单对应一个海关编号，由系统自动生成。

(3) 境内收货人：填写在海关备案的对外签订并执行进口贸易合同的中国境内法人、其他组织名称及编码。编码填报 18 位法人和其他组织统一社会信用代码，没有统一社会信用代码的，填写其在海关的备案编码。

(4) 进境关别：根据货物实际进境的口岸海关，填报海关规定的《关区代码表》中相应口岸海关的名称及代码，如"上海海关 2200"。

(5) 进口日期：指运载进口货物的运输工具办结进境手续的日期，本栏目在申报时不填写。如果是无实际进境的报关单填写海关接受申报的日期。日期为 8 位数字，如 20210810。

(6) 申报日期：指海关接受进出口货物收发货人、受委托的报关企业申报数据的日期。以电子数据报关单方式申报的，申报日期为海关计算机系统接受申报数据时记录的日期。以纸质报关单方式申报的，申报日期为海关接受纸质报关单并对报关单进行登记处理的日期。本栏目在申报时免予填报。

(7) 备案号：填写进口货物收货人、消费使用单位在海关办理加工贸易合同备案或征、减、免税审核确认等手续时，海关核发的《加工贸易手册》、海关特殊监管区域和保税监管场所保税账册、《征免税证明》或其他备案审批文件的编号。一份报关单填写一个备案号。

(8) 境外发货人：填写境外发货人的名称及编码。名称一般填报英文名称，检验检疫要求填报其他外文名称的，在英文名称后填报，以半角括号分隔。对于 AEO 互认国家（地区）企业的，编码填报 AEO 编码，填报样式为"国别（地区）代码＋海关企业编码"。例如，新加坡 AEO 企业 SG123456789012（新加坡国别代码＋12 位企业编码）；非互认国家（地区）AEO 企业等其他情形，编码免予填报。特殊情况下无境外收发货人的，名称及编码填报"NO"。

(9) 运输方式：根据货物实际进出境的运输方式或货物在境内流向的类别，按照海关规定的《运输方式代码表》选择填报相应的运输方式。其中，水路运输/代码 2，航空运输代码为 5。

(10) 运输工具名称：填写载运货物出境的运输工具名称或编号，与运输部门向海关申报的舱单（载货清单）所列相应内容一致。无实际进出境的，不填写。

(11) 航次号：填写载运货物进境的运输工具的航次编号。无实际进出境的，不填写。

(12) 提单/运单号：填写进口货物提单或运单的编号。一份报关单填写一个提单或运单号,一票货物对应多个提单或运单应分单填报。

(13) 消费使用单位:填写已知的进口货物在境内的最终消费、使用单位的名称。

(14) 监管方式:根据实际对外贸易情况按海关规定的《监管方式代码表》填写相应的监管方式简称及代码。一份报关单填报一种监管方式。

(15) 征免性质:根据实际情况按海关规定的《征免性质代码表》选择填报相应的征免性质简称及代码,持有海关核发的《征免税证明》的,按照《征免税证明》中批注的征免性质填报。一份报关单只允许填报一种征免性质。加工贸易货物报关单按照海关核发的《加工贸易手册》中批注的征免性质简称及代码填报。

(16) 许可证号:填写进口许可证、两用物项和技术进口许可证的编号。一份报关单填写一个许可证号。

(17) 合同协议号:填报进口货物合同(包括协议或订单)编号。未发生商业性交易的免予填报。

(18) 贸易国(地区):发生商业性交易的进口填报购自国(地区)。

(19) 启运国(地区):填写进口货物启始发出直接运抵我国或者在运输中转国(地)未发生任何商业性交易的情况下运抵我国的国家(地区)。

(20) 启运港:填写进口货物在运抵我国关境前的第一个境外装运港。

(21) 入境口岸:填写进境货物从跨境运输工具卸离的第一个境内口岸的中文名称及代码;采取多式联运跨境运输的,填写多式联运货物最终卸离的境内口岸中文名称及代码;过境货物填写货物进入境内的第一个口岸的中文名称及代码;从海关特殊监管区域或保税监管场所进境的,填写海关特殊监管区域或保税监管场所的中文名称及代码。其他无实际进境的货物,填写货物所在地的城市名称及代码。

(22) 包装种类:填写进口货物的所有包装材料,包括运输包装和其他包装,按海关规定的《包装种类代码表》选择填报相应的包装种类名称及代码。运输包装是指提单或运单所列货物件数单位对应的包装。其他包装包括货物的各类包装,以及植物性铺垫材料等。

(23) 件数:填写进口货物运输包装的件数(按运输包装计)。舱单件数为集装箱的,填报集装箱个数;舱单件数为托盘的,填报托盘数。不得填报为零,裸装货物填报为"1"。

(24) 毛重(千克):填报进口货物及其包装材料的重量之和,计量单位为千克,不足1千克的填报为"1"。

(25) 净重(千克):填报进口货物的毛重减去外包装材料后的重量,即货物本身的实际重量,计量单位为千克,不足1千克的填报为"1"。

(26) 成交方式:根据进口货物实际成交价格条款,按海关规定的《成交方式代码表》选择填报相应的成交方式代码。无实际进境的货物,进口填报 CIF。

(27) 运费:填写进口货物运抵我国境内输入地点起卸前的运输费用,选择运费单价或总价或运费率("1"表示运费率,"2"表示每吨货物的运费单价,"3"表示运费总价),并按海关规定的《货币代码表》填写相应的币种代码。例如,运费总价 500 美元,则用"502/500/3"来表示。

免税品经营单位经营出口退税国产商品的,免予填报。

(28) 保费:填写进口货物运抵我国境内输入地点起卸前的保险费用,选择保险费率或保险费总价("1"表示保险费率,"3"表示保险费总价),并按海关规定的《货币代码表》填写相应的币种代码。例如,保险费总价500英镑,则用"303/500/3"来表示。

(29) 杂费:填写成交价格以外的、按照《中华人民共和国进出口关税条例》的相关规定应计入完税价格或应从完税价格中扣除的费用。可按杂费总价或杂费率两种方式之一填报,注明杂费标记("1"表示杂费率,"3"表示杂费总价),并按海关规定的《货币代码表》选择填报相应的币种代码。

(30) 随附单证及编号:根据海关规定的《监管证件代码表》和《随附单据代码表》选择填报除本规范第十六条规定的许可证件以外的其他进口许可证件或监管证件、随附单据代码及编号。本栏目分为随附单证代码和随附单证编号两栏,其中代码栏按海关规定的《监管证件代码表》和《随附单据代码表》选择填报相应证件代码;随附单证编号栏填报证件编号。

(31) 标记唛码及备注:标记唛码中除图形以外的文字、数字,无标记唛码的填报N/M。

(32) 项号:分两行填报。第一行填报报关单中的商品顺序编号;第二行填报备案序号,专用于加工贸易及保税、减免税等已备案、审批的货物,填报该项货物在《加工贸易手册》或《征免税证明》等备案、审批单证中的顺序编号。

(33) 商品编号:填报由10位数字组成的商品编号。前8位为《中华人民共和国进出口税则》和《中华人民共和国海关统计商品目录》确定的编码;9、10位为监管附加编号。

(34) 商品名称及规格型号:分两行填报。第一行填报进口货物规范的中文商品名称,第二行填报规格型号。商品名称及规格型号应据实填报,并与进口货物发货人或受委托的报关企业所提交的合同、发票等相关单证相符。商品名称应当规范,规格型号应当足够详细,以能满足海关归类、审价及许可证件管理要求为准,可参照《中华人民共和国海关进出口商品规范申报目录》中对商品名称、规格型号的要求进行填报。品牌类型为必填项目。进口货物收货人申报进口属于实施反倾销反补贴措施货物的,填报"原厂商中文名称""原厂商英文名称""反倾销税率""反补贴税率""是否符合价格承诺"等计税必要信息。

(35) 数量及单位:第一行填写进口货物的法定第一计量单位与数量,第二行填写法定第二计量单位与数量(如无为空),第三行填写成交计量单位及数量。

(36) 单价:填写同一项号下进口货物实际成交的商品单位价格。无实际成交价格的,填写单位货值。

(37) 总价:填写同一项号下进口货物实际成交的商品总价格。无实际成交价格的,填写货值。

(38) 币制:按海关规定的《货币代码表》选择相应的货币名称及代码填报,如《货币代码表》中无实际成交币种,需将实际成交货币按申报日外汇折算率折算成《货币代码表》列明的货币填报。

(39) 原产国(地区):原产国(地区)依据《中华人民共和国进出口货物原产地条例》《中华人民共和国海关关于执行〈非优惠原产地规则中实质性改变标准〉的规定》,以及海关总署关于各项优惠贸易协定原产地管理规章规定的原产地确定标准填写。同一批进口货物的原产地不同的,分别填写原产国(地区)。进口货物原产国(地区)无法确定的,填写"国别不详"。

(40) 最终目的国(地区):最终目的国(地区)填报已知的进口货物的最终实际消费、使用或进一步加工制造国家(地区)。不经过第三国(地区)转运的直接运输货物,以运抵国(地区)为最终目的国(地区);经过第三国(地区)转运的货物,以最后运往国(地区)为最终目的国(地区)。同一批进口货物的最终目的国(地区)不同的,分别填写最终目的国(地区)。进口货物不能确定最终目的国(地区)时,以尽可能预知的最后运往国(地区)为最终目的国(地区)。

(41) 境内目的地:填写已知的进口货物在国内的消费、使用地或最终运抵地,其中最终运抵地为最终使用单位所在的地区。最终使用单位难以确定的,填报货物进口时预知的最终收货单位所在地。

(42) 征免:按照海关核发的《征免税证明》或有关政策的规定,对报关单所列每项商品选择海关规定的《征减免税方式代码表》中相应的征减免税方式填报。

(43) 特殊关系确认:根据《审价办法》第16条的规定,填写确认进口行为中买卖双方是否存在特殊关系。买卖双方在经营上相互有联系,即一方是另一方的独家代理、独家经销或者独家受让人,如果符合有关的规定,也应当视为存在特殊关系。

(44) 价格影响确认:根据《审价办法》第17条的规定,填写确认纳税义务人是否可以证明特殊关系未对进口货物的成交价格产生影响,纳税义务人能证明其成交价格与同时或者大约同时发生的哪些价格相近的,应视为特殊关系未对成交价格产生影响,填写"否",反之则填写"是"。

(45) 与货物有关的特许权使用费支付确认:填写买方是否存在向卖方或者有关方直接或者间接支付与进口货物有关的特许权使用费,即"是"或"否"。

(46) 自报自缴:进口企业、单位采用"自主申报、自行缴税"(自报自缴)模式向海关申报时,填报"是";反之则填报"否"。

(47) 申报单位:自理报关的,填报进口企业的名称及编码;委托代理报关的,填报报关企业名称及编码。编码填报18位法人和其他组织统一社会信用代码。报关人员填报在海关备案的姓名、编码、电话,并加盖申报单位印章。

(48) 海关批注及签章:供海关作业时签注。

实例操作

业 务 情 境

上海商快进出口有限公司收到中国银行上海分行的"进口信用证付款/承兑通知书",对议付单据进行审核,审单无误确认后在"进口信用证付款/承兑通知书"上盖章,同意办理付款转账,获取全套议付单据,并根据我国相关法律法规的相关规定,填写入境货物报检单和进口货物报关单,随附国外发票、装箱单、空运单等单据办理报关报检手续。

一、上海商快进出口有限公司付款赎单

上海商快进出口有限公司在"进口信用证付款/承兑通知书"上盖章（表10-2）。

表10-2 进口信用证付款/承兑通知书

<table>
<tr><td colspan="11" align="center">中国银行
BANK OF CHINA
进口信用证付款/承兑通知书</td></tr>
<tr><td colspan="5">申请人
上海商快进出口有限公司</td><td colspan="6">信用证号：L/C NO：21001734</td></tr>
<tr><td colspan="5"></td><td colspan="6">汇票金额：USD800 000.00</td></tr>
<tr><td colspan="5"></td><td colspan="6">汇票期限：AT SIGHT</td></tr>
<tr><td colspan="5"></td><td colspan="6">汇票到期日：</td></tr>
<tr><td colspan="11">寄单行：CANADA BANK MONTREAL BRANCH</td></tr>
<tr><td colspan="11">受益人：PT. IMPORT & EXPORT CO. LTD.</td></tr>
<tr><td>单据</td><td>汇票</td><td>发票</td><td>海运提单</td><td>空运提单</td><td>货物收据</td><td>保险单</td><td>装箱单</td><td>重量单</td><td>产地证</td><td>装船通知</td></tr>
<tr><td></td><td>1</td><td>2</td><td>1</td><td></td><td></td><td></td><td>2</td><td></td><td>1</td><td></td></tr>
<tr><td colspan="11">货物：MEN'S SNEAKERS</td></tr>
<tr><td colspan="11">不符点：
　　　　无</td></tr>
<tr><td colspan="11">上述单据已到，现将影印单据提交贵公司：
　　请申核并备妥票款于2021年11月25日前来我行，如不在上述期限来我行承兑，即认为你公司同意授权我行在公司存款账户内支出票款对寄单行承兑。
　　对于上述不符点，你公司如不同意接受，请于2021年11月21日书面通知我行，如不在上述期限来我行办理拒付，又不将单据退回我行，即认为你公司接受不符点并授权我行在你公司存款账户内支出票款对寄单行承兑。
　　　　　　　　　　　　　　　　　　　　　　　中国银行
　　　　　　　　　　　　　　　　　　　　　　2021年11月20日
同意付款
上海商快进出口有限公司
方正　专用章</td></tr>
</table>

二、上海商快进出口有限公司办理入境货物报检

上海商快进出口有限公司向上海出入境检验检疫机构办理入境货物报检手续，填写入境货物检验检疫申请（表10-3），并随附购货确认书、国外发票、提（运）单和装箱单等有关证单。上海出入境检验检疫机构受理业务后进行施检，符合购货确认书的要求出具证明。

表 10-3 入境货物检验检疫申请

中华人民共和国海关
入境货物检验检疫申请

申请单位(加盖公章)　　　　　　　　　　　　　　　　　　*编号：_____

申请单位登记号：310683771943453　联系人：方欣　电话：021-65788811　申请日期：2021 年 11 月 25 日

发货人	(中文)皮特进出口有限公司		企业性质(划"√")	□合资　□合作　□外资	
	(外文)PT. IMPORT & EXPORT CO. LTD.				
收货人	(中文)上海商快进出口有限公司				
	(外文)SHANGHAI SK IMPORT & EXPORT CO. LTD.				
货物名称(中/外文)	H. S. 编码	原产国(地区)	数量/重量	货物总值	包装种类及数量
男士运动鞋 MEN'S SNEAKERS	6203.4290	加拿大	20 000 PAIRS	800 000.00 美元	1 000 纸箱
运输工具名称号码		AC17123		合同号	20211012
贸易方式	一般贸易	贸易国别(地区)	加拿大	提单/运单号	AC23456789
到岸日期	2021.11.21	启运国家(地区)	加拿大	许可证/审批号	
卸毕日期	2021.11.21	启运口岸	蒙特利尔	入境口岸	浦东机场海关
索赔有效期至	2019.11.21	经停口岸		目的地	上海
集装箱规格、数量及号码					
合同订立的特殊条款以及其他要求		货物存放地点		上海空港路 5 号	
		用　　途		自营内销	

随附单据(划"√"或补填)		标记及号码	*外商投资财产(划"√")	□是　□否
☑ 合同	☑ 到货通知		*检验检疫费	
☑ 发票	☑ 装箱单	SK 20211012 SHANGHAI C/NO.1-1000		
☑ 提单/运单	□ 质保书		总金额(人民币元)	
□ 兽医卫生证书	□ 理货清单			
□ 植物检疫证书	□ 磅码单		计费人	
□ 动物检验证书	□ 验收报告			
□ 卫生证书	□		收费人	
□ 原产地证明书				
□ 许可/审批文件				

申请人郑重声明： 1. 本人被授权报检。 2. 上列填写内容正确属实。 签名：__方欣__	领取证单
	日期
	签名

注：有"*"号栏由海关填写。

三、上海商快进出口有限公司办理进口货物报关手续

上海商快进出口有限公司向上海海关办理进口货物报关手续，填写进口货物报关单(表 10-4)，并随附购货确认书、国外发票、提(运)单、装箱单等有关证单。上海海关受理后进行抽检，对符合要求的货物予以放行。

表 10-4　进口货物报关单

中华人民共和国海关进口货物报关单

预录入编号：　　　　海关编号：　　　　页码/页数：

境内收货人(3110965711) 上海商快进出口有限公司	进境关别(2233) 浦东机场海关		进口日期	申报日期	备案号
境外发货人 PT. IMP. & EXP. CO. LTD.	运输方式(2) 水路运输		运输工具名称及航次号 AC17/123	提单/运单号 AC23456789	货物存放地点 上海浦东国际机场
消费使用单位(3110965711) 上海商快进出口有限公司	监管方式(0110) 一般贸易		征免性质(101) 一般征税	许可证号	启运港(124252) 蒙特利尔
合同协议号 20211012	贸易国(地区)(501) 加拿大		启运国(地区)(501) 加拿大	经停港	入境口岸(310302) 上海浦东国际机场
包装种类(22) 纸制或纤维板制盒/箱	件数 1 000	毛重(千克) 5 000	净重(千克) 3 500	成交方式(3) FOB	运费 502/1500/3	保费 502/500/3	杂费

随附单证及编号

标记唛码及备注
SK
20211012　　集装箱标箱数及号码：EASU608490/40/4250
SHANGHAI
C/No. 1–1 000

(续表)

项号	商品编号	商品名称及规格型号	数量及单位	单价/总价/币制	原产国（地区）	最终目的国（地区）	境内目的地	征免
1	62034290	男式运动鞋 40码至45码|无品牌|无优惠	20 000 双 5 000 千克	40.0000 800 000.00 美元	加拿大（CAN）	中国（CHN）	（31222）上海浦东新区	照章征税（1）

特殊关系确认：否　　价格影响确认：否　　支付特许权使用费确认：否　　公式定价确认：否　　暂定价格确认：否　　自报自缴：否

申报人员　王莉　　申报人员证号

申报单位　上海金发国际货运代理有限公司

电话

兹申明对以上内容承担如实申报，依法纳税责任

申报单位（鉴章）

上海金发国际货运代理有限公司
业务专用章

海关批注及签章

 体验活动

一、活动背景

上海三井进出口有限公司收到中国银行上海分行"进口信用证付款/承兑通知书"后,对议付单据进行审核,没有发现不符点即在"进口信用证付款/承兑通知书"上盖章同意办理付款转账,获取全套议付单据办理进口货物报关报检手续。

二、活动资料

报价单位:上海三井进出口有限公司(报价单位备案号 3101234567)

进口商地址/固定电话/传真:上海市浦东新区浦东路 1 号/021-58343434/021-58343435

出口商:DENSE IMPORT & EXPORT CO. LTD.

出口商地址/固定电话/传真:No. 6 CHANGJ NORTH STREET,PARIS,FRANCE/(+33)01-3315798/(+33)01-3315799

购货合同号:SJ2111453

商品名称:女式中裤

H. S. 编码:自查

商品价格:每条 8 美元 FPB 汉堡

原产地国:法国(代码自查)

商品数量:20 000 条

商品包装:每 1 条混码装入一个胶袋,20 个胶袋装入一只出口纸箱

唛头:收货人简称(NNN)、销售合同号、目的港和箱数

装运港:巴黎(代码自查)

目的港:上海(代码自查)

信用证号:202103288

装运日期:不迟于 2021 年 12 月 10 日

运输工具名称号码:COSCO/V543

贸易方式:一般贸易(代码自查)

货物存放地点:上海逸仙路 300 号

集装箱规格、数量及号码:40 英尺高柜 1 个/COS0215478123

随附单据:合同、信用证、发票、装箱单

检验检疫证书:品质检验检疫证书 1 正 2 副

提运单号:COS654321

运费/保费总额:600 美元/300 美元

重量体积:每箱毛重 5 千克、净重 3.5 千克;每箱体积 0.12 立方米

征免性质/征免:一般征税/照章(代码自查)

录入员/报关人员：自拟

三、活动要求

上海三井进出口有限公司经理及伙伴根据上述信息缮制入境货物检验检疫申请、进口货物报关单，并派代表用PPT对缮制报检单和报关单证体验活动进行汇报。

中华人民共和国海关
入境货物检验检疫申请

申请单位（加盖公章）：					*编号：	
申请单位登记号：		联系人：	电话：		申请日期：	

发货人	（中文）		企业性质（划"√"）	□合资 □合作 □外资
	（外文）			
收货人	（中文）			
	（外文）			

货物名称（中/外文）	H. S. 编码	原产国（地区）	数量/重量	货物总值	包装种类及数量

运输工具名称号码		合同号	
贸易方式		贸易国别(地区)		提单/运单号	
到岸日期		启运国家(地区)		许可证/审批号	
卸毕日期		启运口岸		入境口岸	
索赔有效期至		经停口岸		目的地	
集装箱规格、数量及号码					
合同订立的特殊条款以及其他要求		货物存放地点			
		用 途			

随附单据（划"√"或补填）		标记及号码	*外商投资财产（划"√"） □是 □否
□合同 □发票 □提单/运单 □兽医卫生证书 □植物检疫证书 □动物检验证书 □卫生证书 □原产地证明书 □许可/审批文件	□到货通知 □装箱单 □质保书 □理货清单 □磅码单 □验收报告 □		*检验检疫费
			总金额（人民币元）
			计费人
			收费人

申请人郑重声明： 1. 本人被授权报检。 2. 上列填写内容正确属实。 签名：_____	领取证单
	日期
	签名

注：有"*"号栏由海关填写。

中华人民共和国海关进口货物报关单

预录入编号：　　　　　海关编号：　　　　　页码/页数：

境内收货人		进境关别		进口日期		申报日期		备案号	
境外发货人		运输方式		运输工具名称及航次号		提单/运单号		货物存放地点	
消费使用单位		监管方式		征免性质		许可证号		启运港	
合同协议号		贸易国(地区)		启运国(地区)		经停港		入境口岸	
包装种类		件数		毛重(千克)		净重(千克)		成交方式		运费		保费		杂费	
随附单证及编号									
标记唛码及备注									

(续表)

项号	商品编号	商品名称及规格型号	数量及单位	单价/总价/币制	原产国（地区）	最终目的国（地区）	境内目的地	征免

特殊关系确认：	价格影响确认：	支付特许权使用费确认：	公式定价确认：	暂定价格确认：	自报自缴：
申报人员	申报人员证号		电话		
申报单位	兹申明对以上内容承担如实申报、依法纳税责任 申报单位（签章）				海关批注及签章

团队活动评价表

测评内容	评判标准/分值	总分	团队自评(50%)	教师评价(50%)
实践活动情况	入境货物检验检疫申请/正确/30分	30		
	入境货物检验检疫申请/错1处/扣3分			
	入境货物检验检疫申请/不填/0分			
	进口货物报关单/正确/30分	30		
	进口货物报关单/错1处/扣3分			
	进口货物报关单/不填/0分			
PPT汇报情况	PPT设计制作/好/10分	10		
	PPT设计制作/一般/5分			
	PPT设计制作/较差/2分			
	语言表达/好/10分	10		
	语言表达/一般/5分			
	语言表达/较差/2分			
合作完成质量	达到目标/好/10分	10		
	达到目标/一般/5分			
	达到目标/较差/2分			
团队协作精神	协作精神/好/10分	10		
	协作精神/一般/5分			
	协作精神/较差/2分			
计分				

综合能力训练

一、单选题

1. 以下各项不属于开证申请书内容的是( )。
   A. 发票号　　B. 受益人名称　　C. 货物描述
   D. 所需单据

2. ( )根据购货合同规定的内容、开证时间向开证行办理开证手续。
   A. 出口商　　B. 进口商　　C. 议付行　　D. 收款行

3. 受益人通常为( )。
   A. 出口商　　B. 进口商　　C. 第三方　　D. 指定人

4. 进口商收到议付银行的"进口信用证付款/承兑通知书",对议付单据进行审核,审核的要求不包括( )。
A. 单证一致　　　　　　　　　　B. 单据与单据的同项内容一致
C. 单据签发日期符合规定　　　　D. 单据与实际货物一致

5. 进口货物报关单的件数一栏,若舱单件数为托盘的,填写( )。
A. 集装箱个数　　　　　　　　　B. 托盘个数
C. 货物个数　　　　　　　　　　D. "1"

6. 以下各项不属于报关报检单据的是( )。
A. 入境货物检验检疫申请　　　　B. 进出口货物报关单
C. 购货确认书　　　　　　　　　D. 信用证

7. 根据外汇管理局的有关规定,购买外汇需要提交( )。
A. 外汇申请书　　　　　　　　　B. 购买外汇申请书
C. 银行申请书　　　　　　　　　D. 银行外汇申请书

8. 申请开立信用证需要提交( )。
A. 通知开证申请书　　　　　　　B. 进口商开证申请书
C. 银行开证申请书　　　　　　　D. 开证申请书

二、多选题

1. 通过线上收取进口商品信息的途径有( )等。
A. 公司网站
B. 行业营销网站
C. 第三方跨境电子商务网站
D. 信用证采用书面文件

2. 发盘人可以是( )。
A. 卖方　　　B. 买方　　　C. 第三方　　　D. 指定方

3. 还盘人可以是( )。
A. 卖方　　　B. 买方　　　C. 第三方　　　D. 指定方

4. 进口贸易议付单据审核的具体要求有( )。
A. 符合《销售合同公约》要求
B. 做到单证一致
C. 做到单据与单据的同项内容一致
D. 单据签发日期要符合有关规定

5. 进口贸易合同的形式主要有( )。
A. 销售合同书　　　　　　　　　B. 销售确认书
C. 购货合同书　　　　　　　　　D. 购货确认书

三、判断题

1. 进口贸易磋商基本环节与出口贸易磋商及内容基本相同。　　　　( )
2. 外汇购买后可以将外币留在账户上或银行卡上,也可提取现金。　　( )
3. 形式发票与发票的性质相同,也可作为记账凭证。　　　　　　　　( )
4. 进口商提出的购汇金额通常是购货合同总金额。　　　　　　　　　( )

5. 开证申请书上的总金额通常是购货合同总金额。　　　　　　　　（　　）

四、业务流程题

1. 根据信用证开立业务程序填写下表。

流程环节	业务流程描述
第一步骤	
第二步骤	
第三步骤	

2. 根据进口货物报关报检业务程序填写下表。

流程环节	业务流程描述
第一步骤	
第二步骤	